"双碳"视域下职业教育人才培养的适应性研究

于海祥 吴星辰 等 著

电子工业出版社
Publishing House of Electronics Industry
北京·BEIJING

内 容 简 介

为深入贯彻落实习近平生态文明思想，充分发挥教育系统在贯彻落实碳达峰、碳中和决策部署中的示范引领作用，落实《中共中央 国务院关于完整准确全面贯彻新发展理念做好碳达峰碳中和工作的意见》等文件要求，培养践行绿色低碳理念、适应绿色低碳社会、引领绿色低碳发展的高素质技能人才，发挥职业教育人才培养、科学研究、社会服务、文化传承的功能，本书著者在企业调研、院校实践等基础上创作了本书。

本书内容全面、易于理解，注重高等职业教育的育人实践操作。全书分为八章，内容包括碳达峰、碳中和的时代背景，碳达峰、碳中和面临的世界形势，稳妥有序推进各领域绿色低碳发展，"三螺旋"协同创新理论，绿色低碳岗位能力开发，绿色低碳岗位调研分析，绿色低碳人才的适应性培养策略，案例推广。

未经许可，不得以任何方式复制或抄袭本书之部分或全部内容。
版权所有，侵权必究。

图书在版编目（CIP）数据

"双碳"视域下职业教育人才培养的适应性研究 /
于海祥等著. -- 北京：电子工业出版社, 2025.5.
ISBN 978-7-121-50303-0
Ⅰ. G719.2
中国国家版本馆 CIP 数据核字第 2025XD1915 号

责任编辑：孙　伟
印　　刷：三河市君旺印务有限公司
装　　订：三河市君旺印务有限公司
出版发行：电子工业出版社
　　　　　北京市海淀区万寿路 173 信箱　邮编：100036
开　　本：787×1092　1/16　印张：16.25　字数：416 千字
版　　次：2025 年 5 月第 1 版
印　　次：2025 年 5 月第 1 次印刷
定　　价：62.80 元

凡所购买电子工业出版社图书有缺损问题，请向购买书店调换。若书店售缺，请与本社发行部联系，联系及邮购电话：(010) 88254888，88258888。
质量投诉请发邮件至 zlts@phei.com.cn，盗版侵权举报请发邮件至 dbqq@phei.com.cn。
本书咨询联系方式：(010) 88254608 或 sunw@phei.com.cn。

前 言

2020年9月，在第七十五届联合国大会一般性辩论上，习近平主席郑重宣布："中国将提高国家自主贡献力度，采取更加有力的政策和措施，二氧化碳排放力争于2030年前达到峰值，努力争取2060年前实现碳中和。"碳达峰是指二氧化碳排放量达到历史最高值，经历平台期后持续下降的过程，是二氧化碳排放量由升转降的历史拐点。实现碳达峰意味着一个国家或地区的经济增长不再以增加碳排放为代价，因此被认为是绿色低碳转型过程中的标志性事件。碳中和则指通过植树造林、节能减排等形式，抵消自身产生的二氧化碳排放量，实现二氧化碳净零排放。碳达峰时间越早、峰值越低，实现碳中和的空间和灵活性越大，难度越小。"双碳"是碳达峰、碳中和的简称。

全球经济在历史变局中向前发展，中国也在历史变局中迎来了碳达峰、碳中和的机遇与挑战。自工业革命以来，工业化与城市化的快速推进导致了温室气体的大量排放。大气中的二氧化碳、甲烷等温室气体浓度显著上升，这一变化严重威胁着人类的生存和发展。在这个大背景下，碳达峰、碳中和引起了国际社会的普遍关注。党中央从国内国际两个大局出发，做出了实现碳达峰、碳中和的重大战略决策，这一决策旨在从根本上破解资源环境的约束问题，为中华民族的永续发展奠定坚实基础，也是我们对构建人类命运共同体所做出的庄严承诺。

为深入贯彻落实习近平生态文明思想，充分发挥教育系统在贯彻落实碳达峰、碳中和决策部署中的示范引领作用，落实《中共中央 国务院关于完整准确全面贯彻新发展理念做好碳达峰碳中和工作的意见》《绿色低碳发展国民教育体系建设实施方案》《天津市绿色低碳发展国民教育体系建设实施方案》等文件要求，培养践行绿色低碳理念、适应绿色低碳社会、引领绿色低碳发展的高素质技术、技能人才，发挥职业教育人才培养、科学研究、社会服务、文化传承的功能，本书著者在企业调研、院校实践等基础上创作了本书。

经济、能源、环境三者之间构成了一个相互依赖、相互影响的有机系统。经济发展与民生改善离不开能源消费，然而能源消费过程中会产生温室气体排放，进而影响全球气候环境。这一影响反过来又形成了对环境承载力的制约，从而对经济发展的模式提出了更高的要求。传统工业化以消耗大量资源、排放大量废弃物为特征，其背后是征服和掠夺自然的生存发展理念。这种发展模式已导致全球范围内的能源危机、资源危机和生态危机。在此背景下，中国必须发挥积极作用。在国内层面，中国正稳妥有序推进各领域绿色低碳发展；在国际层面，中国则积极参与以应对全球气候变化为中心的环境治理，通过推进绿色"一带一路"建设，不仅深化了与共建"一带一路"国家在生态环保领域的合作，还为全球实现2030年可持续发展议程的环境目标作出了重要贡献。

中国将实现"双碳"目标视为促进人与自然和谐共生、探索人类文明新形态的关键一环。在积极参与和推进碳中和目标导向下的全球气候治理过程中,中国的硬实力和软实力不断增强,有力地推动了全球气候治理朝着更加公正、合理和有序的方向发展。展望未来,全球气候治理领域将持续涌现新议题,治理模式及架构也可能调整,中国迫切需要紧密跟踪国际新形势,不断提升自身的治理能力、治理水平,与国际社会携手,为构建人类命运共同体贡献中国智慧和中国力量。

以习近平新时代中国特色社会主义思想为指导,天津交通职业学院深入贯彻党的二十大及党的二十届二中、三中全会精神,全面贯彻习近平生态文明思想,协同推进降碳、减污、扩绿、增长,致力于服务区域经济的发展和为社会提供高素质技术技能人才。天津交通职业学院将为实现"双碳"目标贡献力量,助力构建人与自然和谐共生的现代化社会。

本书是全国教育科学规划教育部重点课题《"双碳"视域下职业教育人才培养的适应性研究》(课题批准号:DJA220478)的研究成果。全书分为八章。第一章由于海祥编写,第二章由吴星辰、邱静编写,第三章由于海祥、段姣雯、马凌云编写,第四章由于海祥、段姣雯编写,第五章由邱静、马凌云编写,第六章由段姣雯、谢建武编写,第七章由赵乃森、吴星辰编写,第八章由谢建武、赵乃森编写。全书由于海祥负责策划和统稿。

目　录

第一章　碳达峰、碳中和的时代背景 ………………………………………… 1
第一节　"双碳"目标及其重点任务 …………………………………… 2
一、"双碳"目标 ………………………………………………………… 2
二、重点任务 ……………………………………………………………… 2
第二节　实现"双碳"目标的内涵和工作原则 ………………………… 6
一、内涵 …………………………………………………………………… 6
二、工作原则 ……………………………………………………………… 8
第三节　碳达峰、碳中和"1+N"政策体系 …………………………… 11
一、"1+N"政策体系的主要内容 ……………………………………… 11
二、"1+N"政策体系的主要特点 ……………………………………… 12
第四节　本章小结 ………………………………………………………… 15

第二章　碳达峰、碳中和面临的世界形势 …………………………………… 16
第一节　全球气候治理的重要里程碑 …………………………………… 17
一、提出稳定浓度目标阶段 ……………………………………………… 17
二、提出中短期减排目标阶段 …………………………………………… 18
三、提出全球合作减排目标阶段 ………………………………………… 18
四、提出碳中和目标阶段 ………………………………………………… 19
第二节　全球气候变化应对下的各国使命 ……………………………… 21
一、气候变化的全球性影响及跨国关联性 ……………………………… 21
二、发达国家的使命担当 ………………………………………………… 25
三、发展中国家的使命担当 ……………………………………………… 28
第三节　我国实现"双碳"目标面临的现实挑战 ……………………… 30
一、任务艰巨，时间紧迫 ………………………………………………… 30
二、煤炭主导，转型困难 ………………………………………………… 30
三、结构失衡，短期难改 ………………………………………………… 30
四、基础薄弱，支撑不足 ………………………………………………… 31
第四节　本章小结 ………………………………………………………… 32

- v -

第三章 稳妥有序推进各领域绿色低碳发展 33
第一节 碳达峰、碳中和与区域发展 34
一、五大区域的碳汇核算 34
二、五大区域的产业协调 34
三、碳汇能力显著提升 35
四、发展思路与举措 35
第二节 碳达峰、碳中和与产业发展 37
一、第一产业碳排放与碳汇功能 37
二、第二产业碳排放与碳汇功能 38
三、第三产业碳排放与碳汇功能 40
第三节 能源绿色低碳转型 44
一、国家关于能源转型的要求 44
二、能源转型的做法 44
三、能源转型的成效 46
四、发展思路与举措 47
第四节 推动低碳交通运输体系发展 49
一、国家关于交通产业转型的要求 49
二、交通运输产业转型的做法 50
三、交通运输绿色低碳行动取得的成效 51
四、发展思路与举措 52
第五节 推动城乡建设绿色低碳发展 54
一、国家关于绿色建设的要求 54
二、绿色建设的做法 54
三、绿色建设取得的成效 55
四、发展思路与举措 56
第六节 推进工业绿色低碳发展 58
一、国家关于工业领域的要求 58
二、工业领域转型的做法 59
三、工业领域碳达峰行动取得的成效 59
四、发展思路与举措 60
第七节 推动循环经济和绿色低碳发展 62
一、国家关于循环经济的要求 62
二、循环经济的做法 63
三、循环经济助力数据管理 63
四、发展思路与举措 64

第八节　推动绿色低碳科技创新发展 ································ 66
一、国家关于科技创新的要求 ···································· 66
二、科技创新的做法 ·· 67
三、发挥数字赋能作用 ·· 67
四、发展思路与举措 ·· 68

第九节　推进绿色低碳全民行动 ···································· 70
一、国家关于绿色低碳全民行动的要求 ···························· 70
二、全民低碳的做法 ·· 71
三、全民低碳的成效 ·· 71
四、发展思路与举措 ·· 72

第十节　企业碳排放管理工作 ······································ 74
一、企业面临的主要挑战 ·· 74
二、企业碳管理的方法 ·· 74
三、企业参与碳市场 ·· 74

第十一节　推进绿色低碳国际合作 ·································· 76
一、全球气候治理正义的维护者 ·································· 76
二、全球气候治理机制的促进者 ·································· 76
三、全球气候治理的积极贡献者 ·································· 76
四、全球气候治理的科技创新者 ·································· 76

第十二节　本章小结 ·· 78

第四章　"三螺旋"协同创新理论 ····································· 80
第一节　三螺旋理论的内涵及意义 ·································· 81
一、三螺旋理论的发展内涵 ······································ 81
二、职业教育引入三螺旋理论 ···································· 81
三、人才适应转型 ·· 87

第二节　区域三螺旋主体的功能关系 ································ 90
一、政府—企业—院校三者的功能关系 ···························· 90
二、政府—企业—院校三者的协同关系 ···························· 91

第三节　政府—企业—职业院校协同机制 ···························· 92
一、外循环协同机制 ·· 92
二、内循环协同机制 ·· 93

第四节　本章小结 ·· 95

第五章　绿色低碳岗位能力开发 ······································ 96
第一节　绿色低碳职业的兴起和发展趋势 ···························· 97
一、绿色经济带动绿色低碳职业的兴起 ···························· 97

二、不同行业中绿色低碳岗位的涌现 ················· 98

第二节　"双碳"人才需求的动因分析与预测 ················· 103
　　一、影响绿色低碳岗位的因素 ················· 103
　　二、"双碳"人才结构的预测 ················· 105

第三节　产业与职业岗位的匹配分析 ················· 106
　　一、供需错配 ················· 106
　　二、"双碳"人才结构的建议 ················· 107

第四节　职业关键岗位画像构建 ················· 113
　　一、管理咨询类岗位画像 ················· 113
　　二、技术应用类岗位画像 ················· 116
　　三、经济类岗位画像 ················· 119

第五节　本章小结 ················· 123

第六章　绿色低碳岗位调研分析 ················· 124

第一节　新能源汽车产业调研分析 ················· 124
　　一、产业对岗位能力的需求 ················· 124
　　二、职业院校专业人才培养现状 ················· 126
　　三、岗位能力与专业技能的差异 ················· 127
　　四、岗位所需专业人才培养适配度的建议 ················· 127

第二节　现代物流管理产业调研分析 ················· 129
　　一、产业对岗位能力的需求 ················· 129
　　二、职业院校人才专业培养现状 ················· 131
　　三、岗位能力与专业技能的差异 ················· 132
　　四、岗位所需专业人才培养适配度的建议 ················· 132

第三节　道路运输管理产业调研分析 ················· 133
　　一、产业岗位能力需求 ················· 133
　　二、职业院校专业人才培养现状 ················· 135
　　三、岗位能力与专业技能的新要求 ················· 136
　　四、岗位所需要专业人才培养适配度的建议 ················· 137

第四节　绿色低碳建筑产业调研分析 ················· 138
　　一、产业对岗位能力的需求 ················· 138
　　二、职业院校人才专业培养现状 ················· 140
　　三、岗位能力与专业技能的差异 ················· 141
　　四、岗位所需专业人才培养适配度的建议 ················· 142
　　五、研究侧记 ················· 143

第五节　绿色低碳产业通识素养调研分析 ················· 145

　　　　一、职业院校专业人才培养现状 ………………………………………… 145
　　　　二、学生满意度调研 ……………………………………………………… 145
　　　　三、岗位所需要专业人才培养适配度的建议 ………………………… 145
　　第六节　本章小结 ……………………………………………………………… 146
第七章　绿色低碳人才的适应性培养策略 …………………………………………… 147
　　第一节　政策保障背景 ………………………………………………………… 147
　　　　一、主要目标 ……………………………………………………………… 147
　　　　二、具体措施 ……………………………………………………………… 147
　　第二节　人才培养的适应性策略 ……………………………………………… 150
　　　　一、服务国家战略，建构人才培养体系 ……………………………… 150
　　　　二、服务产业转型，布局实践体系设计 ……………………………… 150
　　　　三、服务社会需求，培育教师能力体系 ……………………………… 151
　　　　四、服务文化育人，提升绿色校园建设 ……………………………… 151
　　第三节　政府层面的实施策略 ………………………………………………… 153
　　　　一、职业教育绿色低碳政策实施背景 ………………………………… 153
　　　　二、逐级推进政策实施 ………………………………………………… 154
　　　　三、政策实施的影响 …………………………………………………… 158
　　第四节　行业层面的实施策略 ………………………………………………… 159
　　　　一、建筑行业 ……………………………………………………………… 159
　　　　二、交通运输行业 ……………………………………………………… 161
　　　　三、生产制造行业 ……………………………………………………… 163
　　第五节　人工智能的实施策略 ………………………………………………… 166
　　　　一、人工智能在主要行业领域中的运用 ……………………………… 166
　　　　二、人工智能对绿色低碳的意义 ……………………………………… 168
　　第六节　职业院校层面的实施策略 …………………………………………… 170
　　　　一、校园绿色低碳措施 ………………………………………………… 170
　　　　二、校企融合绿色低碳发展措施 ……………………………………… 172
　　第七节　职业院校实践案例 …………………………………………………… 177
　　　　一、实践案例：数字经济赋能绿色低碳转型策略 …………………… 177
　　　　二、实践案例：绿色低碳通识教育课程的设计 ……………………… 180
　　第八节　本章小结 ……………………………………………………………… 183
第八章　案例推广 ……………………………………………………………………… 184
　　第一节　推广案例：携手"双碳"战略，政行企校共铸融合发展新篇章——
　　　　　　天津交通职业学院实践 ……………………………………………… 184
　　　　一、背景情况 ……………………………………………………………… 184

二、主要做法 …………………………………………………………… 184
　　三、取得的成效 …………………………………………………………… 187
　　四、经验总结 …………………………………………………………… 187
第二节　推广案例："双高计划"赋能物流行业发展，天津交通职业
　　　　学院打造提质增效典范 …………………………………………… 189
第三节　推广案例：天津交通职业学院"智慧交通·能动未来"科普
　　　　品牌入选2024年天津市全域科普"四全"品牌 ………………… 190
第四节　推广案例：天津交通职业学院获批天津市智慧交通科普基地 … 191
　　一、单位简介 …………………………………………………………… 191
　　二、管理方式及日常工作情况 …………………………………………… 191
　　三、基础科普设施情况 …………………………………………………… 192
　　四、科普活动介绍 ……………………………………………………… 193
附录A　中共中央　国务院关于完整准确全面贯彻新发展理念做好碳达峰碳中和
　　　　工作的意见 ………………………………………………………… 196
附录B　国务院关于加快建立健全绿色低碳循环发展经济体系的指导意见 …… 203
附录C　关于引导加大金融支持力度　促进风电和光伏发电等行业健康有序
　　　　发展的通知 ………………………………………………………… 209
附录D　国家发展改革委　国家能源局关于推进电力源网荷储一体化和多能
　　　　互补发展的指导意见 ………………………………………………… 211
附录E　碳排放权交易管理办法（试行）………………………………………… 216
附录F　关于印发《关于建立碳足迹管理体系的实施方案》的通知 …………… 222
附录G　教育部关于印发《绿色低碳发展国民教育体系建设实施方案》的通知 … 228
附录H　天津市人民政府关于印发天津市加快建立健全绿色低碳循环发展经济
　　　　体系实施方案的通知 ………………………………………………… 233
附录I　天津市教委关于印发天津市绿色低碳发展国民教育体系建设实施
　　　　方案的通知 ………………………………………………………… 242

第一章 碳达峰、碳中和的时代背景

气候变化是人类面临的最严峻的挑战之一。自工业革命以来，人类大量燃烧煤炭、石油、天然气等化石燃料，向大气中排放了大量的二氧化碳，导致全球气候发生变化。同时，农业活动、土地利用变化等也导致温室气体排放量增加，进而加剧全球气候变暖，对自然生态系统和人类生产生活造成重大影响。

气候变化给人类生存和发展带来严峻挑战，积极应对全球气候变化，推动绿色低碳发展已成为各国共识。经济结构、能源结构、生产生活方式等面临全面重塑，困难和挑战前所未有。

第一节 "双碳"目标及其重点任务

一、"双碳"目标

(一)"双碳"目标提出的背景

2015年12月12日,在第二十一届联合国气候变化大会上,《巴黎协定》获得正式通过,明确提出以"国家自主贡献"为基础的减排机制,要求各缔约国提出各自的国家自主贡献(包括达到温室气体排放峰值的时间、减排目标等,并每五年更新一次)。《巴黎协定》的规定与中国的生态文明建设目标基本一致。中国的"双碳"目标是按照《巴黎协定》中关于国家自主贡献的目标提出的,不仅表明了我国对《巴黎协定》的坚决支持,也顺应了全球绿色低碳转型的大趋势,而且符合国家可持续发展的需要。

(二)"双碳"目标的主要内容

2021年9月22日,《中共中央 国务院关于完整准确全面贯彻新发展理念做好碳达峰碳中和工作的意见》(简称《意见》)印发,文件重申了"双碳"目标。《意见》指出,到2025年,我国将初步形成绿色低碳循环发展的经济体系,重点行业的能源利用效率大幅提升。具体目标包括:单位国内生产总值能耗比2020年下降13.5%,单位国内生产总值二氧化碳排放比2020年下降18%,非化石能源消费比重达到20%左右;森林覆盖率达到24.1%,森林蓄积量达到180亿立方米。这些举措与成效将为我国实现碳达峰、碳中和奠定坚实基础。

到2030年,我国经济社会发展将实现全面绿色转型。届时,重点耗能行业能源利用效率达到国际先进水平,单位国内生产总值能耗大幅下降,而单位国内生产总值二氧化碳排放比2005年下降65%以上。非化石能源消费比重提升至25%左右,风电、太阳能发电总装机容量达到12亿千瓦以上。同时,我国的森林覆盖率将达到25%左右,森林蓄积量达到190亿立方米,二氧化碳排放量达到峰值并实现稳中有降。

到2060年,我国将全面建立绿色低碳循环发展的经济体系和清洁低碳安全高效的能源体系,能源利用效率达到国际先进水平,非化石能源消费比重达到80%以上,碳中和目标将顺利实现。届时,我国的生态文明建设将取得丰硕成果,开创出人与自然和谐共生新境界。

二、重点任务

(一)重点任务的主要内容

一是推进经济社会发展全面绿色转型。强化绿色低碳发展规划引领,优化绿色低碳发展区域布局,加快形成绿色生产生活方式。

二是深度调整产业结构。推动产业结构优化升级，坚决遏制高耗能高排放项目盲目发展，大力发展绿色低碳产业。

三是加快构建清洁低碳安全高效能源体系。强化能源消费强度和总量双控，大幅提升能源利用效率，严格控制化石能源消费，积极发展非化石能源，深化能源体制机制改革。

四是加快推进低碳交通运输体系建设。优化交通运输结构，推广节能低碳型交通工具，积极引导低碳出行。

五是提升城乡建设绿色低碳发展质量。推进城乡建设和管理模式低碳转型，大力发展节能低碳建筑，加快优化建筑用能结构。

六是加强绿色低碳重大科技攻关和推广应用。强化基础研究和前沿技术布局，加快先进适用技术研发和推广。

七是持续巩固和提升碳汇能力。巩固生态系统碳汇能力，提升生态系统碳汇增量。

八是提高对外开放绿色低碳发展水平。加快建立绿色贸易体系，推进绿色"一带一路"建设，加强国际交流与合作。

九是健全法律法规标准和统计监测体系。健全法律法规，完善标准计量体系，提升统计监测能力。

十是完善政策机制。完善投资政策，积极发展绿色金融，完善财税价格政策，推进市场化机制建设。

这些任务共同构成了我国"双碳"目标的主要框架，旨在通过全面、系统、协同的推进方式，确保我国能够如期实现"双碳"目标。

（二）重点任务的重要意义

1. 推动经济高质量发展

第一，推动产业升级与转型。推动产业结构调整和转型升级，有助于淘汰落后产能，发展高附加值、低能耗、低排放的新兴产业。这将提高我国经济的整体质量和效益，增强我国在全球产业链中的竞争力。例如，加快发展新能源汽车、高端装备制造、数字经济等战略性新兴产业，不仅可以减少对传统高碳产业的依赖，还能创造新的经济增长点和就业机会。

第二，驱动创新发展。加强科技创新，提高能源利用效率和低碳技术水平，是实现"双碳"目标的关键。这将推动我国经济从要素驱动向创新驱动转变，促进科技与经济的深度融合。例如，研发和推广新型储能技术等，可以为我国应对气候变化提供技术支撑，同时带动相关产业的发展。

知识链接

山东魏桥创业集团："双碳"引领，迈向绿色新征程

在"双碳"目标的引领下，山东魏桥创业集团作为全球最大的棉纺织企业和铝业生产企业之一，成功实现产业转型升级。魏桥创业集团曾以传统高耗能产业为主，面临巨大的碳排放压力。围绕国家"双碳"目标和高耗能产业政策的要求，魏桥创业集团一方面大力发展清洁能源，在滨州等地建设多个光伏电站，利用自身厂房屋顶等闲置空间，实现年发电量大幅增长，有效降低了对传统火电的依赖。另一方面，在生产工艺上，魏桥创业集团投入巨额资金进行技术改造，并自主研发新型节能电解铝技术，大幅降低了吨铝能耗，提高了能源利用效率。

通过这些举措，魏桥创业集团不仅降低了碳排放量，还提升了产品竞争力。其绿色铝材产品在高端市场备受青睐，汽车、航空等领域的订单纷至沓来。同时，绿色转型促使魏桥创业集团从传统制造向绿色、智能、高端制造转变，实现了产业升级，为行业在"双碳"时代的发展提供了宝贵经验。

2. 促进生态环境保护

第一，减少碳排放与改善空气质量。实现"双碳"目标的重点任务之一是减少温室气体排放，这将直接有助于改善空气质量，减少雾霾等大气污染问题。例如，减少煤炭等化石能源的使用，推广清洁能源，将降低二氧化硫、氮氧化物等污染物的排放，保护人民群众的身体健康。

第二，保护生态系统与生物多样性。实现"双碳"目标需要加强生态系统保护和修复，提高森林、草原、湿地等生态系统的碳汇能力。这将有助于保护生态系统的稳定性和生物多样性，为人类社会提供更加良好的生态环境。

3. 保障能源安全

第一，优化能源结构与降低对外依赖。在重点任务中，我们要加快能源结构调整，提高非化石能源占比。这将有助于降低我国对化石能源的依赖，保障国家能源安全。例如，大力发展太阳能、风能、水能等可再生能源，可以减少对进口石油和天然气的需求，降低国际能源市场波动对我国经济的影响。

第二，提高能源利用效率与节约能源。注重能源节约和能源的高效利用，是实现"双碳"目标的重要途径。这将有助于提高我国能源利用效率，减少能源浪费，降低能源成本。例如，推广节能技术和设备，加强工业、建筑、交通等领域的节能管理，可以有效提高能源利用效率，为我国经济社会的可持续发展提供可靠的能源保障。

4. 推动社会可持续发展

第一，推动绿色消费与生活方式转变。实现"双碳"目标的重点任务包括倡导绿色消费和低碳生活方式。这将有助于提高公众的环保意识和社会责任感，推动社会的可持续发展。例如，倡导消费者购买绿色产品、选择公共交通出行及节约能源等措施，可以有效减少个人的碳足迹，为应对气候变化作出贡献。

第二，强化城乡建设与可持续发展。强化城乡建设领域的节能减排和绿色发展，是实现"双碳"目标的重要任务之一。此举措将有助于提高城市和乡村的可持续发展水平，改善居民的生活质量。例如，推广绿色建筑、发展智慧城市、加强农村能源建设等，可以实现城乡建设与环境保护的协调发展。

第二节 实现"双碳"目标的内涵和工作原则

一、内涵

实现"双碳"目标对加快我国经济、社会、能源、环境等转型与重构具有深远的战略意义。

(一)实现"双碳"目标是可持续发展理念的内在要求

自18世纪中叶开始,伴随着工业化进程,化石燃料被广泛应用。在此之后,人类的各类活动导致碳排放急剧增加。种植养殖、工业生产、电力生产、交通运输、取暖制冷等产业以前所未有的规模向大气层排放温室气体,从而引发了日益严峻的全球气候危机,这使实现碳中和成为刻不容缓的必然选择。

可持续发展理念强调人类活动应在环境可承载的范围内进行,旨在实现环境、社会和经济的长期平衡发展。而实现"双碳"目标正是这一理念在应对气候变化方面的具体举措,它旨在大幅减少温室气体排放,其核心意义在于,在满足当前需求的同时,不损害后代满足自身需求的能力,促使人类活动与自然生态系统之间达到平衡,减少对自然资源的过度消耗和对环境的破坏。通过制定明确的碳达峰、碳中和时间表和路线图,可以引导企业、社会组织和公众积极参与到碳减排行动中来,从而推动能源、工业、交通、建筑等领域的绿色转型与可持续发展。

(二)实现"双碳"目标是积极应对气候变化的有力之举

当前,全球气候变化已经成为人类必须直面的严峻考验。特别是工业革命以来,许多国家在工业化进程中排放了大量的二氧化碳,这一行为极大地加剧了全球变暖的趋势。近年来,全球气候变暖趋势进一步加剧,海冰融化、海平面上升,极端气候事件频繁发生。

碳达峰、碳中和为应对气候变化提供了明确的方向和目标,这也意味着在一定时间内要将二氧化碳排放量控制在一定水平,并最终实现净零排放。这将直接减少大气中的温室气体含量,减缓全球气温上升的速度。通过调整能源结构,增加可再生能源的比例,减少对化石能源的依赖,可以大幅降低碳排放。"双碳"目标的提出,体现了中国在应对气候变化方面的积极态度和责任担当。此举不仅展示了我国坚持走绿色发展道路、追求可持续发展的决心和信心,也为我国增强在国际舞台的对话能力、提升国际话语权提供了良好契机。

(三)实现"双碳"目标是摆脱能源对外依赖的有效路径

当前,许多国家在能源供应上存在不同程度的对外依赖。由于能源(如石油、天然气等)在全球分布不均,一些国家虽然经济发达,但自身能源储量有限,不得不大量进口能源。这种资源稀缺和分布不均导致的能源供应不稳定,是引起国际政治和经济局势变化的重要因素之一。能源进口容易受到地缘政治因素的干扰,能源产地的政治动荡、战争冲突等都可能导致能源供应中断。

当前我国化石能源对外依赖程度依旧较高。2023年,我国煤炭对外依存度达9.3%,创历史新高,进口煤及褐煤累计达4.7亿吨,同比增长61.8%,也达到历史最高水平。这表明国内自产煤炭供应的弹性不足,进口煤炭的补充作用仍不可忽视。"双碳"目标的提出有效推动了能源结构的调整。通过技术创新和管理优化,减少能源消耗,缩减对外部能源的需求。例如,采用节能建筑技术、推广高效节能设备等,可以在不增加能源供应的情况下,满足经济发展的能耗需求。同时,大力发展可再生能源和节能环保产业,将有力促进经济结构的优化和产业的转型升级。这些新兴产业凭借高附加值、高技术含量的优势,不仅能够创造大量的就业机会,为经济增长注入动力,还能助力我们摆脱对传统能源的依赖,提高我国的能源自给率,确保能源供应的稳定性。此外,通过调整能源结构、发展可再生能源、提高能源利用率及促进能源来源的多元化,可以进一步降低对进口能源的依赖,提高国家的能源安全保障水平,推动可持续发展。

知识链接

鄂尔多斯——能源转型,摆脱对外依赖的先锋

鄂尔多斯作为我国重要的能源基地,正大力推进能源转型。鄂尔多斯煤炭资源丰富,长期以来为国家能源供应作出了重要贡献。近年来,当地积极发展现代煤化工产业,将煤炭"吃干榨尽"。比如,通过先进技术将煤炭转化为烯烃、芳烃等高端化工产品,提高煤炭附加值。同时,鄂尔多斯凭借丰富的风能、太阳能资源,大规模发展新能源,建设了多个大型风电场和光伏电站,推动新能源装机容量不断攀升。新能源不仅满足本地用电需求,还外送支援其他地区。此外,当地还加强能源科技创新,积极与高校、科研机构合作,研发煤炭清洁高效利用技术、新能源储能技术等,提高能源利用效率。通过一系列举措,鄂尔多斯逐步构建起多元化能源供应体系,为保障国家能源安全提供了有力支撑,也为其他地区能源转型提供了宝贵经验。

(四)实现"双碳"目标是推动循环经济转型的必然选择

绿色低碳循环经济强调资源的高效利用和循环再生,通过延长产品的使用寿命、提高资源回收率和减少废弃物产生,可以减少对自然资源的需求,从而减少资源开采和加工过程中的碳排放。同时,循环经济通过为可再生能源的生产提供原材料、零部件和清洁能源支持,进一步促进可再生能源的利用,降低循环经济过程中的碳排放。

"双碳"目标的提出,推动能源技术变革向交通、工业、建筑等行业传导,推动全产业链全面低碳化和现代化。"双碳"目标能促使各产业重新审视自身的生产经营模式，推动产业链向循环经济方向转型。例如，在制造业中，企业致力于深化与上下游企业的合作，共同推动优化产品的回收、再制造和再利用流程，从而形成一个闭环的产业链体系。尤为突出的是，汽车制造商不仅关注汽车的销售，还积极开展旧车回收和零部件再制造业务。"双碳"目标催生了一批与循环经济相关的新兴产业，这些新兴产业的发展为经济增长提供了新动力，同时加速了循环经济转型。

二、工作原则

实现"双碳"目标，要坚持"全国统筹、节约优先、双轮驱动、内外畅通、防范风险"的工作原则。

（一）全国统筹

坚持全国统筹的工作原则应做到以下几点。

第一，遵循整体性与系统性。实现"双碳"目标是一项庞大且复杂的系统工程，涉及能源、工业、交通、建筑等众多领域，牵一发而动全身。全国统筹能从整体视角出发，打破地区、行业壁垒，使各环节紧密衔接、协同共进。比如，在能源结构调整方面，统筹规划风电、光伏等新能源项目的布局，可以避免各地无序竞争与资源浪费，实现资源优化配置，形成全社会绿色低碳转型合力。

第二，兼顾区域差异。我国地域辽阔，不同地区的资源禀赋、产业结构和发展水平差异较大。东部区域经济发达、技术先进，但能源资源相对匮乏；中西部区域能源资源丰富，但其产业结构却相对不平衡。全国统筹可依据各地特点，采取差异化策略。例如，引导中西部区域在合理开发能源的同时，承接绿色产业转移。鼓励东部区域发挥技术和资金上的优势，加大对低碳技术的研发与应用投资，以促进区域间优势互补，共同推进"双碳"目标的实现。

第三，保障政策的一致性与协同性。确保全国政策方向统一、标准一致，避免出现政策冲突和政策空白。全国统筹制定碳减排、能源消费总量控制等政策，各地区、各部门在此基础上细化落实，保证政策协同发力。例如，在碳排放权交易市场建设中，通过全国统筹建立统一的市场规则与交易机制，可以提升市场运行效率与公平性，推动碳减排资源在全国范围内合理流动。

（二）节约优先

坚持节约优先的工作原则有以下几点好处。

第一，降低能源消耗。能源生产与消费是碳排放的主要来源。坚持节约优先的工作原则，可降低全社会的能源需求，从而减少因能源开采、加工及使用而产生的碳排放。在工业领域推广节能技术、优化工艺流程，能提高能源利用效率，减少能源浪费，降低单位产品能耗与碳排放。例如，在建筑领域，采用节能建筑材料、优化建筑设计、加强建筑节能管理，可以有效降低建筑运行能耗，从而减少碳排放。

第二，缓解资源压力。我国人均能源资源占有量相对较少，且部分能源资源高度依赖进口。坚持节约优先的原则，可降低对能源资源的过度依赖，缓解国内能源开采压力，减少进口需求，提升能源供应的稳定性与安全性。以石油为例，我们可以通过推广节能汽车、优化交通运输结构等举措，来降低石油消耗，削弱国际石油市场波动对我国能源安全的潜在影响。

第三，促进经济可持续发展。坚持节约优先的工作原则促使企业加大节能技术研发与应用投入，推动产业升级与转型。同时，坚持节约优先的工作原则可助力循环经济的发展，促进资源高效利用与废弃物减量化，从而形成新的经济增长点与发展模式。

第四，增强全社会的环保意识。倡导节约优先的理念，引导公众树立绿色消费、低碳生活的理念，培养相应的行为习惯。从日常生活小事做起，比如随手关灯、绿色出行等，以此营造全社会共同参与"双碳"行动的良好氛围，凝聚起实现"双碳"目标的强大力量。

（三）双轮驱动

双轮驱动指的是科技创新和制度创新这两方面。

第一，科技创新是关键动力。实现"双碳"目标面临诸多技术难题，比如可再生能源发电的波动性控制问题，以及储能技术在成本与效率上的平衡问题等。科技创新能推动关键技术的突破，例如，通过研发更高效的太阳能光伏电池、大容量和长寿命的储能设备，为能源结构转型提供技术支撑，从而使清洁能源大规模稳定替代传统能源成为可能。此外，在工业生产、建筑建设、交通运输等领域，科技创新正不断催生节能减碳的新技术、新工艺、新产品，比如工业余热回收利用技术、智能建筑节能系统、新能源汽车高效动力系统等，它们显著提高了能源利用效率，从源头上减少了碳排放量。

第二，制度创新是重要保障。通过制度创新，我们得以制定和完善包括碳排放权交易、碳税征收、绿色金融等在内的政策法规。碳排放权交易制度明确碳排放权的分配与交易规则，利用市场机制引导企业减排。碳税征收政策对碳排放行为征税，增加高碳生产成本，激励企业减少碳排放。此外，制度创新还可打破部门间、地区间的壁垒，推动建立跨部门、跨区域的协同管理体制。在实现"双碳"目标的过程中，制度创新有助于实现能源、环境、经济等多部门的紧密协同，以及不同地区减排行动的协调统一，有效避免各自为政的局面，形成了强大的工作合力。

（四）内外畅通

内外畅通主要表现为以下三点。

第一，加强国际国内政策的协同与对接。我们需要积极参与国际气候治理体系建设，使国内"双碳"政策与国际形势契合。凭借我国在可再生能源、新能源汽车等领域的技术和产业优势，输出中国方案和标准。例如，在新能源技术标准制定方面发挥积极作用，推动全球绿色低碳技术规范统一，从而提升我国在国际气候治理中的话语权。

第二，加强产业合作，促进绿色贸易。我们将加强与其他国家在绿色低碳领域的产业合作，实现资源共享、优势互补。通过制定绿色贸易政策，推动高碳产品贸易向低碳产品贸易转变，鼓励进口低碳原材料和先进节能环保设备，同时限制高碳产品进口。此外，大力支持国内低碳产品和技术出口，努力提升我国在全球绿色产业链中的地位，以贸易手段促进全球减排。

第三，推动技术交流与人才流动。我们将积极开展国际绿色低碳技术交流与合作，引进国外先进的碳捕获、利用与封存（Carbon Capture, Utilization and Storage，CCUS）技术简称（CCUS技术），以及高效节能技术等方面的先进成果，同时，将我国成熟的新能源技术推向国际市场。

（五）防范风险

坚持防范风险的工作原则应做到以下几点。

第一，防范能源安全风险。能源供应体系向低碳转型时，要保障能源供应稳定。若新能源发展过快，而储能、电网调节等配套技术与设施不完善，易出现电力供应不稳定的问题。若传统能源过快退出，新能源尚无法完全替代，可能导致能源供应缺口。因此，需合理控制能源转型节奏，构建多元能源供应体系。

第二，防范经济金融风险。"双碳"目标的推进促使产业结构进行深度调整，高碳产业面临严峻的转型或淘汰压力，若处理不当，可能会引发失业、资产减值等问题，特别是煤电企业和高耗能企业，由于转型困难，可能会产生债务违约等金融风险。政府要制定合理的产业政策，给予高碳产业转型缓冲期与政策支持，引导金融机构合理评估"双碳"转型风险，优化信贷结构，避免"一刀切"式信贷收缩，防止引发系统性金融风险，保障经济平稳运行。

第三，确保社会稳定风险的有效防范。"双碳"行动涉及社会各层面，其政策调整可能影响公众生活。特别是能源价格的波动，可能会增加居民的生活成本，从而引发社会担忧。比如碳税的征收可能使能源产品价格上涨，对低收入群体造成较大的经济压力。因此，政策制定要充分考虑社会承受力，完善社会保障机制，对受"双碳"政策影响较大的群体应给予适当补贴与帮扶。同时，加强政策宣传解读，引导公众理解和支持"双碳"工作，维护社会稳定。

第四，防范生态环境风险。部分低碳技术与项目可能带来新的生态环境问题。比如，在大规模发展生物能源时，若原料种植不合理，可能导致土地资源过度开发、生物多样性受损。因此，在项目规划与实施的全过程中，要加强生态环境影响评估与监管，采取有效的保护与修复措施，确保"双碳"行动与生态环境保护协同共进。

第三节 碳达峰、碳中和"1+N"政策体系

一、"1+N"政策体系的主要内容

当前,我国能源结构调整任务艰巨,工业化与城镇化仍在深入推进,产业结构的优化升级迫在眉睫,经济发展和民生改善仍旧任重道远。为了确保碳达峰、碳中和目标的顺利实现,迫切需要加强顶层设计。2021年10月,我国先后出台了《中共中央 国务院关于完整准确全面贯彻新发展理念做好碳达峰碳中和工作的意见》和《2030年前碳达峰行动方案》(简称《方案》),这两份文件构成了我国碳达峰、碳中和战略的顶层设计框架。同时,各有关部门制定了分领域、分行业的实施方案和支撑保障方案,构建起了实现"双碳"目标的"1+N"政策体系。此外,不同地区制定了本地区的碳达峰实施方案。一系列文件的出台逐步搭建起了一个目标明确、分工合理、措施有力、衔接有序的碳达峰、碳中和政策体系,形成了各方共同推进的良好格局,为实现"双碳"目标提供了重要的政策保障。

"1"指的是顶层设计文件,即《中共中央 国务院关于完整准确全面贯彻新发展理念做好碳达峰碳中和工作的意见》。这是碳达峰、碳中和工作的总体指导文件,明确了实现碳达峰、碳中和的重大意义、工作原则、主要目标和重点任务等,为其他政策的制定和实施提供了根本遵循和方向指引。《意见》以2025年、2030年、2060年为时间节点分别设定了各阶段的目标(见表1)。

表1 各阶段的目标

时间节点	节点目标	单位国内生产总值能耗	单位国内生产总值二氧化碳排放	非化石能源消费比重	森林覆盖率	森林蓄积量	其他目标
2025年	绿色低碳发展的经济体系初步形成,重点行业能源利用效率大幅提升	比2020年下降13.5%	比2020年下降18%	20%左右	24.1%	180亿立方米	
2030年	经济社会发展全面绿色转型取得显著成效,重点耗能行业能源利用效率达到国际先进水平(碳达峰)	大幅下降	比2005年下降65%以上	25%左右	25%左右	190亿立方米	风能、太阳能发电总装机容量达到12亿千瓦以上
2060年	绿色低碳循环发展的经济体系和清洁低碳安全高效的能源体系全面建立,能源利用效率达到国际先进水平(碳中和)			80%以上			

"N"包括多个方面的具体政策文件和行动方案。一是重点领域实施方案,在能源、工业、城乡建设、交通运输、农业农村等领域,针对不同领域的特点和碳排放情况,制定了

相应的碳达峰行动方案，明确各领域在碳达峰、碳中和过程中的具体目标、任务和措施。例如，能源领域要实现能源结构转型，提高可再生能源占比；工业领域要推进绿色制造，加强节能降碳改造等。二是重点行业实施方案。重点行业是指煤炭、石油天然气、钢铁、有色金属、石化化工、建材等行业。这些行业的碳排放量大，对其制定专门的实施方案有助于精准施策，推动行业的绿色低碳转型。比如，钢铁行业要控制产能，提高能源利用效率，推广低碳技术等。三是支撑保障方案。该方案包括出台科技支撑、财政支持、统计核算、人才培养等方面的政策措施，能为碳达峰、碳中和工作提供有力的支撑和保障。例如，加大对低碳技术研发的投入，完善碳排放的统计核算体系，培养相关专业人才等。

"N"中的统领文件是国务院在2021年10月26日印发的《2030年前碳达峰行动方案》，《方案》主要聚焦于2030年前碳达峰的目标，将碳达峰贯穿于经济社会发展全过程和各方面，重点实施"碳达峰十大行动"。这十大行动分别为能源绿色低碳转型行动、节能降碳增效行动、工业领域碳达峰行动、城乡建设碳达峰行动、交通运输绿色低碳行动、循环经济助力降碳行动、绿色低碳科技创新行动、碳汇能力巩固提升行动、绿色低碳全民行动、各地区梯次有序碳达峰行动。

总之，"1+N"政策体系的构建，形成了目标明确、分工合理、措施有力、衔接有序的政策布局，对于推动我国"双碳"目标的实现具有重要意义。

二、"1+N"政策体系的主要特点

（一）系统性和综合性

系统性和综合性主要表现为两方面。

第一，全面覆盖。"1+N"政策体系涵盖了经济、社会和环境等方面，从宏观战略到具体的行业行动方案，从技术研发到市场机制，全面考虑了实现"双碳"目标所需的要素。

第二，相互协同。各政策文件之间相互配合、协同推进。例如，能源领域的政策和工业领域的政策紧密关联，能源领域大力推进清洁能源的发展，能促使工业领域在能源使用上进行优化，减少对传统化石能源的依赖。而工业领域的节能减排措施又会反过来影响能源的需求结构，共同助力"双碳"目标的实现。

（二）目标导向性

目标导向性主要表现在以下两方面。

第一，明确阶段性目标。整个政策体系围绕碳达峰、碳中和的长期目标，设定了短期、中期和长期的阶段性目标。以能源领域为例，明确规定了在一定时期内可再生能源装机容量的增长目标、传统化石能源消费占比下降的幅度等具体指标。这些目标为各行业、各部门的行动提供了清晰的方向，使所有的政策措施都聚焦于如何有效降低碳排放、增加碳汇，为最终实现"双碳"目标奠定基础。

第二，动态调整措施。政策体系会根据实际进展情况和国内外形势的变化进行动态调整。随着技术的进步和对气候变化问题认识的加深,"双碳"目标的实现路径和具体要求可能需要优化,政策体系也能够灵活适应这种变化,保证"双碳"目标顺利实现。

(三)领域针对性

领域针对性主要指以下两方面。

第一,重点领域突出。"N"中的政策文件针对重点碳排放领域进行重点布局。在工业领域,对于钢铁、化工等高耗能产业,有专门的产业升级和节能减排政策。以钢铁行业为例,通过推广先进的节能减排技术、优化工艺流程等措施,来降低钢铁生产过程中的碳排放。在交通运输领域,重点加速新能源汽车的应用和普及进程,建设绿色交通基础设施,加强交通领域的智能化管理,提高交通运输效率,减少碳排放。

第二,措施因领域而异。不同领域的政策措施充分考虑了各自的特点。例如,在城乡建设领域,注重建筑节能标准的提升、绿色建筑的推广及城市空间布局的优化,能减少建筑运行过程中的能源消耗和碳排放。而在林业领域,则侧重于通过植树造林、森林保护等措施增加碳汇。

(四)科技和创新驱动力

科技和创新驱动力体现在两个关键方面。

第一,强调技术创新。为了实现"双碳"目标,政策体系高度重视科技创新的关键作用。我们积极鼓励并大力支持低碳、零碳技术的研发和应用,这些技术包括但不限于CCUS技术、氢能技术、新型储能技术等。为了保障这些关键技术的顺利研发,政府将给予财政支持、税收优惠等政策激励。

第二,机制创新并重。在推动创新的过程中,除了要求技术创新,还要求市场机制创新,从而实现二者的并重发展。碳排放权交易市场是机制创新的典型代表,通过市场手段,促使企业采取节能减排措施,从而降低碳排放量。同时,在绿色金融领域我们也进行了大胆创新,例如,推出了碳减排支持工具等金融产品,为低碳项目提供了必要的资金支持。

知识链接

湖北碳排放权交易中心:创新机制,助力"双碳"

湖北碳排放权交易中心(简称湖北碳交中心)通过创新机制,为全国碳市场建设提供了重要参考。湖北碳交中心创新性地推出了碳金融产品。他们率先开发出了碳远期产品,这一举措允许企业提前锁定碳排放配额交易价格,从而有效降低了因配额价格波动带来的风险,增强了企业碳资产管理的主动性与前瞻性。同时,湖北碳交中心还积极探索碳资产质押融资的新模式,允许企业将其持有的碳排放配额作为质押物,以此从银行获得贷款,这一创举为企业绿色发展的融资开辟了新的路径。

"双碳"视域下职业教育人才培养的适应性研究

在交易机制方面，湖北碳交中心建立了科学的配额分配与调整机制。他们综合考虑企业的历史排放、行业基准及未来发展趋势，对碳排放配额进行动态分配。对于积极减排的企业，中心会给予额外的配额奖励；而对高排放且减排不力的企业，则削减其配额，推动企业自主减排。

此外，湖北碳交中心还积极拓展国际视野，加强与国际碳市场的交流合作。他们借鉴国际先进经验，探索与国际碳市场的接轨路径，为我国碳市场走向世界奠定基础。这些创新机制，有力推动了区域乃至全国的低碳转型。

（五）政策引导和市场机制相结合

政策引导和市场机制相结合主要从以下两方面着手。

第一，政策引导先行。政府通过制定规划、标准和监管政策等方式，引导企业和社会行为向低碳方向转变。例如，制定严格的能效标准和碳排放强度标准，促使企业进行节能改造；通过绿色产业指导目录，引导社会资本投向低碳产业。

第二，市场机制发力。充分发挥市场在资源配置中的决定性作用。例如，碳排放权交易市场能让企业在市场机制下，权衡减排成本和购买碳排放权的成本，激励企业自主减排。同时，绿色金融市场也蓬勃发展，通过绿色信贷、绿色债券等金融工具，为"双碳"相关项目提供资金支持，形成政府引导、市场运作的良好局面。

第四节　本章小结

在全球应对气候变化的严峻挑战下，我国将实现"双碳"目标作为推动经济社会全面绿色转型的关键战略决策。"双碳"目标承载着我国对全球气候治理的庄严承诺与责任担当。在推进"双碳"目标实现的过程中，我们要遵循"全国统筹、节约优先、双轮驱动、内外畅通、防范风险"的工作原则，重点聚焦于能源、工业、建筑等领域，力求全面推进减排降碳。同时，我国还构建了碳达峰、碳中和"1+N"政策体系，从宏观引领到微观执行，全方位保障"双碳"目标顺利实现。在碳达峰、碳中和时代背景下的各项部署，为我国经济社会可持续发展设定了方向。这场广泛而深刻的经济社会系统性变革，对我国及全球应对气候变化意义深远。

第二章　碳达峰、碳中和面临的世界形势

气候变化作为一项全球性重大挑战，需要各国携手应对，共同承担起这份责任。历经多次谈判、协商、定则、确权，各国已逐渐形成了共识，并在加快全球碳减排的进程中取得了一定的进展和成效。

第一节　全球气候治理的重要里程碑

人类活动对地球大气组成产生了极大的影响，导致了大规模的气候变化，地球生态系统和气候系统的承载力已经到达了临界点，这又进一步加剧了不可逆转的气候变化。气候的变化导致粮食生产面临威胁，使海平面上升带来的灾难性洪灾风险进一步增加。由世界气象组织和联合国环境规划署共同建立的联合国政府间气候变化专门委员会（Intergovernmental Panel on Climate Change，IPCC），专门负责研究由人类活动所造成的气候变化，旨在提供客观可靠的科学信息。IPCC 已分别在 1990 年、1995 年、2001 年、2007 年和 2013 年发布了五次正式的"评估报告"。发布于 2013 年的第五次评估报告，提供了人类活动与气候变化相关的更为清晰的证据。该报告明确指出，气候变化是真实存在的，而人类活动是导致其发生的主要原因。

气候变化是全人类面临的共同挑战，遏制气候变暖、拯救地球家园，是全人类共同的使命与担当。各国在应对气候变化的道路上不懈努力，以国际气候谈判为主线，不断深化国际合作，形成了多个具有里程碑意义的重要协议。

一、提出稳定浓度目标阶段

20 世纪后半叶，全球环境问题日益突出，极端气候事件增多，海平面不断上升，生态系统面临严重威胁，这一系列现象深刻揭示了气候变化问题的严重性和紧迫性。诸如冰川加速融化、洪涝灾害肆虐、干旱情况加剧等自然灾害的接连打击，给人类的生产活动和日常生活造成了巨大的影响和损失，从而促使各国开始重视气候变化问题。许多国家认识到，只有通过国际合作，才能有效应对气候变化问题，保护地球家园。这种合作意愿为《联合国气候变化框架公约》的签订奠定了基础。1992 年，联合国召开地球问题首脑会议，通过了《联合国气候变化框架公约》（简称《公约》），迈出了解决这个问题的第一步。如今，已有 198 个缔约方。

《公约》的基本原则包括四点。一是共同但有区别的责任。由于发达国家在历史上和当前都是温室气体排放的主要来源，因此它们应承担率先减排的责任，而发展中国家的首要任务是发展经济、消除贫困，在应对气候变化方面的责任和义务应与发达国家有所区别。二是公平原则。公平原则强调所有国家在应对气候变化问题上都应享有公平的机会和待遇，不能因国家的发展水平、经济实力等因素而受到不公平的对待。三是各自能力原则。各缔约方应根据自身的能力和情况，采取相应的措施应对气候变化，能力较强的国家应承担更多的责任和义务。四是可持续发展原则。应对气候变化的行动应与各国的可持续发展目标相协调，不能以牺牲经济发展和人民生活水平为代价来实现减排目标。

《公约》的问世具有重要的里程碑意义。首先，《公约》是世界上第一个为了全面控制二氧化碳等温室气体排放，应对全球气候变暖给人类经济和社会带来不利影响的国际公约。

其次,《公约》为各国提供了一个共同应对气候变化问题的框架,明确了各国的责任与义务,促使各国加快经济结构调整,推动各国向低碳、环保的经济模式转型,奠定了应对气候变化国际合作的基础。

二、提出中短期减排目标阶段

1995年,在《公约》第一次缔约方大会上,各缔约方认为《公约》中规定的发达国家应在20世纪末将其温室气体排放恢复到1990年水平的承诺不足以缓解全球气候变化。因此,大会通过了《柏林授权书》,为发达国家规定2000年后减排的义务及时间表,同时决定不为发展中国家引入除《公约》义务以外的任何新义务。《柏林授权书》为《京都议定书》的谈判提供了明确的方向和目标。1997年12月,149个国家和地区的代表在日本京都召开的《公约》第三次缔约方大会上,经过艰苦的谈判,最终通过了《京都议定书》。《京都议定书》为发达国家规定了有法律约束力的定量化减排和限排指标,而发展中国家在第一阶段不承担减排义务,这是对《公约》中"共同但有区别的责任"原则的具体体现。

《京都议定书》遵循《公约》制定的"共同但有区别的责任"原则,要求作为温室气体排放大户的发达国家采取具体措施限制温室气体的排放,而发展中国家不承担有法律约束力的温室气体限控义务。《京都议定书》规定了一种独特的贸易机制,即如果一国温室气体的排放量低于条约规定的标准,则可将剩余额度卖给完不成规定义务的国家,以冲抵后者的减排义务。

《京都议定书》是《公约》框架下首份具有法律约束力的文件,通过法律约束和市场化机制,推动了国际合作和减排行动。《京都议定书》要求发达国家在特定时期内减少温室气体排放,并创建了排放交易、清洁发展机制和联合履约等市场机制,为全球碳市场的形成与发展奠定了基础。

三、提出全球合作减排目标阶段

虽然《京都议定书》在《公约》的第三次缔约方大会上获得通过,且其对减排温室气体的种类、主要发达国家的减排时间表和额度等做出了具体规定。但《京都议定书》生效后,美国等工业化国家却拒绝签署。这直接导致《京都议定书》的实施效果并不显著。鉴于此,需要进一步推动国际社会在气候变化问题上达成新的共识。然而,发达国家与发展中国家在应对气候变化问题上存在着明显的立场分歧。发达国家希望发展中国家承担更多的减排责任,而发展中国家则强调发达国家应该承担历史责任,为发展中国家提供技术和资金支持,帮助发展中国家应对气候变化。这种分歧使国际气候变化谈判进展缓慢。

在《巴厘岛路线图》提出之前,国际气候变化谈判主要集中在发达国家的减排问题上,对于发展中国家的参与度和发展需求关注不足。此外,由于谈判过程缺乏明确的时间表和目标,谈判工作进展缓慢,难以取得实质性的成果。因此,构建一个全新的谈判框架和路线图来指导国际气候变化谈判，显得尤为迫切与重要。

《巴厘岛路线图》便是在这样的背景下产生的。《巴厘岛路线图》是2007年联合国气候变化大会上通过的重要文件，其主要内容包括以下几点。一是强调了应对气候变化的紧迫性，要求发达国家在2020年前将温室气体排放量在1990年的基础上减少25%至40%。二是启动了"双轨制"谈判进程，即分别在《京都议定书》基础上确定发达国家的进一步减排义务，以及在《公约》基础上为发展中国家提供技术和资金支持，并开展广泛合作。三是确定了适应气候变化、技术开发和转让，以及减少发展中国家因森林砍伐和退化所产生的温室气体排放等议题。《巴厘岛路线图》为全球共同应对气候变化指明了方向，推动了国际社会在气候变化问题上的合作与行动，是全球气候治理进程中的一个重要里程碑。

从全球气候治理角度看，《巴厘岛路线图》为国际社会共同应对气候变化提供了明确的行动指南和框架。其中，"双轨制"谈判进程确保了发达国家和发展中国家在不同责任和义务下共同努力，平衡了各方利益诉求。《巴厘岛路线图》强调了发达国家的减排责任，要求其采取更积极的行动，为全球减排做出示范。同时，其对发展中国家在技术和资金支持方面的关注，有助于提升发展中国家应对气候变化的能力，推动发展中国家的可持续发展。在国际合作方面，《巴厘岛路线图》促进了各国之间的交流与合作，增强了全球应对气候变化的凝聚力。它不仅激发了民间组织、企业等各方力量的参与热情，还达成了广泛的社会共识，为后续的气候变化谈判和实际行动奠定了坚实基础。此外，它对保护地球生态环境、实现人类的可持续发展产生了深远且积极的影响。

四、提出碳中和目标阶段

《京都议定书》虽然是一份具有法律约束力的补充协议，规定了发达国家的减排目标和具体的减排措施，然而其在实施过程中也遇到一些问题，如部分发达国家未能按时完成减排目标，美国退出等。这使得国际社会认识到需要重新制定一个更加全面、公平、有效的气候变化协议。欧盟一直是应对气候变化的积极推动者，致力于通过制定严格的减排目标来带动全球应对气候变化的挑战。2015年，法国作为巴黎气候大会的东道主，积极推动了各方在应对气候变化问题上的协商和合作。最终，2015年12月，里程碑式的《巴黎协定》通过。这是历史上第一份覆盖近200个国家和地区的全球减排协定，标志着全球在应对气候变化方面迈出了历史性的重要一步。

《巴黎协定》对气候变化所产生的威胁做出了全球性回应，其目标是将全球气温升幅控制在2℃以内，并争取把气温升幅限制在1.5℃。各国以"国家自主贡献"的方式参与减排行动，即各国根据自身情况提交减排目标和计划。在机制上，《巴黎协定》建立了高透明度框架，要求各缔约方定期通报减排进展和行动，以确保承诺的落实具有可监测性、可报告性、可核实性。同时，《巴黎协定》强调了发达国家应向发展中国家提供资金、技术等支持，帮助发展中国家更好地应对气候变化。《巴黎协议》还鼓励各方通过市场机制等多种方式(如碳排放交易等）促进减排。它旨在通过全球各国的共同努力，实现应对气候变化的长期目标，从而推动人类向低碳、可持续的未来迈进。

《巴黎协定》具有重大的意义和深远的影响。从全球层面看，它为全球应对气候变化明确了统一的目标和方向。《巴黎协定》将全球气温升幅控制目标确定下来，激励各国积极采取行动，推动全球向低碳经济转型，有助于保护地球生态系统的稳定和人类的生存环境。对各国来说，"国家自主贡献"机制充分尊重了不同国家的发展阶段和能力，调动了各国的积极性。同时，《巴黎协定》推动了各国在能源、交通、工业等领域的技术创新和可持续发展，促进了经济的绿色增长。在国际合作方面，《巴黎协定》加强了各国之间的合作与交流，促进了资金、技术在全球范围内的流动与共享。它凝聚了全球共识，彰显了国际社会共同应对气候变化的决心，为子孙后代创造了更加可持续的未来，是人类在应对全球挑战道路上的一个重要里程碑。

第二节　全球气候变化应对下的各国使命

面对气候变化，各国共同应对解决极具紧迫性。首先，气候变化是全球性问题，大气、海洋等相互关联，温室气体无国界流动，单一国家的行动无法有效将其遏制。其次，极端气候事件，如热浪、暴雨、飓风等影响范围广泛，跨国灾害频繁发生，威胁各国人民生命财产安全。再次，生态系统的破坏也跨越国界，物种灭绝、土地退化等问题影响全球生态平衡。最后，气候变化还可能引发资源争夺、人口迁移等国际矛盾。各国只有携手合作，共同承担责任，制定统一行动方案，加大减排力度，发展绿色技术，才能有效应对气候变化，为人类的未来创造可持续的生存环境。

一、气候变化的全球性影响及跨国关联性

（一）气候变化对生态系统的破坏

1. 气候变化对陆地生态系统的冲击

气温升高对陆地生态系统产生了显著影响。气温升高会改变物种分布，一些物种因难以适应新的环境温度，被迫向高纬度或高海拔地区迁移。然而，部分无法迁移的物种面临灭绝的风险。降水格局的变化也对陆地生态系统产生了深远影响，干旱、洪涝频发导致干旱地区的植被因缺水而生长受抑制，甚至死亡。同时，湿地等生态系统则可能在洪水中受损。极端气候事件的增多，进一步加剧了陆地生态系统的压力。如飓风、暴雨等极端天气会破坏森林结构，造成树木倒伏、栖息地破碎化等。海平面上升也是一个不容忽视的问题。随着海平面不断上升，沿海湿地被淹没，生物栖息地丧失。此外，气候变化还影响了陆地生态系统的物候，如花期、鸟类迁徙时间改变，打乱了生态系统的原有节奏，影响了物种间的相互关系，进而威胁整个陆地生态系统的稳定与生物多样性。

知识链接

澳大利亚山火对森林生态系统的破坏

澳大利亚在经历长期干旱与高温的气候变化影响下，于2019—2020年爆发了大规模山火。持续数月的山火烧毁了大量森林，许多珍稀动植物栖息地丧失，如考拉的栖息地被严重破坏，其食物来源桉树也被大量烧毁，导致考拉的生存面临严峻挑战。不少物种的数量因这场山火而急剧减少，森林生态系统的生物多样性遭到重创。

北极冻原植被变化

随着北极地区气温快速升高，原本的冻原生态系统发生改变。一些适应寒冷环境的苔

藓、地衣等植被的分布范围缩小，而原本在更温暖地区生长的草本植物和灌木开始向北扩张。这打破了冻原生态系统原有的物种平衡，影响了以冻原植被为食的驯鹿等动物的食物来源，进而使整个北极陆地生态链产生连锁反应。

非洲之角的干旱影响

在非洲之角，长期气候变化导致降水减少、干旱加剧。许多草原生态系统退化，植被覆盖度大幅下降。以草原为栖息地和食物来源的野生动物，如角马、斑马等不仅面临食物短缺问题，其数量也有所减少。同时，当地牧民的牲畜也因缺乏草料而大量死亡。整个陆地生态系统和与之相关的人类生产生活都受到严重冲击。

2. 气候变化对海洋生态系统的威胁

全球气候变化对海洋生态系统产生了显著的影响。气温上升致使海水温度升高，珊瑚礁白化现象加剧。例如，大堡礁这一世界遗产已多次出现严重白化，大量珊瑚因此死亡，严重破坏了众多海洋生物的栖息地。此外，气温上升还导致海平面不断上升，这一变化淹没了沿海湿地、红树林等生态区域，使依赖这些环境的生物失去家园。海洋酸化也是气温上升导致的一个突出问题，海洋对二氧化碳的过量吸收使海水酸碱度降低，影响贝类、甲壳类等生物的钙化过程，阻碍其生长和繁殖，例如，牡蛎幼体的发育受到严重抑制。极端气候事件（如飓风、暴雨等）增多，打乱了海洋生物的洄游路线和繁殖周期，导致海洋生物种群数量下降。这些冲击严重威胁着海洋生态系统的稳定性与生物多样性。

（二）气候变化对社会经济的影响

1. 农业生产受干扰

全球气候变化对农业生产造成诸多干扰。气温升高可能会改变农作物生长周期，部分喜凉作物因气温过高而生长受抑，甚至无法正常种植。例如，一些原本适宜在高海拔地区种植的蔬菜，如今面临减产困境。同时，高温还易引发病虫害，使害虫繁殖代数增加，病菌传播范围扩大，严重损害农作物品质与产量。降水格局的变化也产生了显著的影响，干旱地区缺水状况加剧，灌溉水源不足。比如，在非洲，一些干旱地区的农田因缺水而大片干涸荒芜。而湿润地区暴雨洪涝灾害频发，冲毁农田、淹没庄稼，造成农作物大面积受损。极端气候事件增多也会直接摧毁农作物和农业设施，给农业生产带来毁灭性打击，使农民收入不稳定，全球粮食供应也面临潜在风险。

 知识链接

气候变暖对全球粮食产量的影响有多大？

气候变暖对全球粮食产量的影响具有两面性，但消极影响更为显著。从积极方面看，在部分高纬度或寒冷地区,气温升高使生长季延长、种植范围扩大,且一定范围内的气温升高可增强光合作用,利于增产。然而从消极方面看,气候变暖一是导致土壤质量下降,加速有机质分解,影响土壤结构与养分供应;二是造成水资源短缺,改变降水模式,引发干旱或洪涝,影响作物生长与产量;三是引发病虫害,导致其危害范围扩大,危害程度及防治难度均增加;四是致使作物产量和品质下降。总体而言,若不积极应对,气候变暖可能严重威胁全球粮食安全,据预测,气温上升2℃至4℃时全球粮食产量会下降20%至25%。

2. 水资源短缺

全球气温升高加速了水分蒸发,使陆地水体及土壤中的水分更快散失到大气中,导致一些地区原本就有限的水资源更加匮乏。降水分布也因气候变化而改变,部分干旱地区降水愈发稀少,例如,在非洲的萨赫勒地区,由于缺水状况不断加剧,已对当地居民的日常生活与农业生产产生了严重的影响。冰川和积雪是重要的淡水储备,气候变暖使其加速融化,虽然在短期内可能增加河流的径流量,但长远来看,一旦冰川消融殆尽,依赖其供水的地区将面临更严峻的水资源短缺问题。例如,在我国西部,部分靠高山冰雪融水补给的地区就存在此类隐忧。总之,全球气候变化正从多方面加重水资源短缺的困境。

3. 能源需求和供给格局发生变化

从能源需求方面来看,气温升高使夏季制冷需求大增。例如,在炎热地区,空调使用时长和频率攀升,极大地增加了电力的消耗。同时,极端气候事件增多,灾后重建等工作也增加了能源方面的需求。而从供给格局方面来看,气候变化则会影响可再生能源的效益。比如,风速和风向的改变会影响风力发电,部分地区原本适宜的风力发电场因风速不稳或降低,影响发电效率。太阳能方面,降水异常、云层厚度变化会干扰太阳光照射,影响光伏发电效率。此外,为应对气候变化而推动能源转型,势必使传统化石能源供给的需求下降,并加速向以可再生能源为主的供给格局转变,这一变化将促使能源企业加大在新能源领域的投资与开发,重塑能源供给体系。

4. 影响国际贸易与供应链的稳定性

全球气候变化给国际贸易和供应链的稳定性带来诸多影响。在运输环节,极端气候事件增多会导致海运、陆运、空运受阻。极端天气,如暴雨、洪水等可能导致港口因恶劣天气关闭,航班取消,公路铁路运输中断,影响货物交付,增加物流成本。气候变化会影响农产品、能源等的产量和质量。比如,干旱使粮食减产,影响粮食贸易量;气温异常影响咖啡等经济作物生长,改变其供需格局。能源方面,可再生能源易受气候影响,导致发电不稳定,间接影响相关产品供应。

知识链接

飓风对美国墨西哥湾沿岸供应链的冲击

美国墨西哥湾沿岸是重要的石油化工产业基地及众多货物的进出口枢纽。2005年的卡特里娜飓风使港口设施遭到严重破坏,大量船舶无法停靠和装卸货物,导致海运物流停滞。同时,沿岸的炼油厂、化工厂被迫停产,不仅石油及其制品的供应大幅减少,而且依赖这些产品作为原材料的下游行业,包括塑料制品、化工纤维等行业,也因原料短缺无法正常生产,整个供应链从生产到运输环节都遭受重创,影响波及美国乃至全球相关产业。

洪水对泰国电子产品供应链的影响

泰国是全球重要的电子产品制造基地,许多知名电子企业在此设有工厂。2011年泰国发生严重洪水,大量电子工厂被淹,生产设备受损,生产被迫中断。诸如硬盘驱动器等电子零部件的生产停滞,使全球电脑、服务器等设备制造商面临零部件短缺的困境,产品交付延迟,供应链出现断裂。一些依赖泰国电子产品的组装企业,因无法及时获取零部件而不得不调整生产计划,甚至停产。这次洪水影响了全球电子产品的正常供应。

干旱对澳大利亚农业供应链的干扰

澳大利亚是农产品出口大国,干旱气候灾害对其农业供应链影响巨大。持续的干旱使农田灌溉用水短缺,农作物产量锐减,诸如小麦、棉花等主要农产品的出口量大幅下降。这不仅影响了澳大利亚国内农民的收入和农业相关企业的经营,也使依赖澳大利亚农产品进口的国家,面临粮食、纺织原料等供应不足的问题。干旱气候灾害导致整个农产品供应链从生产源头到消费终端都受到波及。

(三)跨国界传播与连锁反应

1. 气候灾害的跨境影响

全球气候变暖让气候灾害跨越国界,形成复杂的连锁反应。一方面,气候变暖致使极端气候事件发生的频率与强度大增,这些灾害不再局限于一国境内。海平面上升这一由气候变暖引发的现象,不仅威胁着沿海各国的低地岛屿与滨海城市,如太平洋岛国图瓦卢,因海平面上升面临国土被淹没的风险,该国的居民被迫迁移;还影响海洋生态系统,引起渔业资源变化,波及周边依赖海洋资源的国家,引发渔业产业链的连锁反应,从而影响海鲜供应与相关产业发展。

另一方面,气候变暖会改变大气环流与降水模式,可能导致某一地区的干旱或洪涝灾害间接影响其他地区。比如,南美洲亚马孙雨林地区若因气候变暖出现持续干旱,雨林生态遭到破坏,其作为"地球之肺"调节全球气候的能力则会下降,这可能进一步影响全球大气环流,使非洲、亚洲等地区的降水出现异常,进而引发洪涝或干旱等自然灾害,造成农业减产、水资源短缺等一系列问题，并形成跨越国界的连锁影响，严重威胁全球各国的生态、经济与社会稳定。

2. 国际移民潮与气候变化的关联

气候变化已成为推动国际移民潮的重要因素之一。一方面，气候变化导致的长期环境恶化推动了移民潮。例如，在非洲萨赫勒地区，长期的干旱问题导致土地逐渐沙漠化，水资源短缺，农业生产遭受重创，无法满足当地人的基本生存条件。因此，大量人口只能选择离开家园，前往其他有更好生存条件的地区。另一方面，气候变化引发的极端气候灾害，也会促使人们进行迁移。例如，在飓风袭击加勒比海地区后，当地房屋、道路等基础设施毁坏严重，经济陷入停滞，人们为了生活保障和发展机会，也会选择移民到其他相对稳定的地方。由此可见，气候变化在多方面推动了国际移民潮的形成。

二、发达国家的使命担当

（一）历史排放责任的清算与弥补

发达国家在工业化进程中经历了显著的高排放阶段，对全球环境产生了深远影响。从时间上来看，这一时期大致始于18世纪中叶的工业革命，至20世纪中叶。工业革命开启了机器大生产时代，英国率先发力，随后欧美等国纷纷跟进。在这一时期，煤炭成为了主要的能源来源，煤炭被广泛应用于工业生产、交通运输及居民生活取暖等多个领域。例如，当时的纺织厂、钢铁厂等，众多机器设备一刻不停地消耗煤炭，释放出巨量的二氧化碳。制造业的迅猛发展也是高排放的重要源头。钢铁行业在冶炼过程中对煤炭需求极大，高温冶炼会产生大量温室气体排放。汽车制造业兴起后，燃油汽车的普及进一步增加了碳排放。在这一期间，发达国家的碳排放呈爆发式增长，大气中二氧化碳的浓度快速上升。这种影响跨越国界，致使全球气候变暖趋势加剧，进而引发海平面上升、极端气候事件增多等一系列气候变化问题，这些问题对全球陆地、海洋生态系统，以及农业生产等都造成了严重冲击，且这种影响至今仍在持续显现。

发达国家在全球工业化进程中较早开启并经历了长期的高排放阶段，对当前全球气候变化问题负有不可推卸的历史责任。基于历史排放数据核算，其应承担多方面责任。

1. 减排责任

在过去的两个多世纪里，发达国家，如英国、美国、德国等在经济快速发展阶段，大量燃烧煤炭、石油等化石燃料，碳排放总量在全球占比颇高。因此，它们有责任率先大幅削减自身温室气体排放，为全球减排树立榜样并带动其他国家共同行动。例如，按照《京都议定书》等的要求，发达国家应在规定时间内实现特定比例的温室气体减排目标，以减缓全球气候变暖的速度。

2. 资金援助责任

发达国家的历史高排放行为对全球气候造成了严重影响，导致发展中国家在应对气候变化时面临严重的挑战，例如，海平面上升威胁沿海地区，极端气候事件冲击农业生产等。因此，发达国家有义务向发展中国家提供帮助，包括支持发展中国家开展清洁能源项目、建设气候适应型基础设施等，帮助发展中国家提升应对气候变化的能力。绿色气候基金就是国际社会为促进发达国家履行资金援助责任而设立的，发达国家应按约定向该基金注资，以支持发展中国家的相关项目。

3. 技术转让责任

发达国家凭借早期工业化积累了先进的低碳、减排相关技术，如可再生能源发电技术、高效节能技术等。基于其历史排放对全球气候的影响，它们应向发展中国家转让这些关键技术，使发展中国家能够更有效地应对气候变化。

知识链接

气候中和

德国制定了严格的减排目标，致力于打造"气候中和"的社会。其采取了诸多措施，例如大力发展可再生能源，尤其是太阳能光伏发电和风力发电，德国的可再生能源占比在欧洲处于较高水平。同时，德国推动工业领域的节能减排，提高能源利用效率等。此外，德国还积极参与国际气候合作，向发展中国家提供资金支持，帮助其应对气候变化。比如在一些与发展中国家合作的能源转型项目中，德国提供部分资金用于项目的前期调研、设备采购等环节，助力发展中国家发展清洁能源产业。德国在可再生能源技术、工业节能技术等领域具有显著技术优势，并且较为积极地向发展中国家转让这些技术。通过开展技术培训、合作研发等方式，使发展中国家能够更好地掌握和应用这些技术，促进其提升应对气候变化的能力。

（二）率先垂范，实现深度减排

发达国家应率先垂范，实现深度减排，首先体现在制定明确且具挑战性的温室气体减排目标上。例如，欧盟提出到 2050 年实现碳中和的目标，这意味着其在能源、工业、交通等各领域都要实现深度减排。英国也计划在 2050 年达成净零排放，并为此制定了分阶段的减排任务，逐步收紧各行业的排放限额。在能源结构转型方面，丹麦堪称典范。该国大力发展风能，如今风能已占其电力供应的很大比例。此外，丹麦还不断完善风电产业链，从风机制造到风电运营，持续投入，推动风电技术创新与规模扩大，逐步减少对传统化石能源的依赖。德国同样积极行动，制定了可再生能源发展长期规划，大力推动太阳能、风能等可再生能源的利用，加速淘汰煤炭发电，其可再生能源发电量在总发电量中的占比不断攀升。同时，德国在工业减排方面也有较为突出的表现。德国对工业企业设定了严格的碳排放上限，要求企业通过技术升级、能源管理优化等措施来降低碳排放。例如，在德国的钢铁行业中，一些企业采用了氢气直接还原铁等新工艺，取代了传统的以煤炭为基础的炼铁方法，大幅减少了二氧化碳排放。美国部分州也针对高排放工业企业出台了严格的减排法规，这些法规要求企业定期报告排放情况，并制定减排计划，否则将面临严厉处罚，以此促使企业积极采取行动，降低碳排放。

（三）引领和支持国际合作

发达国家凭借其经济实力与技术优势，在国际气候治理机制的构建和推动方面常发挥主导作用。例如，在《京都议定书》和《巴黎协定》等的制定过程中，美国、欧盟等积极参与谈判，提出减排框架和规则建议，为全球气候治理确立了基本的目标和行动方向。它们在《公约》等的基础上设立专门的工作小组和基金，协调各方行动，监督各种气候协议的执行情况，确保国际气候治理机制能够有效运转，引领全球各国共同应对气候变化挑战。发达国家拥有先进的低碳技术和丰富的应对气候变化的经验，能够为发展中国家提供技术培训与能力建设支持。比如，德国在可再生能源技术领域处于世界领先地位，它通过开展国际合作项目，为发展中国家的技术人员提供太阳能、风能发电技术及能源效率提升等方面的培训课程。日本在节能技术方面也颇有建树，它向亚洲等地区的发展中国家派遣专家团队，指导当地企业和机构进行节能改造，帮助发展中国家提升应对气候变化的技术应用能力和管理水平，使其能够更好地参与到国际气候治理行动中来。发达国家积极推动跨国气候项目合作，促进资源共享和协同应对气候变化。欧盟经常发起跨国可再生能源合作项目，如联合欧洲各国及部分周边国家共同开发大型海上风电项目，整合各方资金、技术和人力等资源，实现规模效益最大化，推动了相关技术在不同国家间的传播和应用。美国的一些科研机构也会同其他国家的科研团队开展气候科学研究项目合作，针对气候变化的监测、预测及适应策略等关键问题进行联合攻关，通过共享研究成果，提升全球对气候变化的认知水平和应对能力。

知识链接

欧盟内部的跨境可再生能源项目

2024年7月，欧盟"连接欧洲设施"基金资助6740万欧元支持5个跨境可再生能源项目，涉及爱沙尼亚、拉脱维亚、荷兰、德国和波兰等国的海上和陆上风电、生物质能、区域供热和绿氢等行业。例如，有的项目支持爱沙尼亚在沿海水域建造和运营海上风电场，还有的项目在爱沙尼亚和拉脱维亚边境地区建立可再生能源跨境绿地陆上风电场，总容量高达200兆瓦。此外，在欧洲城市格尔利茨和兹格热莱茨进行全面转型，实现区域供热生产的深度脱碳等。

中国与发达国家的合作项目

中国适应气候变化项目是中国与英国及瑞士政府联合组织实施的。该项目于2009年启动,为期三年,选定宁夏回族自治区、内蒙古自治区及广东省为试点。该项目聚焦于气候变化对中国农业、水资源、草地畜牧业等多个领域的影响,开展风险评估。同时,该项目引入英国哈德雷气候中心的先进气候模拟技术,探索适应气候变化的有效措施。

西班牙与其他国家的可再生能源合作

西班牙政府与中国远景科技集团共同建设欧洲大陆首个零碳产业园。该产业园包含动力电池超级工厂、智能风电装备、绿氢工厂、智能物联技术中心等,把绿色能源与绿色产业相结合,成为西班牙构建零碳新工业体系的一次大胆尝试。

三、发展中国家的使命担当

(一)维护公平合理的国际减排秩序

发展中国家维护公平合理的国际减排秩序,主要应从以下两方面着手。

第一,尊重历史责任差异。发达国家在过去两百多年的工业化进程中大量排放温室气体,是造成当前全球气候变化的主要源头。发展中国家在国际场合明确指出发达国家应承担与其历史排放相对应的主要减排责任,而不应将同等标准的减排义务强加给发展中国家,以维护减排责任分配的公平性。

第二,争取合理的规则制定权益。在国际减排规则的制定过程中,发展中国家应积极参与并争取充分考虑自身发展阶段、经济实力和技术水平等。在确定减排目标、资金支持机制、技术转让安排等方面,应确保规则能给予发展中国家足够的发展空间,避免因过度严格的减排要求而阻碍其自身发展。例如,巴西在国际气候谈判中一直指出,作为发展中国家,其正处于经济发展的关键阶段,但其森林等生态资源却在为全球碳汇作贡献。因此,巴西要求发达国家履行减排及援助义务,保障发展中国家的合理发展空间。

(二)推动国际合作与交流

发展中国家具体可从以下两方面来推动国际合作与交流。

第一,积极参与全球减排行动。在《公约》等基础上,发展中国家应积极履行自身能力范围内的减排承诺,同时通过参与相关国际会议、研究项目等,持续为全球减排事业贡献智慧和方案,推动全球减排行动的有效开展。另外,发展中国家也能通过这种方式争取到合理资金和技术支持。

第二,广泛开展南南合作。发展中国家可通过这种合作,相互分享减排经验,比如,有的发展中国家在可再生能源利用或保护森林促进碳汇方面有成功做法,可以通过交流让其他发展中国家借鉴学习。同时,也可以在资金和技术等方面相互支持,共同提升应对全球减排问题的能力。

（三）兼顾发展与减排的平衡

第一，制定明确的减排目标和规划。许多发展中国家将气候保护纳入国家发展战略规划，设定具体的减排目标。例如，中国提出"双碳"目标，并为此制定了详细的路线图，涵盖能源、工业、交通等多个领域的转型举措，引导经济发展朝着低碳方向迈进，在追求经济快速增长的同时，为全球气候保护贡献力量。印度制订了明确的减排规划。到2030年，印度计划将其碳强度在2005年的基础上降低45%，并让非化石能源在一次能源结构中的占比提升至50%。

第二，积极推动能源结构优化。积极发展可再生能源，以此替代传统化石能源，以减少碳排放。比如，印度近年来大力发展太阳能，政府出台了一系列鼓励政策，包括提供补贴、简化审批流程等。印度的古吉拉特邦建立了大规模的太阳能园区，吸引了众多国内外企业投资，这一举措不仅推动了当地经济发展，还提高了清洁能源在能源结构中的占比，有效降低了因能源消耗产生的碳排放。

第三，加强产业升级与节能减排。对传统高耗能、高排放产业进行改造升级，提高能源利用效率。以巴西的钢铁行业为例，部分企业通过采用先进的节能技术和设备，如高效的熔炉和余热回收系统，在维持生产规模甚至扩大生产规模的同时，降低了能源消耗和碳排放，实现了产业发展与减排的平衡。

第四，促进绿色金融发展。发展中国家可以利用绿色金融手段为气候保护相关项目提供资金支持。比如，南非设立了绿色债券市场，为可再生能源项目、水资源管理项目等绿色产业项目融资。通过这种方式，既吸引了社会资本投入有利于气候保护的领域，又推动了相关产业发展，带动了经济增长。

第三节 我国实现"双碳"目标面临的现实挑战

我国当前仍处在工业化、城镇化深化发展的阶段，经济发展和民生改善任务繁重，推进碳达峰、碳中和过程中面临时间紧迫、转型困难、结构失衡、基础薄弱等挑战，实现"双碳"目标任重道远。

一、任务艰巨，时间紧迫

英国、德国等发达国家早在1991年前后就实现了碳达峰，美国、加拿大、西班牙等国也在2007年前后实现了碳达峰，这些国家从碳达峰到2050年实现碳中和的时期，短则40余年，长则60~70年，甚至更长。我国正处于经济快速发展阶段，基础设施建设、城市化进程等仍在持续推进，这必然会带来能源消费的增长。若要在满足发展需求的同时实现碳减排，则需要在短时间内找到经济发展与实现"双碳"目标的平衡点，这无疑增加了任务的艰巨性与时间的紧迫性。同时，我国从碳达峰到碳中和的时间只有30年，时间是十分紧迫的。

二、煤炭主导，转型困难

我国煤炭资源储量丰富，在已探明的能源资源中占比较大，广泛分布于多个地区。这种资源分布状况使煤炭在能源供应上具有天然的便利性与成本优势，从而导致煤炭长期以来都是我国能源消费的重要支撑，也是我国能源安全的"压舱石"和"稳定器"，短期内难以找到能与之规模同等且成本相近的能源来源。与此同时，我国正处于经济快速发展阶段，工业生产、居民生活等对能源的需求巨大。煤炭凭借其高能量密度、稳定供应等特点，能较好地满足当下大规模、持续性的能源需求。尤其在钢铁、水泥等重型工业领域，煤炭更是关键的能源投入品，这些领域短期内很难迅速摆脱对煤炭的依赖。国家统计局数据显示，2023年我国能源消费总量为57.2亿吨标准煤，比2022年增长5.7%。电力供应方面，煤电仍是我国电力系统的供电基础。截至2023年底，全国发电装机容量为29.2亿千瓦，其中煤电装机容量为11.6亿千瓦。另外，我国围绕煤炭建立起来的能源基础设施十分庞大且完备，涉及煤矿开采、运输、发电等一系列环节。例如，我国有遍布全国的铁路煤炭运输专线，以及众多的燃煤电厂等。要对这些基础设施进行改造或替换，需要投入巨额资金和大量时间，这也制约了我国能源结构在短期内的快速调整。

三、结构失衡，短期难改

当前，我国第二产业增加值占国内生产总值的40%，但能源消费量占全国能源消费总量的70%，经济发展长期以来以工业为主导，钢铁、水泥、化工等传统高耗能产业规模庞大。这些产业是国民经济的重要支撑，在基础设施建设、制造业发展等方面不可或缺，但它们能源消耗高、碳排放量大，导致整体产业结构在短期内难以摆脱高能耗、高排放的特征。高耗能、高排放产业向低碳转型需要先进的节能降碳技术。然而，目前我国相关技术的研发与应用存在诸多难点。例如，一些关键技术掌握在少数国家手中，技术引进成本高，国内自主研发需要投入大量资金、时间和人才，技术升级换代进程相对缓慢，这些因素都导致钢铁、水泥、化工等传统高耗能产业难以快速跨越高能耗、高排放阶段。

此外，我国正处于经济快速发展阶段，对各类工业产品仍有持续的高需求。在满足经济发展需求和实现"双碳"目标之间需要找到一个平衡点，这使部分高耗能、高排放产业不能迅速关停或大规模转型，产业结构的优化调整也就难以在短时间内实现质的飞跃。

四、基础薄弱，支撑不足

准确监测和核算碳排放量是实施"双碳"行动的重要基础。当前，我国部分行业、地区的碳排放监测技术手段还不够先进，存在数据准确性不足、统计口径不一致等问题，导致难以精准掌握碳排放状况，不利于制定科学合理的减排策略。同时，我国"双碳"人才储备相对匮乏。"双碳"领域涉及多学科交叉，需要大量既懂能源、环境，又掌握金融、技术等知识的复合型人才。然而，目前此类专业人才数量有限，高校相关专业设置和人才培养模式尚在完善中，人才供应难以满足快速发展的"双碳"事业的需求，制约了各项工作的高效推进。此外，金融支持体系也有待健全。实现"双碳"目标需要将巨额资金投入能源结构调整、产业低碳转型等，但现有的金融支持体系，存在如绿色金融产品种类不够丰富，对"双碳"项目的风险评估和投资引导机制不完善等问题，导致资金供给不足且配置效率不高，影响了"双碳"相关工作的开展。

第四节 本章小结

本章聚焦碳达峰、碳中和面临的世界形势，深入剖析了全球气候治理进程。全球气候治理过程中有多个重要里程碑，为全球气候治理确立了方向，标志着各国在应对气候变化上达成关键共识，构建起共同但有区别责任的全球气候治理框架。应对全球气候变化，各国均肩负重要使命。发达国家凭借其技术与资金优势，应在减排行动与援助发展中国家方面发挥更大作用。发展中国家在实现自身发展的同时，也应积极投身减排行动，共同推动全球气候治理。我国推进"双碳"战略实施的任务艰巨。尽管面临以煤炭为主的能源结构短期难以改变及产业结构处于高能耗、高排放阶段等诸多挑战，但我国始终坚定决心，积极推进能源转型、产业升级，展现了大国担当。全球气候治理的大背景下，各国需携手共进、加强合作，我国也将在实现"双碳"目标的过程中不断探索，为应对全球气候变化贡献中国智慧与中国力量。

第三章 稳妥有序推进各领域绿色低碳发展

　　自"双碳"目标提出以来，国家各部委、各地区、各部门坚持以习近平新时代中国特色社会主义思想为指导，深入学习贯彻习近平经济思想与习近平生态文明思想，深入学习贯彻习近平总书记关于碳达峰碳中和的重要讲话和重要指示批示精神，通过强化系统观念、加强统筹协调、狠抓工作落实，扎实推进"碳达峰十大行动"，取得显著成效。

第一节 碳达峰、碳中和与区域发展

我国幅员辽阔,自然与经济社会的区域性差异明显,我国可进一步细分为东部、中部、东北、西南、西北五大区域(西北区域和西南区域统称西部区域)。

知识链接

中国五大区域

东部:北京市、天津市、河北省、上海市、江苏省、浙江省、山东省、广东省、海南省、福建省、台湾省、香港特别行政区、澳门特别行政区。

中部:河南省、湖南省、湖北省、安徽省、江西省、山西省。

东北:黑龙江省、吉林省、辽宁省。

西南:西藏自治区、四川省、重庆市、贵州省、云南省、广西壮族自治区。

西北:新疆维吾尔自治区、青海省、宁夏回族自治区、内蒙古自治区、陕西省、甘肃省。

一、五大区域的碳汇核算

《京都议定书》规定,在联合履约、排放贸易和清洁发展机制中,允许各国将通过人工造林、森林及农田管理等人为活动产生的"碳汇"用于抵消本国的碳减排指标。根据对五大区域碳汇数据的分析,我国西南、东部、西北、东北及中部各区域的碳汇总量均呈现逐渐下降的趋势。同时,西南和东部区域的单位面积碳汇量最高。这是由于西北区域气候干燥、降水稀少,导致树木难以成活,进而影响了该区域的碳汇能力。

为了协调区域发展,最大限度地发挥碳汇作用,实现低碳甚至零碳发展,五大区域未来应着眼于以下几点。首先,要充分利用自身地理位置优势,西北、中部区域要扩大森林植被面积,东北、东南、西南区域要加强森林草地等碳汇管理,将陆地生态系统碳汇纳入全国碳交易的配额管理体系,增加陆地生态系统碳汇能力,实现区域内和区域间的联合减排。其次,要加强五大区域森林、湿地、荒漠、城市绿地的适应性研究,完善与国际接轨的国家生态系统碳汇监测体系。最后,要加强区域间的合作互补,完善政策制度建设,促进碳交易市场的规范发展,激励企业、各类组织及广大公众积极参与其中,最大限度地发挥陆地生态系统的碳汇作用。

二、五大区域的产业协调

西部区域是太阳能、风能及水能资源的主要集中地,也是国家可再生能源电力的核心生产基地。风电、光电的间歇性特征和储能技术的不完备,需要与水电、生物质发电等形成互补,以增强可再生能源电力的稳定性。西南区域的水电资源与当地的生物质发电资源,以及西北区域的风电、光电资源具有天然的互补性。

研究表明，通过产业转移等途径促进西北区域本土产业发展，能够有效推动可再生能源电力的就地消费。加速西北区域的工业化进程，特别是扩大能源密集性产业的规模，不仅是应对该区域弃风弃光问题的关键举措，也是通过区域协调实现中国 2030 年碳排放达峰的重要路径。西南区域虽拥有丰富的水电资源，但该区域以山区为主，发展第二产业所需要的土地资源严重不足，因此，需要发展或承接占地少、效率高的产业。

相比之下，东部及中部区域经济相对发达，能耗总量大，但可再生能源资源不足，土地资源日趋紧张。在区域协调发展过程中，这些区域应利用好西北、西南区域的电力等资源，同时把一些能耗大的产业转移到西北或西南区域。东北区域产业发展缓慢，可再生能源资源不足，但风能等可再生能源基本能满足本区域产业需要。因此，该区域应着重推动能源替代，减少弃风问题。

三、碳汇能力显著提升

（一）生态系统固碳功能持续增强

我国坚持以绿色低碳为导向，不断优化国土空间布局。严守自然生态安全边界，加强对生态保护红线的审查监管和保护成效的评估工作，持续推进草原禁牧休牧和草畜平衡制度的落实，全力稳定现有森林、草原、湿地、海洋、土壤、冻土、岩溶等生态系统的固碳功能。据统计，目前我国林草年碳汇量超过 12 亿吨二氧化碳当量，居世界首位。

（二）生态系统碳汇能力稳步提升

我国大力实施"三北"等生态保护修复重大工程，统筹推进大规模的国土绿化、防沙治沙和湿地保护修复行动，全面推进海洋生态保护与修复工作。我国在世界范围内率先实现土地退化"零增长"，并成功实现了荒漠化土地面积和沙化土地面积"双缩减"。目前，我国森林覆盖率达 24.02%，森林蓄积量约为 195 亿立方米，成为全球森林资源同期增长最多最快的国家。

（三）生态系统碳汇基础不断夯实

我国不断完善林草碳汇的计量、监测与评估体系，积极推进海洋碳汇标准体系建设。国务院已出台《生态保护补偿条例》，标志着我国生态保护补偿工作进入法治化的新阶段。同时，我国不断健全生态产品价值实现机制，深入开展碳汇能力和潜力调查研究。为巩固并提升林草碳汇能力，我国已在 18 个市（县）和 21 个国有林场开展森林碳汇试点。

四、发展思路与举措

（一）分步建设近零碳城市

第一，建设一批可再生能源电力城市。在西部区域建设以风电、光电、水电为主的可再生能源城市，在中部区域建设可再生能源城镇，在东部区域建设可再生能源岛屿。第二，建设一批近零碳城市，先从偏远地区的小城镇入手，逐步推广到东部和中部区域。

（二）科学实施绿色电力配额

从资源开发潜力、盈利发展潜力等角度加大对相关工程的审核力度，严禁电力项目的盲目开工，做好"西电东送"的整体谋划，通过区域发展推进低碳发展。智慧产业的大数据处理等能耗大的行业对能耗的需求将快速增长。在云南、贵州等省份，独特的气候环境为大数据处理基地的建设提供了得天独厚的条件，在此建设大数据处理基地，既能充分发挥这些区域水电资源丰富的优势，减少弃水问题，又能分散风险，保障以大数据为代表的信息产业的安全与稳定。

（三）发挥西部区域双重功能

西部区域可再生能源电力丰富，属于能源的高梯度区域。与其他第二产业的梯度转移相比，西部区域的能源发展是逆向的。通过"西电东送"，不仅可以推动东部及中部区域的能源替代，减少碳排放，还能促进区域间的能源协调与平衡。在产业空间布局上，建议把西部区域定位为可再生能源电力基地，并给予产业布局、工业用地、清洁能源的开发利用，以及生态环境保护等方面的政策支持，特别是在工业用地指标及生态环境保护指标方面，应给予充分的政策支持与保障。

"基于自然，顺应自然，利用自然"是中国生态文明建设的基本要求。在我国协调低碳发展及近零碳城市建设过程中，应重视发挥"基于自然的解决方案"（Nature based Solutions, NbS）的作用，完善"基于自然的近零碳城市解决方案"。此外，还需要重视五大区域间的差异性，特别是在西部一些水资源缺乏的区域及西藏的大部分地区，应科学规划植树造林，避免盲目扩大规模，以免对自然环境造成破坏。

知识链接

"东数西算"——中国国家大数据计算工程

"东数西算"是指"东数西算"工程，"数"指的是数据，"算"指的是算力，即对数据的处理能力。"东数西算"是指通过构建数据中心、云计算、大数据一体化的新型算力网络体系，将东部密集的算力需求有序引导到西部，优化数据中心建设布局，促进东西部协同联动。简单地说，"东数西算"就是让西部的算力资源更充分地支撑东部数据的运算，从而更好地为数字化发展赋能。2022年2月，在京津冀、长三角、粤港澳大湾区、成渝、内蒙古、贵州、甘肃、宁夏8地启动建设国家算力枢纽节点，并规划了10个国家数据中心集群。至此，全国一体化大数据中心体系完成了总体布局设计，"东数西算"工程正式全面启动。

第二节　碳达峰、碳中和与产业发展

推动经济绿色低碳循环发展，关键在于优先发展高附加值、低能耗和低排放产业。需通过产业结构调整、产业技术升级、产业链转型等措施，促使碳排放达到峰值，实现经济低碳增长。要实现"双碳"目标，必须构建第一产业、第二产业、第三产业绿色低碳循环发展的产业结构。

一、第一产业碳排放与碳汇功能

（一）第一产业碳排放

第一产业碳排放涵盖农业纵向产业链碳排放（包括产前、产中、产后直接或间接带来的碳排放）及横向产业范围碳排放（包括农、林、牧、渔业带来的碳排放）。第一产业的碳汇功能主要通过人为调节和支配第一产业系统中绿色植物（农业生产体系中的作物、森林、草地等）的自然碳封存和土壤自身的碳储量来发挥作用。

农业碳排放主要有以下三方面：一是植物呼吸需要消耗碳水化合物，从而释放二氧化碳；二是农业化学制品的生产和使用、农业机械动力能源的消耗所带来的间接碳排放；三是废弃物处理排放，包括秸秆焚烧及动物粪便处理产生的碳排放。农业碳排放在全国碳排放中的占比高达17%，表明农业在生产节能减排和生物土壤固碳方面潜力巨大。

森林是陆地生态系统中最大的碳库，是二氧化碳的吸收器和缓冲器。林木每生长1立方米，平均吸收约1.83吨二氧化碳，释放1.62吨氧气。林业碳汇是指利用森林的储碳功能，通过造林、再造林、森林管理等林业活动，吸收和固定大气中的二氧化碳，并将其固定在植物或土壤中，从而减少温室气体在大气中浓度的过程或能力。它是减缓气候变化的重要自然途径之一。

畜牧业的碳排放以间接方式为主，主要源于反刍动物的肠发酵和蠕动过程，以及动物粪便在分解时释放出甲烷等温室气体。此外，在动物产品的机械化屠宰、冷冻、包装和运输过程中，由于大量使用化石燃料，也产生了显著的碳排放。畜牧业对全球变暖的影响，比交通运输业还大，其温室气体排放量约为全球温室气体排放量的15%。

渔业生产对能源的消耗、对资源的依赖及对环境的影响相对较高，不同养殖方式、不同种类之间能源与资源的利用效率差距较大。碳汇渔业是指通过渔业生产活动，促进水生生物吸收水体中的二氧化碳，并在渔业捕捞收获时，把这些碳移出水体的不投饵渔业生产活动。发展碳汇渔业可以提高水体的固碳功能，减少海水中的碳含量，缓解海水富营养化。

（二）各行业应对能源转型的举措

1. 农业应对能源转型的举措

优化农业产业结构，扩大农业生态系统空间，提升绿化覆盖率，提高农业土壤的固碳量，控制农业碳排放总量，兼顾区域之间农业碳减排的公平协调发展，应用碳汇生产技术，推广精准投入模式，发挥农业政策导向作用，实施农业碳排放奖惩和碳汇补贴制度，通过税补提高对高碳排放产业和产品的征税。

2. 林业应对能源转型的举措

提升林业现代化水平，加快实施国家生态安全屏障保护修复及天然林资源保护、湿地保护等重点工程。完善林业补贴政策，推动建立森林补贴制度。建立健全林业减排增汇金融支持体系，引导金融机构开发与林业减排相适应的金融产品。

3. 畜牧业应对能源转型的举措

采用多种畜牧业绿色发展模式，推进畜牧业实现规模化经营。集中力量突破关键性的技术制约，促使资源高效利用，继续完善生态补偿机制。

4. 渔业应对能源转型的举措

发展绿色渔业，降低渔业生产能耗，实现低能耗、低排放、低污染，更好地发展蓝色海洋经济，增加蓝色碳汇，依靠科技促进低碳渔业发展模式创新。

（三）发展思路与举措

创新农业发展路径，推进种植业低碳发展，需要从技术研发、推广示范、人才培养和国际合作等方面统筹发力，合理发展农村生物质能源产业。持续实施国家生态安全屏障保护修复及天然林资源保护、湿地保护等重点工程，促进绿色低碳发展，创新生态养殖模式，发挥渔业的碳汇功能。将蓝色碳汇列入碳排放交易制度，建立蓝碳交易机制。集成农业二氧化碳气体减排固碳技术模式，在农业绿色发展先行区、区域典型示范镇、大型种植企业开展减排、固碳、能源替代等工作，实现"零碳、绿碳、蓝碳"的融合发展。

二、第二产业碳排放与碳汇功能

（一）第二产业碳排放

第二产业是能源消耗和碳排放的主要来源。改革开放以来，我国已经成为世界第一制造业大国。工业和建筑业是碳排放的重要领域，是碳中和的重要责任主体，钢铁、化工、电力、石油和采掘业占据了工业碳排放量的90%。要实现"双碳"目标，促进第二产业走低碳式发展之路，仍面临着许多挑战。区域发展、低碳技术科技创新、节能技术开发都是亟待解决的新问题，同样也是新机遇。

（二）各行业应对能源转型的举措

1. 采掘业应对能源转型的举措

在采掘业内部，碳减排的重点应聚焦于燃料能源的开采过程、金属的生产与锻造环节，以及含碳氢化合物的提取活动等所产生的温室气体排放。在采掘业外部，则需要提高行业资源使用效率，以有效减少采掘资源的需求。

2. 制造业应对能源转型的举措

制造业中的非金属矿物质业、黑金冶炼及加工业、化学原料及化学制品制造业、电力热力的生产和供应业、石油加工炼焦及核燃料加工业，都是高耗能行业。要实现"双碳"目标，需要明确控制制造业碳排放的驱动因素，探索控制制造业碳排放的有效路径，采取调整经济活动、优化能源强度、推动技术创新及促进产业结构调整等关键举措，减轻环境压力、减少资源消耗。

3. 电力行业应对能源转型的举措

要加快推进火电行业向"高效化、清洁化、减量化"方向发展，积极探索以"电热为主、多能互补"的发展模式，逐步减少电力行业对化石燃料的依赖。同时，要对火电技术进行革新，加快火力发电机组改造，利用负荷调整来管理用电需求，解决电力供需在时空上的不匹配问题。此外，还应推动电力行业与碳市场、电力辅助服务市场的有效对接与融合。

4. 建筑行业应对能源转型的举措

建筑施工活动每年产生的碳排放量约占世界碳排放总量的11%，而在我国，建筑能耗约占整个社会能耗的三分之一。因此，降低建筑能耗对改善社会整体能耗状况、促进节能减排具有显著效果。建筑领域的碳减排已成为我国实现"双碳"目标的关键一环。要从建筑行业生产方式、材料选择、技术水平、商业模式等方面进行全面革新，并抓住绿色建筑及绿色金融带来的新发展机遇。

（三）发展思路与举措

1. 完善现代绿色低碳工业体系

现代绿色低碳工业体系是国家（地区）能够以较低排放水平维持较高工业增速的高质量工业体系。建成现代绿色低碳工业体系是碳中和的基础，应控制和减少高耗能行业的碳排放，以"绿色制造、智能制造"理念推进第二产业绿色低碳转型。

2. 优化工业产能空间布局

构建合理的工业产能空间布局，处理好区域经济、社会环境之间的平衡关系。不同区域碳中和的时间节点应综合考虑区域发展阶段、资源禀赋、产业结构、能源结构、技术水平、空间尺度等因素，合理组织和优化工业产能空间布局。

3. 建立工业低碳技术创新体系

加快建立独立自主的工业低碳技术创新体系，大力研发应用各类减污降碳新工艺、新技术、新产品。采掘业要加快更新采掘工艺和采掘设备技术；加工制造业要不断优化创新技术模式与方法；电力行业要推动电力新技术、新工艺、新流程、新装备、新材料的广泛应用，并大力发展新能源发电技术；建筑业则要加快推广低碳前沿技术。此外，应积极发展新能源产业，积极探索CCUS技术。

4. 构建国内生产与国际贸易新格局

随着欧盟、日本等大型经济体先后开启了碳中和进程，碳关税也将成为国际贸易的重要议题。推进"双碳"目标实现，将不断增强我国工业产品在未来国际贸易中的绿色低碳竞争优势，以及现代工业体系在全球经济格局中的整体竞争优势，进一步提升我国在全球贸易中的份额。

5. 推动制造业产业链升级

推进"双碳"目标实现，能加速制造业产业链的转型升级，提升产业配套水平，使产业链向研发和市场两个方向延伸，推动制造业产业链向全球价值链的中高端迈进。

知识链接

绿色工厂

绿色工厂，简而言之，就是遵循绿色制造理念，通过采用一系列先进的技术和管理手段，实现生产全过程的绿色化、低碳化、循环化的工厂。它不仅是一个简单的生产单元，更是绿色制造体系的核心支撑，体现了制造业向高质量发展迈进的决心和行动。

应采用绿色建筑技术建设改造厂房，预留可再生能源应用场所。同时，合理布局厂区内能量流、物资流路径，推广绿色设计和绿色采购，开发生产绿色产品。此外，应采用先进适用的清洁生产工艺技术和高效末端治理装备，淘汰落后设备。通过建立资源回收循环利用机制，推动用能结构优化，实现工厂的绿色发展。

三、第三产业碳排放与碳汇功能

（一）第三产业碳排放

第三产业是指除第一产业、第二产业以外的其他行业，主要是指服务业。相较第一产业、第二产业来说，第三产业的碳排放总量比重较低。但自2000年以来，我国第三产业碳排放总量呈持续上升趋势。

（二）各行业应对能源转型的举措

1. 交通运输行业应对能源转型的举措

交通运输行业碳排放量占全国终端碳排放量的约15%。鉴于这一现状，可采取以下举措促进交通运输业的减排。

第一，推广交通运输减排技术应用，综合运用电、氢等新能源运输装备，加快纯电动汽车等新能源汽车的推广，提高运输装备燃油效率并应用智能化、自动化技术提高运输效率等，协同推进汽车与能源、交通、信息通信等行业的深度融合。

第二，加快交通运输结构优化，组织实施交通运输结构性减排工程，提高铁路、水路货运比重，尽快实现"公转铁""公转水"，引导城市出行选择轨道交通系统和新能源运输系统，整体降低交通运输行业碳排放。

第三，制定和健全交通运输行业应对气候变化的政策法规，健全交通运输能耗和碳排放监测评价体系，编制交通运输企业气体排放核算方法指南，加快建设交通运输行业能耗与排放在线监测平台。

2. 金融行业应对能源转型的举措

一方面，金融行业要为企业在清洁能源开发利用、节能减排等方面提供金融服务；另一方面，金融行业要为客户参与碳交易环节提供综合服务，以及为推进国内碳交易市场平台建设研发配套的碳金融产品及服务。

3. 批发和零售业应对能源转型的举措

批发和零售业的能源消耗中，煤炭消费量、汽油消费量、天然气消费量及电力消费量占有较大的比重，要构建低碳式批发和零售业供应链管理体系，通过激励政策与约束机制建设，进一步完善批发和零售业节能减排措施。

4. 住宿和餐饮业应对能源转型的举措

推进住宿和餐饮业低碳发展，制定酒店低碳控制制度，建立健全低碳经营和管理的监督机制，创新低碳低成本酒店的管理机制。同时，要加强低碳餐饮、文明用餐宣传，倡导低碳绿色生活方式。

5. 计算机服务和软件业应对能源转型的举措

要建立和完善与计算机服务和软件业低碳发展相关的政策法规，坚持进行技术创新，开发绿色电脑产品并推行虚拟化、云计算技术，降低能源消耗，进而减少碳排放，实现计算机服务和软件业环保运营。同时，要配合国家"东数西算"工程稳步推进。

（三）发展思路与举措

1. 提高服务业碳生产率

服务业的迅速发展，对生态环境造成的影响和因此产生的能源浪费问题、碳排放问题不容忽视。通过技术创新和升级，可以提高服务业的能源使用效率，减少碳排放，从而提高碳生产率。通过充分发挥空间互动效应来促进服务业的区域协调发展，因地制宜地适当优化服务业能源结构。

2. 挖掘行业碳减排潜力

注重服务业"去碳化"的政策性引导，调整服务业内部企业结构，强化服务业能耗、碳排放与经济增加值良性脱钩。深化重点领域的节能减排工作，发展综合型绿色交通系统，提倡绿色消费，有计划地推动节能型和低碳型现代服务业的发展，从而降低能耗强度和碳排放强度。

3. 优化碳排放权交易模式

通过平衡经济效益与减排效益，优化服务业碳排放权交易模式，探索减排成本最低的绿色均衡发展路径。流通服务业能耗和排放量较大，但减排的边际成本较低，在碳排放权交易过程中倾向于出售排放权。生产性服务业、消费性服务业和社会性服务业减排的边际成本较高，在碳排放权交易过程中倾向于购买排放权。为应对这一问题，应将它们逐步纳入全国碳排放权交易市场，通过碳普惠探索碳账户，推动服务业积极参与碳金融市场。

中国经济长期保持高速发展态势，创造了"中国速度""中国质量""中国奇迹"。当前，我国正迈入一个全新的高速发展时代，产业结构调整和优化升级成为重中之重。为了推动未来中国经济增长，我们必须大力规范、引导、调整产业发展方向。

预计至 2025 年年末，我国制造业整体素质将大幅提升，创新能力显著增强，工业化和信息化融合迈上新台阶，第二产业比重降低，第三产业比重稳步上升，预计第三产业的比重约为 60%。2026 年至 2035 年，第三产业比重继续提升，成为经济发展的主导产业。2036 年至 2050 年，我国将进入世界发达的服务业强国行列，成为全球高端服务业集聚的中心，第三产业的比重将增加到 70%。因此，我国要重视和引导第三产业的发展，推动以"知识型服务业"为主体的现代服务业发展。

知识链接

绿色金融业发展案例

上海国际金融中心持续发力，加快构建绿色金融市场体系，将生态环境保护与环境污染治理理念融入货币市场、资本市场、外汇市场、黄金市场等子市场的经济活动中。

上海市经济和信息化委员会、国家开发银行上海市分行和上海银行共同发布了"产业绿贷金融创新融资服务试点平台 2.0"，针对符合条件的绿色供应链金融项目，提供在线申报、绿色评价、金融机构审查和核心企业审核等功能。

中国太保产险与上海环交所、交通银行、申能集团一起，开发了全国首笔碳排放配额质押贷款保证保险业务,通过"碳配额+质押+保险"模式,申能集团下属的申能碳科技公司可以质押碳排放配额,从交通银行获得贷款。

围绕一个"碳"字,整个上海国际金融中心正在持续发力,率先探索绿色金融改革创新,全力打造国际绿色金融枢纽,可谓走在全国前列,初步产生了引领带动示范效应。

第三节 能源绿色低碳转型

能源是人类文明进步的基础和动力，事关国计民生和国家安全稳定。能源绿色低碳转型是实现碳达峰、碳中和的关键。发展低碳能源是通过发展清洁能源，包括风能、太阳能、核能、地热能和生物质能等，替代煤炭、石油等化石能源，以减少二氧化碳排放。

我国要实现碳达峰、碳中和，必须大力发展低碳能源产业，以此奠定绿色经济发展的产业基础，促进产业升级，推动经济社会持续发展。要立足我国能源资源禀赋，以满足经济社会发展和人民美好生活需要为根本目的，统筹发展和安全部署，加快构建清洁低碳及安全高效的能源体系，为实现碳达峰、碳中和与全面建设社会主义现代化国家提供坚实保障。

知识链接

能源概述

能源包括化石能源和非化石能源。其中化石能源包括煤炭、石油、天然气，非化石能源包括可再生能源与核能。

可再生能源是指自然环境为人类持续不断提供有用能量的能源资源，主要包括太阳能、水能、风能、生物质能、地热能、海洋能等。

新能源是指在新技术的基础上系统开发利用，随着技术、经济水平进步具有广泛应用前景的能源，现阶段的新能源主要包括太阳能、风能、生物质能、地热能、海洋能、氢能等。

一、国家关于能源转型的要求

要坚持安全降碳，在保障能源安全的前提下，大力实施可再生能源替代，加快推进煤炭消费替代和转型升级，大力发展新能源，因地制宜开发水电。同时，积极安全有序地发展核电，合理调控油气消费，加快建设新型电力系统，加快构建清洁、低碳、安全高效的能源体系。

二、能源转型的做法

（一）推动化石能源清洁高效利用

首先，要大力推动煤炭清洁高效利用，强化煤炭绿色供应保障，积极推广清洁低碳的仓储运输方式。具体而言，要加大"绿色矿山""智能矿山"的建设力度，推广低浓度、超低浓度瓦斯的高效利用技术，并拓宽其利用途径和范围。同时，严格合理地控制煤炭消费增长，有序推动钢铁、建材、有色金属、石化、化工等行业的煤炭消费替代。推动煤电清洁、高效、灵活、低碳发展，提升煤炭综合利用效能，稳妥推动煤炭产业由单一燃料向原料并重转变。

其次，要推动油气清洁高效开发利用，提升油气绿色生产能力，开展规模化二氧化碳驱油和封存试点规范。合理调控石油消费，加大先进生物液体燃料、可持续航空燃料等燃油的替代力度。有序引导天然气消费，在落实气源的前提下，有序推动工业用煤的天然气替代，因地制宜推动天然气与多能源的融合发展。

（二）大力发展非化石能源利用

首先，要统筹推进大型风电光伏基地建设，规划建设大型风电光伏基地，坚持规划引领，实现绿色低碳效益与生态环境效益的统一。配置建设清洁高效支撑电源，提升可再生能源外送能力，发挥存量火电、大型水电调节作用，探索建立送受两端协同调节机制。

其次，要加强分布式可再生能源的开发利用，积极推进光伏建筑一体化开发，以工业园区、经济开发区、油气矿区等为重点，推进风电和光伏分布式开发，积极推进"光伏+"综合利用。

最后，要推动水能、核能、生物质能发展。因地制宜发展水电，积极、安全、有序地发展核电，多元化发展生物质能，稳步发展城镇生活垃圾焚烧发电，促进非粮乙醇、非粮食原料的生物柴油等先进生物液体燃料产业化发展。

（三）推动构建新型电力系统

首先，要创新电网结构和运行模式，完善电网主网架结构，扩大新能源电力跨省跨区输送模式。同时，加快配电网的改造升级，推动智能配电网和主动配电网建设，推广普及分布式发电、电动汽车及用户侧储能等先进技术。此外，还应发展分布式智能电网，紧密结合低碳零碳的园区、社区及城市建设规划，在此过程中，要充分利用储能技术，积极发展以新能源消纳为主的智能微电网。

其次，要增强电源协调优化运行能力，因地制宜建设天然气调峰电站，发展储热型太阳能热发电，提高新能源发电功率预测水平，推动天然气发电、太阳能发电与风电、光伏发电等融合发展。

最后，要加快新型储能技术规模化应用，积极发展"新能源+储能"，推进源网荷储一体化和多能互补，支持分布式新能源合理配置储能系统。针对我国工业用电负荷占比高的特点，引导大工业负荷参与辅助服务市场，对于电解铝、钛合金等高载能产业，充分利用其电价高敏感特征，出台并完善相关政策机制。

（四）推进节能降碳增效

首先，要优化完善能源消费强度和总量双控，有效增强能源消费总量管理弹性，鼓励地方发展可再生能源，并对国家布局下的重大项目实施能耗单独核算。同时，优化节能目标责任评价考核，统筹目标完成进度、经济形势及跨周期影响因素，优化考核频次，对工作成效显著的地区予以激励。

其次，要大幅提升能源利用效率，持续深化工业节能、城乡建设、交通运输、公共机构等重点领域的节能，实现能效水平的持续提升。深化重点领域节能降碳，推动工业领域绿色低碳发展，促进钢铁、有色金属、建材、石化、化工等行业的节能降碳，坚决遏制高耗能、高排放、低水平项目的盲目发展。推进城乡向绿色低碳转型，优化建筑领域的能源使能结构，提升绿色建筑能效水平。构建高效且环保的交通运输体系，加快绿色交通基础设施建设，同时推动运输工作装备向低碳转型，并大力推进重点用能设备节能增效及既有设施的绿色升级改造。

最后，要健全节能相关配套制度，完善节能管理制度，健全节能法律规章标准，完善节能经济政策和市场化机制，建立健全有利于节能的财政、税收、价格、金融等经济政策，推广覆盖节能咨询、诊断、设计、改造的一站式综合服务模式。

三、能源转型的成效

（一）非化石能源加快发展

截至 2024 年 7 月底，我国风电、太阳能发电总装机容量已达 12.06 亿千瓦，是 2020 年底的 2.25 倍，提前 6 年多实现了向国际社会承诺的装机容量目标。水电、核电装机容量比 2020 年底分别增长了 5819 万千瓦、819 万千瓦。从 2020 年到 2023 年，非化石能源消费占比由 15.9%提升至 17.9%。

（二）化石能源清洁高效利用

自"十四五"规划实施以来，我国完成了超 7 亿千瓦的煤电节能降碳改造、灵活性改造以及供热改造。与 2020 年相比，2023 年全国煤炭消费比重下降了 1.6 个百分点，同时，北方地区的清洁取暖率也提高了约 15 个百分点。此外，煤电平均供电煤耗也降至 303 克标准煤/千瓦时的低位。

（三）新型电力系统建设稳步推进

我国跨省跨区域电力资源配置能力持续提升，截至 2023 年底，全国西电东送输电能力达到 3 亿千瓦，比 2020 年底提高 4000 万千瓦。电力系统的灵活调节能力不断增强，到 2023 年底，具备灵活调节能力的火电装机容量近 7 亿千瓦。而截至 2024 年 6 月底，抽水蓄能的装机容量达到 5439 万千瓦。

（四）重点领域节能降碳改造加快推进

在"十四五"规划的前三年，我国规模以上工业的单位增加值能耗累计下降了 6.5%，同时完成了超 3 亿平方米的城镇既有建筑节能改造。在公共机构能源资源节约方面，2023

年，全国公共机构单位建筑面积能耗与2020年相比下降了约3%。截至2023年底，已经有90%县级及以上机关单位建成节约型机关。2024年5月，国务院印发了《2024—2025年节能降碳行动方案》。该方案分领域、分行业细化分解部署了"十四五"规划后两年的目标和任务。方案明确提出将在钢铁、炼油、合成氨、水泥、电解铝、数据中心等行业实施节能降碳专项行动，以此来推动煤电低碳化改造和建设。

四、发展思路与举措

自1992年世界环境与发展大会召开以来，低碳能源的发展备受全球瞩目。我国积极响应这一趋势，明确提出因地制宜地开发和推广太阳能、风能、地热能、潮汐能、生物质能等清洁能源。为此，我国采取了一系列重要举措：1994年，发布了《中国21世纪议程》；1998年，《中华人民共和国节约能源法》正式实施；2006年，《中华人民共和国可再生能源法》的出台，更是为我国的能源建设走向法治化轨道奠定了基础。

进入2010年以后，低碳能源领域进入了高速增长期，党的十八大报告中明确提出了推动能源生产和消费革命的战略目标。2014年，国家能源局表示，要通过新能源的发展来解决环境问题。到了2016年，国家能源局又提出构建绿色低碳、安全高效的现代能源体系的新愿景。而2025年开始实施的《中华人民共和国能源法》对我国能源产业结构和消费结构进行深度调整和优化。该法明确提出优先发展可再生能源，安全高效发展核电，提高非化石能源比重。此外，该法还详细规定了可再生能源经济的激励政策。

实施碳达峰、碳中和战略，推动了我国能源革命进入新阶段。就能源供给端来看，以电力为主的低碳能源结构将逐渐取代石油、煤炭等高碳能源结构。我国新能源发电在全网总装机中的占比持续提高，由于风电、光电等新能源具有地域性特点，运输端的特高压、智能电网等设施将在新一轮能源革命中扮演重要角色。

绿色低碳生产生活方式的构建，在很大程度上促进了需求端电动汽车、动力电池等新能源产业链的崛起。我国通过逐步建立完善低碳能源"生产—传输—利用"循环体系，最大限度地保障了高于平均消费水平的能源供应，最大限度降低了低碳能源的单位成本与系统成本，逐步实现了能源结构"清洁化、节约化、低碳化"转型。

（一）严格控制化石能源消费

加快煤炭减量步伐，严控煤炭消费增长，统筹煤电发展和保供调峰，严控煤电装机规模，加快现役煤电机组节能升级和灵活性改造。同时，逐步减少直至禁止煤炭散烧，加快推进页岩气、煤层气、致密油气等非常规油气资源的规模化开发并强化风险管控，以确保能源的安全稳定供应并实现平稳过渡。

（二）积极发展非化石能源

实施可再生能源替代行动，大力发展风能、太阳能、生物质能、海洋能、地热能等，提高非化石能源消费比重。坚持集中式与分布式并举，优先推动风能、太阳能就地就近开发利用。同时因地制宜开发水能，积极安全有序地发展核电并合理利用生物质能。此外，要加快推进抽水蓄能和新型储能规模化应用，统筹推动氢能"制储输用"全链条的发展。

（三）全面推进电力市场化改革

推进电网体制改革，明确以消纳可再生能源为主的增量配电网、微电网和分布式电源的市场主体地位。同时，加快形成以储能和调峰能力为基础支撑的新增电力装机发展机制，完善电力等能源品种的价格市场化形成机制。此外，构建以新能源为主体的新型电力系统，提高电网对高比例可再生能源的消纳和调控能力。

（四）实施节能降碳改造升级

把节能贯穿于经济社会发展的全过程和各领域，持续深化工业、建筑、交通运输、公共机构等重点领域的节能改造，提升数据中心、新型通信等信息化基础设施水平。同时健全能源管理体系，加强重点用能单位的节能管理，瞄准国际先进水平，加快实施节能降碳改造升级，打造能效"领跑者"。

从中国实际出发，坚持以立为先、先立后破、通盘谋划，在保障能源安全供应的基础上积极有序地推动能源绿色低碳转型。同时，大力推进能源结构调整和能源产业链减碳，推动煤炭和新能源优化组合，加强能源科技创新，深化体制机制改革，为如期实现"双碳"目标提供绿色低碳、安全可靠的能源保障。

知识链接

向绿色发展要效益

2024年全国两会期间，多名代表委员表示，应进一步完善我国绿色低碳政策体系，更大力度支持新能源产业发展，引导产业链、供应链持续有效降碳，向绿色发展要效益。

全国政协委员、中国能建董事长宋海良表示，应研究制定适应核电特点的核电"绿色能源"认定机制，确立核电"绿色能源"定位并与国际接轨，支持出口企业和产品有效应对碳边境调节机制（CBAM）等贸易壁垒，增强中国核电的国际竞争力。

氢能亦是2024年两会代表委员讨论能源转型时的高频词。作为新一轮全球能源转型的重要载体之一，氢能是推动能源生产和消费革命、构建清洁低碳安全高效能源体系、实现"双碳"目标的重要支撑。我国氢能产业发展明显提速，《氢能产业发展中长期规划（2021-2035年）》《氢能产业标准体系建设指南（2023版）》《关于开展燃料电池汽车示范应用的通知》等国家专项政策接连出台，自主化燃料电池及其关键零部件技术逐步成熟并实现产业化应用。按照氢能的生产来源及碳排放量可将氢能划分为灰氢、蓝氢和绿氢。其中，绿氢的发展潜力最被业内看好。绿氢作为能源载体或原材料，将助力农业、化工、冶金、火力发电、交通等行业实现脱碳。

第四节　推动低碳交通运输体系发展

交通运输行业是能源消耗、碳排放大户。交通运输行业的低碳发展是应对全球气候变化、实现全球可持续发展的重要途径，是协调推进"四个全面"战略布局及加快建设交通强国的重要内容。

我国要实现碳达峰、碳中和，首先，要解决交通运输结构不优、效率不高的问题；其次，要解决绿色消费理念和绿色出行模式不成熟的问题；再次，要解决交通运输装备标准化、设施设备升级的问题；最后，要解决交通绿色低碳治理体系不完善和治理结构转型问题。

知识链接

新能源交通工具应用

在北京、天津、石家庄等城市的中心城区推进纯电动物流配送车辆应用。鼓励钢铁、煤炭等工矿企业将纯电动重卡作为场内短途运输装备。选择河北张家口等具备条件的城市，在城际客运、重型货车、冷链物流车等领域开展氢燃料电池汽车试点应用。

启动城市绿色货运配送示范工程。组织开展城市绿色货运配送示范工程创建，完善城市配送物流基础设施，推广新能源、清洁能源货运配送车辆，推动货运配送车辆标准化、专业化发展，探索绿色货运配送发展模式，加快推动城市货运配送体系绿色低碳发展。

开展岸电推广应用行动。在长江经济带、西江航运干线、环渤海等重点区域，上海、天津、海南、深圳等重点省市和琼州海峡、渤海湾省际客运等重点航线，深入推进船舶岸电建设与使用。

开展近零碳枢纽场站建设行动。在重要港区、货运场站率先开展近零碳枢纽场站建设行动，加快推进新能源和可再生能源在内部作业机械、供暖制冷设施设备方面的应用。

一、国家关于交通产业转型的要求

首先，要优化交通运输结构，加快建设综合立体交通网，大力发展多式联运，提高铁路、水路在综合运输中的承运比重，优化客运组织，引导客运企业规模化、集约化经营。其次，要发展绿色物流，整合运输资源，提高利用效率。同时推广节能低碳型交通工具，发展新能源和清洁能源车船，推广智能交通，推进铁路电气化改造，推动加氢站建设，促进船舶靠港使用岸电常态化。最后，要积极引导低碳出行，加快城市轨道交通、公交专用道、快速公交系统等大容量公共交通的基础设施建设，加强自行车专用道和行人步道等城市慢行系统建设。

二、交通运输产业转型的做法

（一）推动运输工具装备向低碳转型

首先，推动车辆的绿色低碳转型，进一步发展新能源汽车，制定车辆碳排放标准，力争到2025年底，在常住人口范围内（严寒地区除外），新增及更新的公务用车、环卫车辆、城市物流配送车辆、邮政快递车辆、城市公共交通车辆、出租车中，电动车辆的占比达到80%以上。

其次，要逐步实现船舶的绿色低碳转型，提高船舶能效标准，协同推进船舶和港口岸电设施匹配改造，同时，严格执行船舶强制报废制度，鼓励提前淘汰高耗能、高污染的老旧船舶。

再次，要推动航空领域的低碳转型，提高航空工具效能，挖掘航空领域的节能降碳潜力，发展航空绿色技术、飞行操纵和减重配载技术，优化动力航线航班，提高航空运输效率和机场运行效率。

最后，要加速铁路绿色低碳转型，持续提高铁路工具运输效能，充分发挥铁路运输骨干作用，优化牵引动力结构，提高电气化铁路承担运输量比重，加强再生制动、节能驾驶、装备轻量化等技术的研究，实现铁路装备升级，实施铁路降污工程。

（二）构建绿色高效的交通运输体系

首先，要优化调整大宗货物的运输结构，提高"公转铁"的运输水平，精准补齐港口集疏运铁路和物流园区、工矿企业铁路专用线的短板，提升门到门的服务质量。同时畅通"公转水"设施网络，以长三角、粤港澳大湾区为重点，推进公转水及联运模式，分类完善各水系内河高等级航道网络，进一步提升珠三角高等级航道网的出海能力。

其次，要推广高效运输组织模式，推动各种交通运输方式的深度融合，形成绿色、低碳、集约的运输组织模式。同时大力发展多式联运，加快发展以铁路、水路为骨干的多式联运，推动铁水、公铁、公水、空陆等联运发展，推广跨方式快速换装转运标准化设备。此外，探索推广应用集装箱模块化汽车列车运输，提高多式联运占比，进一步建设现代物流体系，大力发展低空经济物流、集中配送、共同配送、夜间配送等方式，从而促进城乡双向流通，推进"互联网+现代物流"发展，运用大数据、人工智能等先进技术，形成"数字经济+现代物流"的零售新模式。

最后，要加快发展智能交通，将物联网、云计算、人工智能、自动控制、移动互联网等技术应用到交通运输过程的新型交通模式，有效提高运输效率，减少碳排放。例如，加强智慧交通系统建设，加速基础设施网、运输服务网、能源网、信息网络的互联互通，加大城市道路拥堵治理力度，优化完善城市交通信号控制和交通诱导系统，优化学校、医院、商业圈等重点区域的交通组织。同时，引导绿色低碳出行，加速推进城市公共交通系统、交通慢行系统，加强公交地铁的接驳换乘体系建设，持续提升公众低碳出行体验，进而大力培育绿色出行文化，提高公众对绿色出行方式的认可度和接受度。

（三）大力推进低碳交通基础设施建设

首先，要加强交通基础设施空间布局，推进路网沿线光伏发电的应用，探索"光伏+交通"等融合项目的推广，加快清洁能源的基础设施建设，有序推进液化天然气、氢能加注设施和综合能源供应设备在公路、内河、沿海的布局建设。同时，提升新开工建设公路的绿色建养技术水平，及时开展航道生态修复和生态补偿。

其次，要推进交通枢纽的绿色升级，加大既有交通枢纽的绿色改造力度，加大建筑节能技术在新建服务区的应用。全面提升港口污染防治、节能低碳、生态保护、环境资源循环利用等技术水平，加强清洁能源的应用，构建"分布式光伏+储能+微电网"的综合能源系统，提升节能水平。

最后，要加快构建充换电基础设施体系，加快城乡公共换电网络布局，逐步提高快速充电桩的占比。同时，加快推进居民社区的充电设施建设，实现停车和充电数据的互联互通，加强车网互动等新技术的研发应用，支持电网企业联合车企等产业链上下游企业打造新能源汽车与智慧能源融合创新平台，开展跨行业联合创新与研发。

三、交通运输绿色低碳行动取得的成效

（一）运输工具装备的低碳转型加速推进

自 2015 年起，我国新能源汽车产销量已经连续九年稳居全球第一。截至 2024 年 6 月底，全国新能源汽车保有量达 2472 万辆，是 2020 年底的近 5 倍。据汽车流通协会统计，2024 年 8 月，新能源汽车渗透率达到 53.9%，连续两个月突破 50%。截至 2023 年底，在城市公交车中，纯电动车、混合动力车、天然气车、氢能源车占比分别达到 69.4%、11.1%、10.8%、0.7%，全国铁路电气化比例达到 73.8%。

（二）绿色高效的交通运输体系加快构建

"公转铁""公转水"成效显著。2023 年，全国港口集装箱铁水联运量达 1018 万标箱，同比增长 15.9%。截至 2023 年底，共有 55 个城市开通城市轨道交通线路 306 条。2024 年 1 月至 8 月，全国铁路累计完成货运量 33.8 亿吨，同比增长 1.7%；2024 年 1 月至 7 月，全国水路累计完成货运量 54.9 亿吨，同比增长 5.4%，多式联运高质量发展。

（三）绿色交通基础设施持续完善

截至 2014 年 7 月底，全国累计建成充电桩 1060.4 万台，高速公路服务区（含停车区）累计建成充电桩 2.72 万台，基本实现服务区全覆盖。绿色公路建设加快实施，目前，高速公路废旧路面材料循环利用率已达 95% 以上。

四、发展思路与举措

为实现绿色低碳发展，交通运输领域积极推动实施"五大变革"：优化运输方式结构，倡导绿色交通消费理念，推广低碳技术和新能源应用，发展智慧交通模式，完善交通运输治理。在此基础上，科学谋划有序推进并加快构建低碳综合交通运输体系，为交通强国建设作出应有的贡献。

（一）推动运输方式结构变革，建设低碳交通体系

调整货物运输结构，发挥结构性减排效应，加大货运铁路的建设投入，提高重点区域大宗货物铁路、水路的货运比例。同时，推进运输方式的创新，打造绿色高效现代物流体系，促进城市末端配送的有机衔接，鼓励发展集约化配送模式。此外，优化客运服务，开通连接机场、铁路站点等重要枢纽的快速客运班线，提高运输接驳水平。

（二）推动交通消费理念变革，打造绿色出行体系

实施公交优先战略，实现公共交通的规划优先，推动公共交通、轨道交通的迅捷发展，大力发展慢行交通和共享交通，积极规范和推进网约车的发展和运行标准。预计到2030年，城市客运的公共交通出行占全部机动车出行比例的50%，共享出行比例达到15%，预计可减少碳排放4500余吨。到2050年，城市客运的公共交通出行占全部机动车出行比例的57%，共享出行比例达到50%，预计可减少碳排放17000余吨。

（三）推动低碳技术能源变革，提升运输减排效率

加快交通能源系统的清洁化和低碳化，普及新能源汽车发展，逐步推动氢燃料汽车发展。在水运领域，积极推广应用清洁能源船舶，推进船舶标准化。在铁路运输方面，加快推动铁路电气化进程。在道路运输方面，推动燃油经济性和运输装备技术升级换代。在航空运输方面，探索并推进生物质能在民航飞机中的应用，加快生物质燃料的研发和使用。

（四）推动智慧交通模式变革，构建高效运输模式

强化以自动驾驶为代表的新模式应用，提高交通减排效率。通过应用大数据、人工智能等先进技术手段，形成线上服务、线下体验的深度融合模式。同时，大力推进智慧物流、大数据、无人技术等现代信息技术的发展，促进其广泛应用于仓储、运输、配送等智慧物流场景中。

（五）推动交通运输治理变革，实现低碳交通治理

实施差别化的交通管理，如采取差别化停车、智能化收费、交通错峰出行等管理措施。同时，推进交通运输能耗统计监测体系建设，建立标准统一的行业能耗及碳排放统计数据库，研究制定适用于我国交通运输行业的碳配额计算方法。预计到2030年，交通运输领域

的碳排放量减少 2400 万吨，到 2050 年，碳排放量减少 5300 万吨。

此外，交通运输领域还要坚持推进交通运输碳强度降低行动、运输结构调整行动、绿色出行行动、新能源汽车推广行动、低碳交通科技创新行动、低碳交通能力提升行动。同时，进一步加强组织领导、营造低碳文化氛围、强化人才保障，并积极拓展国际国内的合作交流。

知识链接

天津七彩零碳智能码头

2024 年 9 月 19 日，在天津港北疆港区 C 段智能化集装箱码头，一辆辆满载货物的无人车在七彩码头往来穿梭运送货物，码头上的装卸作业整齐有序。货物从装卸、转运、堆放，全部通过人工智能实现。这里是全球首个"智慧零碳"码头。五颜六色的岸桥、场桥、集装箱，别具特色的工业美学设计让这里有了"七彩码头"的称号。

作业现场，空无一人，自动化单小车岸桥吊装起一个个集装箱，人工智能运输机器人来回穿梭，远处巨大的风车悠悠转动以提供电力保障……现场井然有序，高效运转。不远处的智能调度中心内，技术人员坐在电脑前盯着屏幕，只需动动摇杆、按下按键就能进行远程操控。"七彩码头"拥有目前全球港口最高水平的全流程自动化、智能化集装箱作业。不同于其他全自动化码头，天津港采用单小车岸桥、地面智能解锁站、人工智能运输机器人、水平运输装卸堆场等核心工艺，这标志着我国在自主知识产权领域内的多项尖端科技得到了开创性的集成应用。该码头的装卸设备、水平运输设备、生产辅助设备等全部采用电力驱动，能源消耗百分百来源于"风光储荷一体化"系统，运营全过程实现了零碳排放。

第五节 推动城乡建设绿色低碳发展

一、国家关于绿色建设的要求

城乡建设是推动绿色发展、建设美丽中国的重要载体。随着城镇化推进和人民生活水平的提高，城乡建设领域二氧化碳排放将继续呈现上升趋势。因此，要坚持绿色低碳发展，加快实施城市更新和乡村振兴，推广绿色建造方式，优化建筑用能结构，提升绿色低碳发展水平。

知识链接

"光储直柔"建筑

光储直柔，是太阳能光伏、储能、直流配电和柔性用电四项技术的简称。"光"指充分利用建筑表面发展光伏发电。"储"指蓄电池，包括电动汽车内的蓄电池和建筑内部的蓄电池，让建筑具备强大的蓄电能力，从而解决电力需求的移峰调节难题。"直"指建筑内部的直流配电系统通过对直流电压的控制，调节建筑内部用电设备的用电功率。"柔"指通过调节直流电压、利用储能移峰、调整用电负荷等手段主动改变建筑从市政电网取电的功率，使建筑用电由刚性负载转变为柔性负载，实现柔性用电。

二、绿色建设的做法

（一）推进城乡建设向绿色低碳转型

首先，强化绿色低碳规划引领，改善生态发展环境，促进能源资源节约和综合利用，合理确定城镇开发边界，优化城市发展形态。同时，合理布局乡村建设，保护生态环境，减少能源资源消耗。

其次，推动城市组团式发展，充分发挥城市综合承载和辐射带动作用，积极开展绿色低碳城市建设。在此过程中，要加强生态系统廊道、景观廊道、通风廊道及滨水空间等关键要素的统筹布局，全面系统地推进海绵城市建设。

最后，为了推广绿色建造方式，需从项目策划之初就着手准备。在工程策划阶段，应编制项目绿色策划方案，并科学确立总目标及资源节约、环境保护等具体指标。在设计阶段，要实现工程全生命周期的系统化设计，施工阶段则要保障工程质量、施工安全等，采取工业化、智能化的方式，积极选用绿色建筑材料、部品部件，并大力推广绿色施工新技术、新材料、新工艺。到了交付阶段，应在绿色建造效果评估的基础上，制定出综合考虑绿色低碳运行的交付标准。

（二）大力发展节能低碳建筑

首先，要提高新建建筑的节能标准，组织开展零碳建筑标准、绿色建筑设计标准、绿色建筑工程施工质量验收规范及建筑碳排放核算标准等的制定工作，同时启动新建建筑能效"小步快跑"提升计划。

其次，要在既有建筑中，提升建筑领域能效，加快居住建筑和公共建筑的节能改造。一方面，要推动居住建筑的节能改造，结合北方地区的冬季清洁取暖工作，持续推进建筑用户侧能效提升改造，同时加快供热管网的优化改造，并引入智能调控技术升级。鼓励在城市更新、城镇老旧小区内加强建筑节能改造，推进节能、低碳、宜居的综合改造模式。另一方面，则要推动公共建筑的节能改造，强化公共建筑能耗监管，统筹应用能耗统计、能源审计、能耗监测等数据信息，从而提高公共建筑的节能运行水平。

最后，要全面推广绿色低碳建材，积极倡导使用高强钢筋、高性能混凝土、高性能砌体材料和结构保温一体化墙板等新型环保建材产品及其配套的应用技术。

（三）优化建筑用能结构

深化可再生能源在建筑领域的应用，有效减少对化石能源的依赖。首先，要推动太阳能建筑应用，推进新建建筑太阳能光伏的一体化设计、施工、安装，鼓励政府投资公益性建筑。同时，制定以智能光伏系统为核心，融合储能技术和建筑电力需求响应等高新技术的区域级光伏分布式应用标准规范。其次，加强地热能等可再生能源的利用，采用梯级利用方式开展中深层地热能开发利用。最后，提升终端用能电气化水平，充分发挥电力清洁、便利、易获得等优势，建立建筑能源消费体系，鼓励建设以"光储直柔"为特征的新型建筑电力系统，推广柔性用电建筑。

三、绿色建设取得的成效

（一）城乡建设绿色低碳转型持续深化

通过大力推广绿色建造方式，2023年，我国新开工的保障房中，应用装配式建筑的比例已达到80%。同时，我国积极应用绿色低碳建材，建立绿色建材产品认证制度，完善绿色建材产品评价标准。目前，我国绿色建材认证企业超过4000家，绿色认证产品突破10000种。此外，推行绿色低碳设计理念，全国90个海绵城市建设试点示范工作成效显著，气候韧性有效增强。

（二）建筑能效水平不断提升

实施建筑领域节能降碳行动，进一步提高建筑节能标准，推动既有建筑和市政基础设施节能降碳改造，优化新建建筑节能降碳设计，大力推广超低能耗建筑。2023年全年，我国城镇新建绿色建筑面积约20.7亿平方米，占城镇新建建筑面积的94%。截至2023年底，节能建筑占城市既有建筑面积的比例超过64%，累计建成超低能耗、近零能耗建筑超过

4370 万平方米。

（三）建筑用能结构持续优化

为了加快推进北方地区清洁取暖工作，中央财政累计投入资金 1209 亿元，带动地方各类投入超过 4000 亿元，有力支持了各地因地制宜推进清洁取暖。2023 年，北方地区清洁取暖率近 80%。此外，持续提高建筑终端电气化水平，推广太阳能热水器、电炊具等。

四、发展思路与举措

中国建筑部门的能源消费与排放是全社会能源消费与排放的重要组成部分，也是我国节能减排及能源消费变革工作的重点。要解决中国目前面临的能源安全、气候变暖和环境污染问题，不仅需要建筑部门节约用能，还需要建筑部门在电气化应用上有新的突破。

（一）实现智慧城镇的协同发展

为了加速产业城镇、文化城镇、科技城镇的融合发展，在当前产能过剩、产业跨界融合与新兴衍生业态并行的时代背景下，应致力于推动城镇化进程向生态友好、低碳环保、资源共享与互联互通方向迈进。智慧城镇的建设理念，旨在将"智慧城市、智慧产业、智慧科学"的核心概念引入城镇，以城镇的生态化、网络化、数字化为出发点，提供集宜居、生产、休闲、工作与便利生活于一体的美好环境，加快产业城镇、文化城镇、科技城镇建设，推动城镇经济社会进步。智慧城镇模式根植于生态低碳、文化创意和物联网、云计算等高新技术，构建起以人为本、以城为道、以镇为路的智慧管理服务系统，使城镇化生活更加舒适、低碳、高效。

（二）引导适宜的节能低碳建筑设计

建筑应尽可能与外环境隔绝，避免外环境的干扰，采用高气密性、高保温隔热，挡住直射自然光。运行管理人员或自动控制系统调节室内环境状态，避免建筑使用者按"全时间、全空间"模式运行。在营造与室外和谐的环境理念下，室内外之间的通道可以根据需要进行调节：既可以自然通风，又可以实现良好的气密性；既可以通过围护结构散热，又可以使围护结构良好保温；既可以避免阳光直射，又可以获得良好的天然采光。

（三）全面实现建筑用能电气化

在继续推进建筑节能，实现建筑能耗总量和强度双控的同时，全面推动建筑用能的电气化进程，旨在充分利用可再生能源，主动适应未来能源供应体系的低碳转型，这是建筑行业迈向低碳未来的关键要求。具体而言，应充分利用建筑屋顶和可接受阳光的垂直外立面，增加建筑自身的可再生发电量。为了更好地消纳可再生电力，在城镇大力发展"直流配电+分布式蓄电+光伏+充电桩"的柔性建筑用能系统,以解决电力供需的实时不匹配问题。

知识链接

《国际零碳岛屿合作倡议》发布

2024年11月13日,《联合国气候变化框架公约》第二十九次缔约方大会期间,我国生态环境部和山东省人民政府成功举办"国际零碳岛屿合作倡议发布会"高级别会议。会上,山东省烟台市代表32个共同发起方发布《国际零碳岛屿合作倡议》(简称《倡议》)。《倡议》包括四方面内容:

第一,通过加强面向岛屿的早期预警能力建设、防灾减灾领域的科学研究和技术创新、紧急救援物资互助共享,增强岛屿气候适应能力,构建气候韧性岛屿。

第二,加强岛屿零碳建设的前瞻性研究和试点示范,发挥各自岛屿优势,探索建设光伏、风电、地热、海洋能、智能电网等清洁能源体系,推广绿色建筑、绿色交通、绿色社区,促进现代海洋渔业、现代农业、低碳旅游业等低碳产业发展,形成岛屿零碳发展路径。

第三,加强岛屿资源保护、开发、利用,建设海水淡化、污水处理、海绵城市等水资源综合利用项目,加强岛屿生态环境监测和评估,开展海岸带保护与修复,开发海洋碳汇,保护海洋生态资源。

第四,研究探索并成立国际零碳岛屿合作组织,以促进各方信息共享、技术交流和经验互鉴,同时在人才培养、专家交流、技术培训和提升公众意识等方面建立长期合作机制,加强岛屿在应对气候变化时的国际合作。

第六节　推进工业绿色低碳发展

一、国家关于工业领域的要求

工业领域是产生碳排放的主要领域之一。工业领域要加快绿色低碳转型和高质量发展，力争率先实现碳达峰。

首先，要推动工业领域绿色低碳发展，优化产业结构，大力发展战略性新兴产业，加快传统行业绿色低碳改造，建设绿色工厂和绿色工业园区。同时，积极推动工业领域数字化、智能化和绿色化融合发展，加强重点领域的技术改造。

其次，要推动钢铁行业碳达峰，鼓励钢化联产，探索开展氢冶金、二氧化碳捕集利用一体化等试点示范。同时，推动有色金属行业碳达峰，加快推广和应用先进适用的绿色低碳技术，提升有色金属生产过程余热回收水平，推动单位产品能耗持续下降。推动建材行业碳达峰，加快推进绿色建材产品认证和应用推广，加强新型胶凝材料、低碳混凝土、木竹建材等低碳建材产品的研发应用。此外，推动石化化工行业碳达峰，促进石化化工原料轻质化。

最后，要遏制"高污染、高排放"项目盲目发展。对能耗量较大的新兴产业，支持引导企业应用绿色低碳技术，提高能效水平。深入挖掘存量项目，加快淘汰落后产能，通过改造升级，挖掘节能减排潜力。

知识链接

中联重科土方机械有限公司入选国家级绿色工厂

工业和信息化部官网发布的2024年度绿色制造名单公示，其中中联重科土方机械有限公司通过认定，成为国家级绿色工厂。至此，中联重科已有5家"国字号"绿色工厂，绿色发展成果显著。

绿色工厂是指实现用地集约化、原料无害化、生产洁净化、废物资源化、能源低碳化的工厂，是绿色制造的核心实施单元。作为世界级先进制造企业，中联重科早已从绿色设计、绿色制造、绿色管理、绿色标准等多方面构建起全面绿色化发展路径，其以高效能绿色低碳技术打造的绿色工厂具有国际领先水平，同时，中联重科还通过数字化、智能化等前沿技术赋能，积极带动产业链、供应链绿色协同升级。

该绿色工厂所在的中联智慧产业城的土方机械园，是全球唯一从备料、焊接、机加、涂装、装配到调试的挖掘机全流程智能制造绿色基地。该基地以先进工艺、数字产线、智能制造为驱动，创新绿色技术、装备和产品线，产品研发和生产周期大幅缩短，生产效率大幅提高，运营成本和单位产值能耗大幅降低，实现了制造的清洁、低碳、无害、安全。中联智慧产业城土方机械园全年减碳超8万吨，相当于植树近500万棵。

二、工业领域转型的做法

（一）优化产业结构，推动产业转型

我国工业领域持续巩固去产能成果，明确规划了 2021 年至 2023 年间淘汰落后产能的工作实施要点，并印发了新版钢铁、水泥、玻璃等行业产能置换实施办法。为了提升产业竞争力，我国制定了高耗能行业重点领域能效标杆水平和基准水平，稳妥有序地调控部分高耗能、高排放产品出口。

（二）强化工业降碳，提升能源效率

我国在工业领域加大节能技术推广力度。遴选发布 500 余项工业和通信方面的先进节能技术、装备、产品，扎实推进工业节能提效。在石化化工、钢铁等重点行业遴选一批能效"领跑者"企业，创建一批国家绿色数据中心，带动行业整体能效水平提升。

（三）发展循环经济，提高资源利用效率

我国在工业发展中积极推进工业固体废物的综合利用，发布了《限期淘汰产生严重污染环境的工业固体废物的落后生产工艺设备名录》，并大力推广先进适用的工业资源综合利用技术设备。为了进一步加强资源的高效利用与循环回收，深入实施了《工业废水循环利用实施方案》，旨在推动工业水资源的节约与集约化管理。此外，还公布废纸加工行业的规范标准，并着手建设动力电池回收利用体系。

（四）发展信息技术，赋能工业转型

我国在工业发展过程中积极推动数字化与绿色化融合发展，扶持了一批数字化与绿色化融合的试点示范项目。同时，我国着力支持新型基础设施的绿色发展，发布了有关方案，以推动数据中心和 5G 等新型基础设施绿色高质量发展。在此基础上，我国积极倡导"工业互联网+绿色低碳"的新模式，通过推动工业互联网平台进园区、进企业，培育工业互联网平台创新领航应用实践，为钢铁、石化化工、建材等重点行业提供数字化、绿色化转型解决方案。

三、工业领域碳达峰行动取得的成效

（一）产业结构持续优化

我国通过引导传统行业转型升级，推动了电解铝、水泥等行业落后产能基本出清。同时，我国大力发展新质生产力，建成了全球最大、最完整的新能源产业链。2024 年上半年，全国规模以上高技术制造业占规模以上工业增加值的比重达到 15.8%，较 2020 年增加了 0.7 个百分点。

（二）绿色制造体系持续完善

我国充分发挥绿色制造标杆示范带动作用。截至 2024 年 2 月，国家层面累计培育绿色工厂近 5100 家、绿色供应链管理企业超 600 家。同时，我国大力推行工业产品绿色设计，累计遴选 451 家工业产品绿色设计示范企业，推广绿色产品约 3.5 万种。

（三）工业绿色低碳转型基础能力不断夯实

标准体系得到了持续完善，工业重点领域的能效标杆水平和基准水平得到了及时的更新。同时，我国发布了《重点用能产品设备能效先进水平、节能水平和准入水平（2024年版）》，为工业能效管理提供了更为明确和科学的依据。为了推动重点装备制造业和重点原材料行业等领域的绿色发展，我国积极组建了"双碳"公共服务平台。这些平台将加快建设重点产品碳足迹基础数据库。

四、发展思路与举措

工业领域是我国二氧化碳排放的主要领域。实现低碳发展对工业领域打破资源环境约束，增强核心竞争力具有重要意义，也将为全社会低碳转型提供基础保障和坚实支撑。

（一）以产业现代化为支撑提升能源生产力

从产业结构分析，我国要大力发展生产性服务业。当工业化发展到一定程度和阶段后，经济结构将出现服务化的发展趋势，此过程不仅可以为现有工业企业提质增效，还能够支撑和促进产业结构向高附加值、低消耗、低污染升级。应着手优化升级工业化结构，将发展重心从高耗能产业迁移至高附加值、高科技含量产业和战略性新兴产业，以更少的投入创造更多的经济产出。面对传统产业，要持续推进淘汰落后产能工作，优化生产力布局，发挥规模效益，还要顺应产品升级潮流，提升产品附加值。

（二）以需求减量为支撑控制高耗能产品生产规模

抑制不合理的原材料和能源消费需求，实现原材料需求减量，优化出口模式，减少低附加值、高耗能、高排放产品出口，推动国际贸易向低碳方向转型。同时，构建全球供应链，适度增加高载能产品的建设需求，扩大国际产能合作，在有条件的地区建立资源供应基地和初级产品生产基地。此外，还需提高材料的强度，推广钢结构建筑甚至增材制造建筑，缩短工期、提高工程质量，减少原材料消耗，提升建材的回收率。

（三）以生产方式和组织方式变革为支撑实现能效倍增

加快智能制造和工业物联网的发展步伐，积极拥抱新一轮工业革命，通过广泛应用工业机器人、精密数控机床等先进生产设备，减少人为操作不当导致的浪费现象。采用柔性制造工艺，生产定制化商品，提升产品价值，实现工业的高质量发展。同时，以复合型工厂和社会化企业为突破口，优化工业企业与城市系统的关系，实现高质量的产城融合。此外，还将推行精细化的能源管理策略，从企业从业人员、管理体系到先进工作，构建新型企业能源管理格局，探索智慧节能新模式。

（四）以低碳能源替代为支撑推动能源结构转型升级

我国正逐步压缩工业部门的煤炭消费，致力于优化能源消费结构，压减煤炭消费量，加快工业部门电气化进程，推进绿色氢能规模化应用。凭借在绿色氢能供应上具有数量和价格上的巨大优势，我国正着力于构建"三点一线"的氢能应用场景，聚焦石化、化工、钢铁三个行业，形成具体的氢能应用示范点，不断推进绿色氢能发展。在此基础上，进一步推广 CCUS 技术，实现化石能源大规模低碳利用。国家能源局同样认为 CCUS 技术有望成为填补可再生能源技术在减碳方面不足的重要手段。

工业转型升级与低碳发展是一个复杂的系统工程，不仅是能源和排放的领域，更涉及工业部门增长动能转换、生产方式革新、用能形态升级、竞争力重塑等重大议题，需要根据不同时代的特点来制定不同的战略任务，从而更好地指引、评价战略实施效果。

知识链接

"吃"进二氧化碳，"吐"出石油的技术

"CCUS 技术能够将二氧化碳从排放源头拦截，称得上减碳的'强效药'；由于技术环节多、工程复杂，还是一种成本很高的'高价药'。"中国环境学会 CCUS 专委会副主任彭勃说。

据中国工程院预测，2060 年中国一次能源消费量将达 55.7 亿吨标准煤，其中，化石能源消费占比约 26.8%，将产生 27.1 亿吨的二氧化碳排放量。通过森林、草原、湿地等抵消 16 亿～19 亿吨后，仍有 10 亿吨左右的缺口。如果 2060 年中国要实现碳中和，这个缺口该由谁来填补呢？目前来看，以 CCUS 技术为代表的人工减碳固碳技术，是最有可能的候选。

以齐鲁石化—胜利油田项目为例，CCUS 技术的经济账该怎么算？如果不考虑其他因素，胜利油田多产的原油，就是这条产业链上最终利润的来源。油田多产原油，有了收益，才愿意拿出一部分向上游齐鲁石化购买二氧化碳。而只有当这部分"买碳钱"大于齐鲁石化进行碳捕集和运输的成本时，上游企业才有动力继续做这件事。这是"用碳驱油"场景下最基础的商业模式。更多"碳捕手"项目正在如火如荼地建设：中国石油在 2024 年 2 月启动 300 万吨 CCUS 重大工程示范项目；广汇能源 300 万吨 CCUS 项目在 2024 年 3 月正式开工建设；中海油海上千万吨 CCUS 集群项目已签署谅解备忘录……

第七节　推动循环经济和绿色低碳发展

一、国家关于循环经济的要求

循环经济以资源循环利用为核心,以减量化、再利用、资源化为原则,以低消耗、低排放、高效率为基本特征,大力发展循环经济能全面提高资源利用效率,充分发挥减少资源消耗和碳排放的协同作用。

首先,要推动产业园区循环化发展。以提升资源产出率和循环利用率为目标,优化园区空间布局,开展园区循环化改造。到2030年,省级以上重点产业园区全部实施循环化改造。

其次,要加强大宗固废综合利用。提高矿产资源综合开发利用水平和综合利用率,完善收储运体系,严格禁烧管控。加快大宗固废综合利用示范建设。到2030年,年利用量达到45亿吨左右。

再次,要健全资源循环利用体系。完善废旧物资回收网络,推行"互联网+"回收模式,实现再生资源应收尽收。到2030年,实现废旧物资回收量达到5.1亿吨的目标。

最后,要大力推进生活垃圾减量化和资源化。扎实推进生活垃圾分类,加快建立覆盖全社会的生活垃圾收运处置体系,全面实现分类投放、分类收集、分类运输、分类处理。加强塑料污染全链条治理,整治过度包装,探索适合我国厨余垃圾特性的资源化利用技术。推进污水资源化利用,到2030年,城市生活垃圾分类实现全覆盖,生活垃圾资源化利用比例提升至65%。

知识链接

聚焦循环经济:退役风电设备变废为宝

广东的鹅岭风电场按照国家要求,更新了多台落后低效的老旧机组。那么,这些退役风电设备该如何实现资源回收利用呢?我们一起来看一下。

这家风电场在设备更新改造后,发电效益提升了2倍以上,同时节约了约78.8%的集体土地。记者了解到,眼前的这些退役风力发电机等核心大部件,通过技改维护以后,还可以应用到其他行业中去,塔筒等金属材料可以进行资源回收。数据显示,一台退役风电设备里有86%是钢铁、10%左右是玻璃纤维,还有3.5%左右是铜铝,还有0.5%的稀土元素。这当中,以玻璃纤维为原材料的风机叶片因为硬度高、体积大,所以一直是回收再利用的难点。山东的一家企业成功研发了专用机器人对风机叶片进行水力切割工作。

中国物资再生协会风光设备循环利用专委会主任程刚齐介绍:"2024年上半年,我们共完成了30万千瓦风电回收,这些回收的风机共产生了约70吨铜、300吨铝、2000吨复合材料及20000多吨废钢。这些材料的有效回收使我们的原材料供给降低了对外依存度，并且在原材料生产过程中减少了碳排放量。"

二、循环经济的做法

（一）构建资源循环型产业体系

我国以提升资源产出率和循环利用率为目标，推动企业实现循环式生产模式，并推动产业间的循环式组合与协作。加强园区内部产业循环链接，确保资源得到最大化利用。在原料替代方面，积极推动低碳原料的应用，优化煤化工及合成氨、甲醇生产等原料结构，推动石化原料的多元化发展，并大力促进生物质化工的崛起。为了进一步提高资源利用率，我国将积极拓宽大宗固废综合利用渠道，推动退役动力电池、光伏组件、风电机组叶片等新型废弃物回收利用，实现城市废弃物协同处置。

（二）构建废旧物资循环利用体系

我国将完善废旧物资回收网络，统筹推进废旧物资回收网点与生活垃圾分类网点"两网融合"。同时，推行"互联网+回收"模式，提升废旧物资回收行业信息化水平，提高再生资源加工利用技术水平，扩大再生原材料应用市场。此外，我国还将推行"互联网+二手"模式，提高二手商品交易效率，并大力推广再制造产品和设备，推动再制造产业高质量发展。

（三）深化农业循环经济发展

推行循环型农业发展模式，打造生态农场和生态循环农业产业联合体，探索可持续运行机制。我国将着力加强农作物秸秆的综合利用，鼓励秸秆离田产业化利用。加强畜禽粪污处理设施建设，鼓励种养结合，促进农用有机肥就地就近还田利用，提高畜禽粪污资源化利用水平。同时，支持区域性废旧农用物资集中处置利用设施建设，提高废旧农用物资规模化、资源化利用水平，推动农村生物质能开发利用，积极发挥清洁能源供应和农村生态环境治理综合效益。

三、循环经济助力数据管理

（一）废弃物回收管理体系不断健全

我国持续推动工业、农业、社会资源回收管理体系建设。在大规模设备更新和消费品以旧换新工作中，注重加强回收循环利用，加快"换新+回收"物流体系和新模式发展。2024年1月至8月，全国报废汽车回收量同比增长42.4%。

（二）废弃物资源化利用水平稳步提升

我国加强大宗固废综合利用，加快再生资源高效利用，引导二手商品交易便利化、规范化，推进汽车零部件等的再制造。2023年，农作物秸秆综合利用率超过88%，畜禽粪污综合利用率超过78%，农膜回收率稳定在80%以上；废钢铁、废纸回收利用量分别达到2.6亿吨、6750万吨，为生产环节提供原料占比分别为21%、70%。

（三）支持政策和保障机制持续完善

我国实施资源回收企业向自然人报废产品出售者"反向开票"政策，落实资源综合利用税收优惠政策。强化用地保障，指导各地将循环经济发展用地纳入市县国土空间规划。加强标准引领，组织开展国家循环经济标准化试点示范项目建设。

四、发展思路与举措

（一）构建循环发展经济体系

展望未来，我国将全方位全过程推行绿色规划、绿色设计、绿色投资、绿色建设、绿色生产、绿色流通、绿色生活、绿色消费，旨在构建绿色低碳循环发展经济体系并建立健全绿色低碳循环生产体系。同时，持续推进工业绿色升级，不断完善绿色制造体系。截至2023年底，累计培育近5100家绿色工厂、超370家绿色工业园区和超600家绿色供应链管理企业。此外，我国还将致力于健全绿色低碳循环流通体系、绿色低碳循环消费体系、绿色低碳循环基础设施体系、绿色技术创新体系和绿色低碳循环发展的法规政策体系。

（二）构建资源循环利用体系

围绕工业、社会生活、农业三大领域，我国提出了城市废旧物资循环利用体系建设、园区循环化发展、大宗固废综合利用示范、建筑垃圾资源化利用示范、循环经济关键技术与装备创新五大重点工程，以及再制造产业高质量发展、废弃电器电子产品回收利用、汽车使用全生命周期管理、塑料污染全链条治理、快递包装绿色转型、废旧动力电池循环利用等重点行动。到2025年，基本建立起资源循环型产业体系及覆盖全社会的资源循环利用体系，使资源利用效率大幅提高。

（三）优先发展低碳农业

首先，要大幅减少化肥农药的使用，降低农业生产对化石能源的依赖，走有机农业的路子。其次，要充分利用农业剩余能量，利用秸秆发酵生产乙醇燃料。最后，在农村大力推广普及太阳能和沼气技术，在规模化养殖的基础上获得生物质能。

知识链接

吞"废"吐"金"追"新"逐"绿"——循环经济的碳减排效用

在天津泰达环保有限公司双港垃圾焚烧发电厂，一辆辆垃圾车正在倾倒垃圾。"我们一天可以烧800多吨垃圾。"天津泰达环保有限公司双港项目副总经理刘学靖告诉记者，焚烧产生的废弃物炉渣经渣场处理后，还可与水泥搅拌，被制成水泥砖，实现循环利用。

天津作为超大型城市，人们每天的生产生活会产生大量垃圾。通过焚烧既解决了垃圾填埋占用土地的问题，也为居民提供了生活用电。

天津是我国较早探索循环经济发展的城市之一。近年来，围绕循环经济产业链，天津搭建起一系列发展平台，例如天津子牙经济技术开发区以循环经济为主导产业，天津产权交易中心建立了完善的资源循环利用交易制度体系。此外，2024年印发实施的《天津市加快废弃物循环利用体系建设实施方案》提出废弃物回收体系建设行动，包括加强工业废弃物精细管理、完善农业废弃物收集体系、推进社会源废弃物分类回收利用等。

截至2025年1月，天津登记再生资源回收业务的经营主体达3600余家，还有30多家再生资源加工利用企业纳入工信部规范条件企业名单。

第八节　推动绿色低碳科技创新发展

发挥科技创新的支撑引领作用，完善科技创新体制机制，增强创新能力，加快绿色低碳科技革命。

一、国家关于科技创新的要求

首先，要完善创新体制机制。制定科技支撑碳达峰、碳中和的行动方案，在国家重点研发计划中设立碳达峰、碳中和关键技术研究与示范等重点专项，采取"揭榜挂帅"机制，开展低碳零碳负碳关键核心技术攻关。强化企业创新主体地位，支持企业承担国家绿色低碳重大科技项目，鼓励设施、数据等资源开放共享。

其次，要加强创新能力建设和人才培养。适度超前布局国家重大科技基础设施，引导企业、高等学校、科研单位共建一批国家绿色低碳产业创新中心。创新人才培养模式，鼓励高等学校加快新能源、储能、氢能、碳减排、碳汇、碳排放权交易等学科建设和人才培养，建设一批绿色低碳领域未来技术学院、现代产业学院和示范性能源学院。深化产教融合，鼓励校企联合开展产学合作协同育人项目，组建碳达峰、碳中和产教融合发展联盟，建设一批国家储能技术产教融合创新平台。

再次，要加强应用基础研究。实施一批具有前瞻性、战略性的国家重大前沿科技项目，推动低碳零碳负碳技术装备研发取得突破性进展。聚焦化石能源绿色智能开发和清洁低碳利用、可再生能源大规模利用，以及新型电力系统、节能、氢能、储能、动力电池等重点领域的深化应用基础研究。

最后，加快先进适用技术的研发和推广应用。集中力量开展复杂大电网的安全稳定运行和控制技术与 CCUS 技术等的创新突破。同时加快氢能技术的研发和示范应用，探索其在工业、交通运输、建筑等领域的规模化应用。

知识链接

零碳减碳负碳

零碳技术是指在生产、使用和处理过程中不产生温室气体排放，或者能将温室气体排放降至最低的技术，主要包括风力发电、太阳能发电、水力发电、地热供暖与发电、生物质燃料、核能技术等。化石燃料燃烧是主要的碳排放源，经由这一渠道每年进入大气的碳排放量约为 80 亿吨。

减碳是指实现生产、消费、使用过程的低碳，达到高效能、低排放。它集中体现在节能减排技术方面。二氧化碳排放量前 5 位的工业行业（电力、热力的生产和供应业，石油加工、炼焦及核燃料加工业，黑色金属冶炼及压延加工业，非金属矿物制品业，化学原料及化学制品制造业）占工业二氧化碳排放量的比重已超过80%。

负碳技术是指捕获、封存和积极利用排放的碳元素的技术，即开发以降低大气中碳含量为根本特征的CCUS技术，主要包括碳回收与储藏、二氧化碳聚合利用等技术。根据联合国政府间气候变化委员会的调查，这些技术的应用能够使全球二氧化碳的排放量减少20%至40%，将对气候变化产生积极影响。

二、科技创新的做法

（一）加快先进技术研发

加大碳达峰、碳中和先进适用技术研究和推广力度，围绕能源、工业、建筑、交通、生态系统固碳增汇等重点领域，加快共性关键技术研发，推动研发成果产业化、规模化、低成本应用。

（二）推动前沿技术创新

推进碳达峰、碳中和，必须加大前瞻性、先导性技术的研发力度，提前布局新型高效光伏电池、新型核能发电、新型氢能、前沿储能、电力多元高效转换、二氧化碳高净值化利用、大气二氧化碳直接捕集、二氧化碳矿化封存等前沿技术的研发。

（三）推进基础研究

围绕碳达峰、碳中和，要加强气候变化成因与影响、碳循环与生态系统碳汇、二氧化碳地质封存机理等方面的研究，夯实研究根基。同时，积极研究陆地海洋生态系统固碳机理及驱动机制，以及生物固碳和二氧化碳捕集利用技术。

三、发挥数字赋能作用

（一）绿色低碳技术创新机制持续完善

充分发挥国家绿色技术交易中心等平台的作用，推进绿色技术成果转化。同时，建设"双碳"领域国家重点实验室，在国家重点研发计划有关专项中持续强化低碳零碳领域基础研究和前沿技术布局。此外，加强人才培养，目前全国共设有31个"双碳"相关一级学科、38个"双碳"相关本科专业。

（二）强化先进适用技术研发推广应用

组织实施绿色低碳先进技术示范工程，公布首批47个绿色低碳先进技术示范项目清单，正式启动第二批示范项目申报工作。同时，编制《国家绿色低碳先进技术成果目录》，建立"十四五"能源科技规划实施监测项目库，第一批入库项目超过700项。此外，积极推动环境经济标准化试点示范项目的建设。

四、发展思路与举措

（一）加强政策引导

编制技术发展路线图。健全政府支持的绿色低碳科技研发项目立项、验收、评价机制，改革科研绩效评价机制，完善绿色低碳技术评价标准，编制绿色产业指导目录、绿色技术推广目录、高碳技术与装备淘汰目录，推动各行业技术装备升级。

（二）发挥创新主体作用

开展绿色技术创新企业认定，实施绿色技术创新"十百千"行动，鼓励龙头企业与高等学校、科研单位共建一批国家绿色低碳产业创新中心，推动绿色低碳基础研究、应用研究与技术创新对接融通。依托国家高新区打造科技企业聚集区，推动绿色低碳产业集群化发展。完善科技企业孵化服务体系，优化碳达峰、碳中和领域创新创业生态。提升绿色低碳技术知识产权服务能力，建立绿色低碳技术验证服务平台。

（三）加强人才培养

加强国家绿色低碳创新基地建设和人才培养，建设一批国家储能技术产教融合创新平台，推进低碳技术开源体系建设。加强碳达峰、碳中和领域国家实验室、全国重点实验室和国家技术创新中心总体布局，壮大碳达峰、碳中和领域战略科学家、科技领军人才和创新团队、青年人才和创新创业人才队伍。

（四）深化国际合作

组织实施国际科技创新合作计划，支持建设区域性低碳国际组织和绿色低碳技术国际合作平台。充分参与清洁能源多边机制，深度开展碳达峰、碳中和领域的国际技术研发与合作示范项目。

知识链接

产业协同技术创新

陕西榆林国家级能源化工基地占地 8 万平方公里，这里煤、气、油、盐资源丰富，组合配置好，开发潜力巨大。该基地为煤炭资源的清洁利用开辟了新途径，实现了系统性节能减排和减污降碳。

2019 年，榆林生产的原煤、原油、天然气分别占全国总产量的 12.39%、5.52%、10.16%；电力总装机容量 3071.4 万千瓦；生产烯烃 240 万吨、煤基油品 160 万吨、煤制甲醇 305 万吨,这使榆林成为中国第一产能大市。未来,榆林将实施碳达峰榆林行动,确保单位 GDP 能耗和碳排放五年分别下降 13%和 19%。

"十四五"期间,榆林继续发展 CCUS 技术,创新大科学装置平台、大数据智能绿色矿山等重大应用,并将其作为示范,稳步推进能源的绿色低碳转型,力争可再生能源装机占比在五年内提高到 50%以上,为能化产业绿色低碳转型发挥引领示范作用。

第九节　推进绿色低碳全民行动

绿色低碳全民行动，是一场价值观的绿色革命。要倡导简约适度、绿色低碳、文明健康的生活理念和方式，形成全民参与推进"双碳"目标实现的良好氛围。

一、国家关于绿色低碳全民行动的要求

首先，加强生态文明宣传教育。将生态文明教育纳入国民教育体系，开展多种形式的资源环境国情教育，普及碳达峰、碳中和基础知识。持续开展世界地球日、世界环境日、全国节能宣传周、全国低碳日等主题宣传活动，增强社会公众的绿色低碳意识。

其次，倡导绿色低碳生活方式。在全社会倡导节约用能，开展绿色低碳社会示范行动，深入推进绿色生活创建行动。大力发展绿色消费，推广绿色低碳产品，完善绿色产品认证与标识制度。

再次，引导企业履行社会责任。引导企业主动适应绿色低碳发展要求，加强能源资源节约，提升绿色创新水平。重点领域国有企业，特别是中央企业要制定实施企业碳达峰行动方案，发挥示范引领作用。重点用能单位要梳理核算自身碳排放情况，深入研究碳减排路径，制定专项工作方案，推进节能降碳。

最后，强化领导干部教育培训。将深入学习贯彻习近平生态文明思想作为干部教育培训的重要内容，普及科学知识，宣讲政策要点，强化法治意识，深化各级领导干部对碳达峰、碳中和工作重要性、紧迫性、科学性、系统性的认识。

知识链接

打造绿色低碳的"邻里之家"

天津市滨海新区中新生态城（简称"生态城"）第四社区为新建社区，下辖溪景园、荣唐苑等7个住宅小区。该社区坚持以人民为中心，抓住"安居"这一基点，以"生态城市升级版和智慧城市创新版"为创建特色，从完善社区服务设施、打造宜居生活环境、推进智慧物业服务、创新出台本地标准、健全绿色治理机制五方面推进完整社区建设，增强群众的获得感、幸福感、安全感。

该社区遵循"补短板、扬优势、展特色"原则，融入本地"生态+智慧"双轮驱动的特色，编制《中新天津生态城完整社区建设评价标准》，重点提出"绿色建筑""海绵城市""无废城市""智慧城市"等建设要求，打造"绿色智慧创新支撑"板块。实现了绿色建筑100%全覆盖，该社区内的建筑全部达到二星级及以上标准。该社区内地块全部进行海绵城市设计施工，提高雨水资源利用率和社区的安全韧性。该社区内道路全部为无障碍

设计，开通免费清洁能源公交车，方便居民出行，引导居民低碳出行。该社区还建立了绿色文化与生态市民培育机制，出台《绿色文化建设行动计划》《居民绿色行动指南》等系列绿色行动指南，开展绿色文化活动，传播绿色发展理念，成立环保志愿者联盟，助力绿色生活，引入"生态值"绿色生活方式综合评定标准。

二、全民低碳的做法

（一）推进生活方式绿色低碳转型

创建节约型机关，大力推广太阳能光伏光热项目。创建绿色学校，根据学生发展成长特点，因地制宜开展生态文明教育，实行校园绿色规划管理，加强绿色科技创新和成果转化，培养绿色低碳领域高素质人才。创建绿色社区，提升社区基础设施绿色化水平。推动塑料污染全链条治理，提升塑料垃圾无害化处置水平；深入推进生活垃圾分类，大力宣传反食品浪费。

（二）积极扩大绿色产品服务供给

打造绿色低碳产业供应体系，加快发展绿色物流配送，促进快递包装绿色转型。扩大绿色产品供给规模，引导企业提升绿色创新水平，有序引导文化旅游绿色消费，将绿色设计、节能管理、绿色服务等理念融入景区运营，降低资源环境消耗。

（三）推动建立绿色消费保障体系

加快健全绿色消费法律法规，完善标准认证体系、统计监测体系和消费信息平台，推广市场化激励措施，探索绿色消费积分制度，打造更加丰富的绿色低碳产品和绿色消费场景。

三、全民低碳的成效

（一）宣传教育培训持续深化

利用全国生态日、全国节能宣传周、全国低碳日等活动，通过多种渠道和方式大力推进节能降碳宣传教育，将生态文明教育纳入国民教育体系，开展多种形式的资源环境国情教育。加强领导干部教育培训，出版《碳达峰碳中和干部读本》等相关书籍，举办推动绿色低碳发展的专题研讨班。

（二）绿色低碳生活方式更加普及

国家节水行动扎实推进，已累计遴选并发布了四批共 194 项成熟且适用的节水技术，并推广至全国。据统计，2023 年全国人均综合用水量为 419 立方米，同比下降 1.4%。在反食品浪费方面，反食品浪费的理念已深入人心，成为改善社会风气的重要力量。此外，生活垃圾分类工作也在全国有序推进。截至目前，全国地级及以上城市居民小区生活垃圾分类覆盖率超过90%，城市生活垃圾无害化处理率超过99.9%。同时，绿色生活创建行动也在全国范围内深入推进。

四、发展思路与举措

（一）倡导绿色低碳生活

2022年，国家发展改革委等部门发布的《促进绿色消费实施方案》对消费领域的绿色转型做出了清晰的部署，该方案明确提出：到2025年，绿色消费理念深入人心，奢侈浪费得到有效遏制，绿色低碳产品市场占有率大幅提升，重点领域消费绿色转型取得明显成效，绿色消费方式得到普遍推行，绿色低碳发展的消费体系初步形成。到2030年，绿色消费方式成为公众自觉选择，绿色低碳产品成为市场主流，重点领域消费绿色低碳发展模式基本形成，绿色消费制度政策体系和体制机制基本健全。

（二）培养公众生态文明意识

引导公众建立全球视野和发展观念，提高对人均资源水平的认识，深入理解国情实际，并强化人口教育的环保意识。在此基础上，提升公众参与低碳环保的意识，确保学生自小就开始培养生态保护意识。

（三）全民践行绿色低碳生活

鼓励制定完善的低碳消费法律法规，在全社会努力营造践行绿色生活的良好氛围，落实绿色饮食、绿色消费、绿色出行等生活方式，将每年的6月定为"全民生态文明月"，培养"绿色公民"。

知识链接

绿色生活，低碳出行

健康步行不能少。步行既是一种出行方式，也是一种锻炼途径。让我们在短距离出行时尽量选择步行方式，从而将运动融入生活，走向健康，走向快乐，走向精彩。

骑车出行效率高。自行车既是环保无污染的交通工具，又是快节奏城市生活的一道亮丽风景。让我们选择骑车出行方式穿过拥堵的大街小巷，节约宝贵的时间，做城市里绿色快捷的骑行一族。

公共交通常相伴。城市的地铁线路愈加便捷，公交网络四通八达。让我们把爱车放一放，在远距离出行时将地铁、公交作为首选方式，从自身做起，节能减排，低碳出行，为城市天空的一抹蔚蓝作出积极贡献。

互助拼车助节能。同事、朋友相约同乘一辆汽车，路上车辆就会减少，人均燃油消耗可以显著降低。让我们采取互助拼车的方式出行，节约使用车辆和能源，让出行不再孤单，让大气中少些污染物排放，多些洁净的空气。

全国各地正有序推行碳达峰行动，各地区依据本地区资源环境禀赋、产业布局、发展阶段等，出台了本地区碳达峰实施方案，科学合理地确定了碳达峰目标，扎实推进本地区绿色低碳发展。为此，国家发展改革委组织开展碳达峰试点建设，确定了首批35个试点城市和园区，在政策、资金、技术等方面给予支持，为全国提供了可操作、可复制、可推广的经验做法。此外，2024年以来实施的新一轮大规模设备更新和消费品以旧换新行动正在加快释放政策效能，有力地拉动了投资增长、释放了消费潜力。2024年1月至8月，设备工器具购置投资同比增长16.8%，对全部投资增长的贡献率为64.2%，家用电器和音像器材类商品零售额同比增长2.5%。这项政策不仅是推进"双碳"工作的有力举措，有效促进了先进节能高效设备的推广应用，还促使更多绿色低碳高质量消费品进入居民生活，推动了全社会能耗和碳排放强度的降低。

第十节 企业碳排放管理工作

企业对碳排放的态度及采取的行动,对"双碳"目标的实现至关重要。企业开展碳管理,标志着其已深刻认识到低碳发展与自身业务的紧密关联,并主动肩负起责任、采取行动,这一积极姿态正是全社会共同期盼的。

面对新一轮的低碳革命,企业在发展战略和目标定位方面应做出相应调整,并结合新制定的战略目标开展相应的管理活动。这包括了解自身碳排放情况和趋势,理解实现"双碳"目标对自身业务带来的影响,并将自身业务与碳排放管理进行有效衔接。在这一过程中,企业不仅致力于开展相关管理和业务活动,还要在实现"双碳"相关政策合规与风险控制目标的基础上,充分挖掘低碳转型带来的新业务、新市场机遇,以此提升自身业务的竞争力与可持续性。

一、企业面临的主要挑战

企业碳排放管理会影响能源的生产和使用方式,给企业带来政策、成本、市场方面的挑战,可能会改变企业的经营理念、决策和管理方式,甚至会影响生产产品和提供服务的方式,以及企业财务金融风险的评价维度。

二、企业碳管理的方法

企业作为实现"双碳"目标的主体,越来越受到相关法律、政策、标准的约束和管制。法律政策方面的合规管理和风险控制是企业生产的底线,也是企业面向国内外市场所必须遵循的基本要求。企业要以生产、经营活动中的温室气体排放管控为核心主线,着重于重塑企业发展理念。通常来说,企业的碳管理包括碳排放管理、业务转型管理、碳资产管理、碳中和管理等多个维度。

碳排放管理的目的在于持续地减少组织的温室气体排放。业务转型管理主要是指新业务孵化管理,通过转型提供更可持续的产品或者服务,为社会提供低碳化解决方案,巩固自身市场地位,实现组织的可持续发展。碳资产管理是指量化组织在碳减排方面的资源投入和产出,并利用碳交易规则实现组织的合规管理和经济利益。碳中和管理侧重通过碳减排和碳抵消的最佳结合途径实现零碳目标,并围绕这个目标支撑业务转型,实现品牌溢价。

三、企业参与碳市场

碳市场是碳排放权交易市场的简称,是指以控制碳排放为目的,以碳排放配额或核证碳减排量等标的物进行交易的市场。与传统的实物商品市场不同,碳交易产品看不见摸不着,是通过法律界定人为建立起来的政策市场,其设计的初衷是通过市场化方式为碳排放定价,从而在特定范围内合理分配减排资源,降低碳减排的成本。

企业被政府强制纳入碳市场管控体系,这意味着它们必须在规定时间内上缴一定数量的碳配额,以完成履约。由此产生的交易属于强制减排交易。而自愿碳交易市场下的交易行为,则是企业出于履行社会责任、提高社会效益等一些非履约目的。自愿减排的企业可将符合条件的减排量出售给碳市场管控企业或者非控排企业,由此产生的交易也属于自愿减排交易。

企业碳排放管理有其内在逻辑、方法论和行动框架,其有效实施需要结合不同行业的特点和企业自身发展目标定位,本着"一企一策"的原则,确保管理措施既符合行业规范,又能促进企业的长远发展。

知识链接

一辆汽车的"双碳"之旅

汽车的碳足迹涉及材料生产、整车生产、车辆使用、维修保养、报废回收等阶段。随着汽车电动化程度的不断提升,材料生产阶段的碳排放占比逐渐增大,车辆使用阶段的碳排放占比逐渐减小。其中,纯电动乘用车在材料生产阶段和车辆使用阶段碳排放量分别占全生命周期的 35.90% 和 61.60%,汽油车上述两阶段的碳排放量分别占全生命周期的 14.70% 和 83.9%。

通过中国汽车产业链碳公示平台可以查询到,截至 2023 年 5 月,车型的碳足迹按燃料类型划分,纯电动车的碳足迹最低,柴油车的碳足迹最高,电动化对降低汽车碳足迹起到了关键作用。

第十一节　推进绿色低碳国际合作

作为世界上最大的发展中国家，中国在历史上的二氧化碳累积排放量和人均二氧化碳排放量均显著低于主要发达国家。中国必须坚守发展中国家定位，推动构建公平合理、合作共赢的全球气候治理体系，与国际社会携手应对气候变化挑战，保护好人类共同的地球家园。

一、全球气候治理正义的维护者

中国作为世界第二大经济体，也是最大的发展中国家，坚持与发达国家站在一起，积极参与全球治理，秉持全球气候治理正义，提升发展中国家的话语权，提出更符合发展中国家利益的气候主张，反映发展中国家的利益与诉求。

二、全球气候治理机制的促进者

中国会继续坚持《巴黎协定》中的"共同但有区别的责任""各自能力"原则，从构建人类命运共同体和维护人类共同利益出发，积极促进国际社会平等协商，倡导和推动制定全球气候治理新规则，有效促进各国履行气候治理责任，共同保护好人类赖以生存的地球家园。

三、全球气候治理的积极贡献者

2021年，中国更新了2030年国家自主贡献目标，郑重承诺到2030年，中国单位国内生产总值所产生的二氧化碳排放量，将比2005年下降65%以上。中国正大力推进降碳、减污、扩绿等多重目标的实现，对积极且稳妥地推进"双碳"工作进行了全新的部署。这一系列举措增进了国际社会对中国引领全球气候治理的认同。

四、全球气候治理的科技创新者

破解气候变化问题的关键还是要依靠科技进步。中国应着力加强推进气候变化领域的科技创新，尤其是要大力加强节能降耗、可再生能源等低碳技术的推广应用，同时，对储能、氢能、先进核能、CCUS等碳中和关键技术进行集中研发和示范推广。此外，应充分利用先进的科学技术，积极推进南北对话，推动国际社会形成维护全球气候安全需要的技术合作机制，促进全球气候治理技术的深入研究和深度推广运用。

我国正全面推进碳达峰、碳中和工作，并在《联合国气候变化框架公约》缔约方大会等场合，采用贴近不同区域、不同国家、不同受众的精准传播方式，通过发布白皮书、编译政策文件外文版、举行新闻发布会、组织外媒采访等多种形式，全方位展示我国推进绿色低碳转型和高质量发展的坚定决心和扎实行动，增进国际社会对我国的了解，分享我国生态文明、绿色发展理念与实践经验，为建设清洁美丽世界贡献中国智慧、中国方案、中国力量。

第十二节　本章小结

　　碳达峰、碳中和，对重点行业领域既是挑战也是机遇。中国是全球制造业第一大国，制造业已成为碳排放的一个重要来源。钢铁、水泥、石化、建材等高耗能高排放产业的发展空间将受到制约，必须由规模化、粗放型发展快速转向精细化、高质量发展，产业链、价值链必须全面升级。

　　碳中和首先改变的将会是能源产业格局。在我国能源产业格局中，产生碳排放的化石能源，如煤炭、石油、天然气等占能源消耗总量的84%，而不产生碳排放的水电、风电、核能和光伏等能源仅占能源消耗总量的16%。要实现"双碳"目标，就要大力发展可再生能源，降低化石能源的比重，因此，能源格局的重构必然是大势所趋。碳中和还将重构整个制造业格局，中国的所有产业将从资源属性切换到制造业属性。举个例子，就拿手机来说，如果要实现碳中和，负责组装的企业要实现碳中和，为其提供零部件和原材料的环节要实现碳中和，为其提供芯片的企业也要实现碳中和，产业链上的每一个环节都要实现碳中和。这就会对产业链形成一个新的标准。在碳中和的大背景下，全球制造业产业链将进行新的国际合作、国际分工，形成新的产业格局。

　　碳中和正在重新定义经济版图，中国实现碳中和，光伏、风能聚集的中西部区域将会成为最主要的能源输出地之一，这一变化已经悄然改变了我们每个人的日常生活。

　　在产业飞速转型的过程中，产业对于人才的需求结构和内涵也在不断地更新。职业教育的育人属性再次明晰，碳中和背景下的职业教育面临产业转型升级，人才职业能力急需增长。

　　可以畅想一下，到了2060年，我们的后辈可能已经不太知道煤炭长什么样了，他们大多数会住在屋顶的瓦片或者墙壁就会吸收太阳能并发电的建筑里。燃油车已经不见踪影，无人驾驶电动车大行其道。秸秆用品成为尘封的历史，绿色将成为主色调，空气里都是清新的树木的味道。

　　新能源汽车产业飞速发展，与此同时，碳交易成为新能源汽车企业增收的新支点。在碳市场越来越活跃的情况下，碳交易将协同创新理论对包括新能源汽车在内的所有制造业带来变革，进一步重构全球制造业。

　　2024年11月21日，2024年世界职业技术教育发展大会在天津开幕。教育部部长怀进鹏指出，职业教育应顺应时代发展的趋势、坚守教育的本质、保持职业教育的特质，在时与势中锚定发展坐标，在危与机中寻求创新突破，成为面向人人教育、点亮出彩人生，面向产业的教育、点亮经济活力，面向创新的教育、点亮未来灯火，面向智能的教育、点亮变革智慧，面向国际的教育、点亮人类共同命运。

　　职业教育的全新发展要面向产业，特别是面向碳中和带来的新的产业转型和新的产业链的全要素转型，这些新的转型对于职业岗位和技能人才提出了新要求。

　　展望未来，随着教育强国战略的深入实施和产业发展的不断升级，职业教育将迎来更加广阔的发展空间和更加艰巨的挑战。因此，我们需要继续深化职业教育改革，勇于创新，不断提升职业教育的质量和水平。

第四章 "三螺旋"协同创新理论

"三螺旋"理论是以"政府—企业—院校"协同合作关系为基础,根据行业产业发展需求对三者进行优化组合的新型教育范式,与产业发展、社会进步、职业教育人才培养具备高度契合性。以经济社会建设需求为导向,探索构建职业教育"三螺旋"教学模式,可为提高技能人才培养质量提供有益借鉴。

第一节 三螺旋理论的内涵及意义

一、三螺旋理论的发展内涵

三螺旋理论的概念最早是指基因、生物体和环境之间像三条螺旋一样相互缠绕、相互影响的辩证关系。美国遗传学家理查德·列万廷（Richard Lewontin）最先使用三螺旋来表现基因、生物体和环境之间的关系，并在《三螺旋：基因、生物体和环境》一书中提出这一概念。亨利·埃茨科威兹（Henry Etzkowitz）首次将这一概念引入社会学领域。埃茨科威兹指出，政府、院校与产业是知识经济时代发展的三大要素。三螺旋理论为职业教育教学及研究提供了理论支撑。

三螺旋理论构建了一个分析组织及其内部创新主要参与者之间关系与变化的理论体系。从根本上说，它是一种非线性的创新模式，其核心在于"政府—企业—院校"三方在创新过程中的相互作用。在这一过程中，各方通过角色转换，逐渐打破了原有主体边界，使得两两之间的合作关系不断密切，合作范围不断重叠并相互渗透，各种功能得以有机结合。同时，要素整合与资源共享不断推进，创新效率不断提高。但值得注意的是，每一方都保持自己的独立身份及核心地位。在自身的功能和结构得到调整的同时，整体呈现出三螺旋交互上升的状态，最终形成个体独立、相互支持、跨界发展的三螺旋协同发展结构。

三螺旋理论是一种解决多边复杂关系的方法论，是解决整体和组成整体各要素相互关系的一般系统论。政府、企业、院校应在知识、技术、人才、制度、资源等方面充分且深入合作，不断地保持和促进知识的创新、传播与应用，将知识转化为生产力，从而推动区域创新和城市经济社会发展。

二、职业教育引入三螺旋理论

职业教育的"三螺旋"教学是指以职业院校为主导、以企业为载体、以政府为支撑的"三螺旋"联动教学，是落实复合型技能人才培养目标、驱动技能型社会建设的优化组合教学模式。职业教育"三螺旋"教学并非仅以职业院校为核心的专业教育，而是以服务社会经济建设为根本宗旨，通过引政入教、引企入教打造专业教育与创新创业教育有机融合的新型教学形态。可将职业教育"三螺旋"教学划分为内螺旋、中螺旋及外螺旋三个维度。各维度间交叉影响、彼此重叠，具有较强的相互带动作用，可助力技能人才的培养、促进技能型社会的建设。

（一）政策支持保障

2019年印发的《国家职业教育改革实施方案》（简称"职教20条"）中明确提出，

坚持以习近平新时代中国特色社会主义思想为指导，把职业教育摆在教育改革创新和经济社会发展中更加突出的位置。牢固树立新发展理念，服务建设现代化经济体系和实现更高质量和更充分的就业需要，对接科技发展趋势和市场需求，完善职业教育和培训体系，优化学校、专业布局，深化办学体制改革和育人机制改革，以促进就业和适应产业发展需求为导向，鼓励和支持社会各界特别是企业积极支持职业教育，着力培养高素质劳动者和技术技能人才。

在此背景下，职业院校应当根据自身特点和人才培养需要，主动与具备条件的企业在人才培养、技术创新、就业创业、社会服务、文化传承等方面开展合作。职业院校应积极为企业提供所需的课程、师资等资源，企业则应依法履行实施职业教育的义务，利用资本、技术、知识、设施、设备和管理等要素参与校企合作，促进人力资源开发。

此外，"职教20条"还明确提出，要建设一批引领改革、支撑发展、中国特色、世界水平的高职学校和骨干专业（群），即要建设一批"当地离不开、业内都认同、国际可交流"的高职学校。"当地离不开"就是学校发展要服务国家战略，要融入区域发展，促进产业升级，为当地经济社会发展提供人才红利。"业内都认同"就是要通过着力建设一批服务、支撑、推动国家重点产业和区域支柱产业的高水平专业（群），让行业和社会都认可。"国际可交流"就是要探索一条中国特色职业教育发展道路，推动我国职业教育和技术技能人才走向世界舞台的中心，与国际社会共享中国职业教育模式、标准和资源。同时，"职教20条"提出的工作任务和路线图恰是职业教育"政府—企业—院校"三方协同耦合发展的实践路径。"职教20条"以改革和落实为主基调，提出了深化职业教育改革的路线图、时间表、任务书，充分体现了党中央、国务院深化职业教育改革的坚定意志和狠抓工作落实的坚强决心，开启了新时代职业教育发展的新征程。

2019年，高等职业教育领域还启动了中国特色高水平高职学校和专业建设计划（简称"双高计划"）的建设。"双高计划"是在"职教20条"之后，高职学校自我认知、内涵提升、创新发展的再出发。"职教20条"从国家政策层面对职业教育的类型定位予以确立，高职学校需要以类型教育的思维、类型教育的理念重新审视自我，准确把握自身定位，在自我认知上进行调适。而"双高计划"则立足新时代国家发展要求，站在经济社会发展全局的角度，从外部对高职学校内涵建设提出了推动性要求。对内部治理体系而言，高职学校在标准构建、质量保障和品牌打造上仍然任重而道远。高职学校在推进"双高计划"的核心任务时，需要加强内部治理以推动改革进程，其对鼓励创新、支持创新的态度和立场极其鲜明。这种创新导向要求高职学校以一种更广阔的视野来实践，在对接和服务经济高质量发展中，坚持凸显类型教育的定位和价值，以更有力的担当来实践，在产教融合、校企合作中进一步找寻和巩固高职学校的不可替代性，以更务实的行动来实践，为满足学习对象的多样化需求提供有效支持。

"双高计划"推动下的高职学校，在建设院校和专业群方面始终立足新时代高质量发展的要求，全面落实立德树人根本任务，系统构建德、智、体、美、劳全面发展的人才培养方案，细化形成服务人才培养目标的课程体系和资源体系，健全完善支撑人才培养目标的管理服务保障体系，始终坚持以人为本，服务就业民生。"职教20条"出台后，职业教育也重新被赋予重任、寄予厚望，凸显了职业教育对促进就业、改善民生的重要作用。高职学校"与行业领先企业在人才培养、技术创新、社会服务、就业创业、文化传承等方面深度合作，形成校企命运共同体"。从利益共同体到命运共同体，这无疑是校企合作的全面深化和整体升级。产与教的融合就是要面向区域发展，基于与所在区域之间的共生关系，高职学校在发展路径上始终立足产教融合，坚持面向区域发展、服务区域发展，更好地争取地方政府和行业企业支持，加强各方资源、要素的投入与整合，更好地与区域发展形成密切的共生关系。

"政府—企业—院校"三方在发展理念层面，应以服务区域发展、服务产业发展、服务学生成才为理念，不断提高技术技能人才培养质量和技术技能创新服务能力。"政府—企业—院校"三方应将三螺旋理念更好地应用到实践中。一是增强专业建设对区域产业发展的前瞻性和适应性，推动高职学校专业建设规划与区域产业发展规划的有机衔接。二是通过联合体（共同体）的产业园区建设、企业用工与高职学校招生就业的密切互动，推动高职学校真正融入园区发展并成为其技术技能人才的"蓄水池"。三是创新机制，全程介入联合体（共同体）的产业园区建设、企业发展和项目落地，为园区产业招商及大项目落地提供精准和有效的服务。

以协同性有效回应产业发展的需求。一是加强专业建设上的协同合作，从专业设置到课程安排，再到人才培养模式改革，都应邀请行业企业人员更多地参与，以促进人才培养供给侧和产业需求侧结构要素的全方位融合。二是加强师资建设的协同，推动学校教师和企业工匠的双向交流使用，加强双师结构高水平教学团队的共建。三是加强资源建设的协同合作，鉴于扩招后学生背景的多样性对教学资源提出了更高的要求，学校必须与企业共建实训资源、共建培训项目，甚至共建"学分银行"。四是加强服务保障的协同合作，学生与员工身份的一体化趋势让校企双方必须做好学生或员工管理、服务、支持等层面的衔接和协调，健全和完善"双主体"育人的运行和保障机制。

以适应性有效回应学习对象的需求。随着高职扩招政策的实施，作为类型教育的职业教育体系已经越来越具有全纳特征，而且这种全纳的目标指向非常鲜明，那就是为学习对象提供高质量的就业支持。高职学校需要以更加理性的态度，重新审视并建构学校与学生、专业与学生、课堂与学生、教师与学生、学校与政府、学校与企业、学校与社会等多方办学主体和多方利益相关方之间的关系，从而更快更好地适应这种变革。当然，这种变革无疑将会贯穿于推进和落实"职教20条"和"双高计划"的全过程中。

2022年5月，新修订的《中华人民共和国职业教育法》（简称新职业教育法）正式生效，明确指出要发展多层次、多形式的职业教育，打造集政府统筹、行业指导、校企合作、社会参与于一体的多元办学格局。为深入落实新职业教育法精神，教育部办公厅发布了《关于开展职业教育教师队伍能力提升行动的通知》，提出要形成政校企合力，探索多主体跨界协同的育人路径。

2022年12月，中共中央办公厅、国务院办公厅印发的《关于深化现代职业教育体系建设改革的意见》提出，坚持服务学生全面发展和经济社会发展，以提升职业院校关键能力为基础，以深化产教融合为重点，以推动职普融通为关键，以科教融汇为新方向，充分调动各方面积极性，统筹职业教育、高等教育、继续教育协同创新，有序有效推进现代职业教育体系建设改革，切实提高职业教育的质量、适应性和吸引力，培养更多高素质技术技能人才、能工巧匠、大国工匠，为加快建设教育强国、科技强国、人才强国奠定坚实基础。该意见还倡导构建央地互动、区域联动，政府、行业、企业、学校协同发展机制，鼓励支持省（自治区、直辖市）和重点行业结合自身特点和优势，在现代职业教育体系建设改革上先行先试、率先突破、示范引领，形成制度供给充分、条件保障有力、产教深度融合的良好生态。

《关于深化现代职业教育体系建设改革的意见》还提到打造市域产教联合体。省级政府以产业园区为基础，打造兼具人才培养、创新创业、促进产业经济高质量发展功能的市域产教联合体。成立政府、企业、学校、科研机构等多方参与的理事会，实行实体化运作，集聚资金、技术、人才、政策等要素，有效推动各类主体深度参与职业院校专业规划、人才培养标准判定、课程开发、师资队伍建设、共商培养方案、共组教学团队、共建教学资源、共同实施学业考核评价，推进教学改革，提升技术技能人才培养质量。在具体实践中，需要以"政府—产业—院校"三方进行有机地连接与协作，产教联合体应以区域经济发展为出发点，横向连接社会经济、产业发展、人才培养及供给等方面，充分展现了三螺旋理论的应用价值。

打造行业产教融合共同体。优先选择新一代信息技术产业、高档数控机床和机器人、高端仪器、航空航天装备、船舶与海洋工程装备、先进轨道交通装备、能源电子、节能与新能源汽车、电力装备、农机装备、新材料、生物医药及高性能医疗器械等重点行业和重点领域，支持龙头企业和高水平高等学校、职业院校牵头组建学校、科研机构、上下游企业等共同发起成立跨区域的产教融合共同体。该共同体将汇聚产教资源，制定教学评价标准，开发专业核心课程与实践能力项目并推动教学装备的研制和推广。同时，依据产业链分工对人才类型、层次、结构的实际要求，实行校企联合招生，开展委托培养、订单培养和学徒制培养等各种模式。此外，共同体还将面向行业企业员工开展岗前培训、岗位培训和继续教育，为行业提供稳定的人力资源，建设技术创新中心，支撑高素质技术技能人才培养，服务行业企业技术改造、工艺改进、产品升级。

（二）社会发展需求

以高职学校牵头组建的智能供应链产教融合共同体（简称"智能供应链共同体"）为例，它以"政府—行业—企业"三螺旋模型为基础，众多参与方各司其职、协同发力。

该智能供应链共同体以供应链"链网融合"资源为纽带，推进政府、行业、企业、学校深度融通,形成了四方协同的高效育人机制。它立足于天津,辐射京津冀地区,并进一步面向全国范围,深化人才培养模式改革,将产业真实任务和环节嵌入到教学中,提升职业教育育人水平。它通过校企合作、协同创新的方式,不仅推动了技术变革,还优化了智能供应链区域的产教融合生态。它致力于发展新质生产力,推动产业与教育精准匹配,为"一带一路"倡议提供了高水平的服务与支持。

1. 制定人才图谱,构建育人体系

以京东集团为例。该企业发挥"供应链链长"优势,联合上下游企业及院校,在智能供应链行业产教融合共同体内部开展调研,逐步明确了智能供应链领域行业岗位设置、能力标准、技术人才需求,并形成了"四横五纵"的供应链行业人才图谱。基于此,京东集团推动实施了面向企业真实生产环境的任务式人才培养,形成新型产教育人体系。京东集团计划在未来三年内建成百所产业学院,实现院校专业布局与产业结构布局基本匹配,院校人才培养与企业人才需求精准对接。这一系列举措旨在打造一个集产学研于一体的供应链技术创新生态系统,专注于数字零售、智能物流等智能供应链领域的关键技术、核心工艺和共性问题的研发、成果转化与应用实践。此外,该体系还将服务于货网、仓网、云网"三网合一"的高效供应链网络,带动产业链上下游企业数字化转型和降本增效。

2. 实施联合培养,服务职教改革

围绕智慧采购、智能仓储、精益生产、网络货运、绿色城配、数智化运营、供应链规划等智能供应链关键岗位群,我们可实施一系列联合培养举措。首先,梳理智能供应链行业的典型岗位、能力标准、人才需求,搭建人才职业能力体系和职业发展通路模型,研制供应链行业人才职业能力标准,升级智能仓储大数据分析等岗位能力认证培训内容,构建共同体内人员岗位能力互认体系。其次,院校围绕企业供应链数字化转型下的新知识、新技术、新工艺、新材料、新设备、新标准,构建卓越工程师、现场工程师、技术人员和产业工人的梯度培养体系和贯通式专业课程体系。再次,支持共同体内中高职学校联合开展五年一贯制人才培养,例如,探索京津冀职业院校跨省市中高职"3+2"联合培养,鼓励共同体内本科院校招收优秀中高职毕业生就读职业教育本科专业。天津滨海职业学院与京东集团围绕专业群面向的商贸物流产业链,共同投入建设智能仓软硬件设施设备及直播间,满足智能仓配业务运营与大数据管理、电子商务和跨境电子商务的直播运营需求。这一合作为学生提供了实践教学、社会培训、技术服务等多元化的产教融合平台。

3. 建设产业学院,助力经济发展

仍以京东集团为例,为了支持共同体院校更好地培养人才,京东集团凭借其在智能供应链、数字商业、智能制造、乡村振兴等领域的产业优势,推动共建产业学院,目前已启动建设32所院校,包括山东商业职业技术学院智能供应链产业学院、淄博职业学院智能制造产业学院、广州番禺职业技术学院智能物流产业学院等。同时,与辽宁理工职业大学等院校深入合作，组建"科学家+工程师""专业教师+产业导师"的导师团队，实现了教育资源与产业资源的深度融合。此外，京东集团还开展了前沿课程与竞赛，如面向共同体成员单位开展开学季免费前沿课程直播、八点一课等活动，助力院校师生获取具有前瞻性、专业性及实用性的前沿知识。组织首届"京东物流杯"智能供应链大学生竞赛，以真实工作场景和实际问题为赛题，有助于培养和提高学生解决问题的能力。这一系列举措对推动高校物流供应链教学改革、促进理论学习与企业实际需求紧密结合具有重要意义。

4. 打造实践中心，服务国家战略

以天津交通职业学院为例。天津交通职业学院与京东集团在天津市教委的支持下，立项建设现代物流开放型产教实践中心，聚焦现代物流与供应链重点领域，依托智能供应链共同体，引进现代物流产业的先进性智能化生产装备设施和典型性真实生产业务项目。同时，创建京津冀区域内用户委员会，创新多主体合作体系，校企双方共同努力建成了集真实生产、实践教学、双师育训、社会培训、技术服务、技能大赛、标准输出等功能于一体的开放型产教融合实践中心。该中心旨在为天津市数字经济发展培养高质量人才，并面向京津冀区域内的院校、企业开放，提供专业的培训和技术服务。未来，智能供应链共同体将继续聚焦关键领域新发展，强化职教"五金"建设，打造产教融合新生态，培养高素质技术技能人才，为经济社会高质量发展提供坚实的人才支撑。

（三）天津市建设市域产教联合体的经验

1. 构建新载体，提升聚合度

坚持以教促产、以产助教，充分发挥政府统筹、产业聚合、企业牵引和学校主体的作用。通过深入挖掘产业升级需求，实现统筹联动、协同推进，确保精准对接与共建共享。紧密对标天津市"1+3+4"现代工业产业体系，聚焦天津市重点产业链指向，以产业园区为基础，依托战略性新兴产业集群，先后两批成立生物医药、信创、高端装备制造（海洋工程装备）、数字经济等10余个市域产教联合体，促进产教资源共享、优势互补和协同创新，全面支撑并服务于经济社会的高质量发展。

2. 形成新机制，提升支撑度

实行政府引导、市场主导、企业主体、院校支撑的运行机制。天津市教委统筹调度，定期深入联合体共同体进行调研指导与服务。牵头企业及院校互访交流，形成紧密合作关系。建立常态化的工作调度、定期研讨交流等推进机制，确保压实各方责任，精准施策推动，畅通沟通渠道，做好跟踪指导，帮助解决产教融合难点、堵点、卡点问题。为此，天津市先后召开产教融合联合体共同体工作交流会、工作推动会，总结工作进展，交流建设经验，锚定发展新质生产力，加速推动联合体共同体持续发展。

3. 打造新平台，提升匹配度

建设产教融合信息服务平台，动态发布企业人力资源需求、技术研发需求、项目合作需求和学校人才供给信息、科研成果信息等，构建"政策支撑+协同育人+技术开发+成果转化+用工需求+产业成长"数据链，实现数据共享互联互通。紧密围绕经济发展战略布局，打造产教融合实践载体，与学校、企业、科研机构共建一批产教融合实训基地、产业学院、联合实验室等，推动人才培养横向贯通、纵向延伸。2024年4月，高端装备制造（海洋工程装备）联合体成员单位天津滨海职业学院和牵头企业中国海洋石油集团有限公司对接产业需求，开展订单式联合培养，10名毕业生提前与央企"签约"，这是产教深度融合、校企联合培养的成果之一。

4. 畅通新路径，提升精准度

面向区域经济发展和产业升级需求，科学统筹各级各类产教资源，制定核心产品、人才需求、技术需求"三清单"。厘清产教供需清单，以企业需求带动人才供需对接，形成产教培融合订单式人才输送机制。广泛拓展供需对接路径，组织筹办高水平论坛、产教融合座谈会、校企需求对接会，围绕人才培养、技术攻关、场景应用等，推动成员单位签署校企、校地等产教融合战略合作协议。持续加强关键技术对接，整合信息共享渠道，通过"揭榜挂帅"等模式发布重点产业链技术需求，精准对接、共建共享，不断提升产教供需契合度、人才培养精准度、服务发展贡献度。

5. 制定新条例，提升保障度

出台《天津市职业教育产教融合促进条例》，明确政府部门的职责、学校和企业在产教融合中的主体作用，完善职业教育产教融合服务保障措施，通过地方立法形式精准引领和保障职业教育产教融合发展。出台《天津市产教融合联合体与共同体建设实施意见》，明确联合体建设重点任务，健全保障制度，将联合体建设纳入"天津市职业教育创优赋能建设项目"。其中，滨海新区将联合体建设列入高质量发展支撑引领行动，各管委会将联合体建设纳入重点工作并给予经费支持。因此，强化政策保障，加大资金投入，不仅有利于营造良好的产教融合氛围，还能全面推动联合体的建设。

三、人才适应转型

以三螺旋理论为指导，政府、企业、院校之间要形成螺旋共生的发展体系。从培育主体的视角来看，职业教育领域的人才培养源于福建的船政学堂，它肩负着国家兴衰、民族振兴和崛起的使命，与产业发展同频共振，同时，职业教育也和人民生活幸福息息相关。职业教育与其他教育类型相比，始终与行业企业保持着更为紧密的联系，与产业发展的适配性相对较高。但伴随着社会经济的发展，产业类型的转型升级，新技术、新智能的产业场景日新月异，职业教育在应对这些变化时，其适应程度并非总能尽如人意。就功能定位而言，政府曾出台过一系列的规章制度，关键在于这些规章制度的执行和监管是否到位，能否确保教育领域中的每个主体都能切实落实这些规章制度，将职业教育改革的新方案、新举措应用到育人过程中。特别是在国家提出"双碳"目标后，各部门各地区接连出台了

《关于建立碳足迹管理体系的实施方案》《绿色低碳发展国民教育体系建设实施方案》《天津市交通运输领域绿色低碳发展实施方案》《天津市绿色低碳发展国民教育体系建设实施方案》等文件。这些文件为产业转型制定了明确的目标和路线图,对教育领域的人才供给规格也提出了新的要求。

高职学校要始终保持对产业需求的及时响应,在人才培养的过程中要前瞻性地调整人才规格,做好人才能力的培养规划。

政府要确保院校、企业之间的均衡、稳定与协同发展。在产业行业层面,随着新生产力的不断涌现,各行业对于产业转型升级的理解深度和迫切程度及举措也不尽相同。例如,在国家提出"双碳"目标后,有的企业积极响应,制定了严格的碳排放管理规定和企业发展的年度规划,将碳排放管理与生产任务紧密结合,在不同产品之间寻求平衡,或是在生产流程中严格监管,以减少碳排放量。在研究过程中,我们深入考察了新能源汽车企业、传统汽车企业的汽车主机厂、汽车4S店、新能源汽车零配件制造等企业,其主营业务范围广泛,涵盖了传统及新能源汽车整车的生产制造、汽车零部件生产制造、汽车技术研发、汽车营销服务、汽车售后维修服务、汽车美容服务、汽车保险服务等多个领域,为深入分析产业(岗位)对人才的需求提供了调研基础资料。

以一汽大众华北公司为例,作为中德合资企业,其在年度碳排放配额中明确区分了对传统车型和新能源车型的要求,并在年度生产技术实施之前就确立了碳管理要求,在生产制造流程中亦强调绿色低碳与安全生产。该企业虽然没有专门的碳排放管理部门,但形成了良好的绿色低碳企业文化,员工素质较高。调研发现,该企业在研发、生产、营销或售后等业务板块中面临人才短缺的问题,急需一线操作工、电气工程师、试制试验人员、销售顾问、售后服务顾问、机电维修人员等。其中,高职学校毕业生在试制试验、现场工艺管理、销售顾问、保险理赔等岗位上具有较高的适配性。该企业存在明确的岗位需求,而高职学校则具备相应的人才供给能力。

此外,著者走访调研了天津市建筑设计院。作为天津市建筑设计的研究单位,其严格遵循绿色建筑的国家标准、地方标准、行业标准,致力于通过优化建筑设计减少对环境的负面影响,提高建筑的能源效益和资源利用效率。采用节能设计和技术(如优化建筑朝向、采用高效隔热材料、使用能源节约设备和智能控制系统)可减少建筑对能源的需求。调研显示,建筑业在经过短暂的行业转型调整后,人才需求量仍存在一定的缺口。建筑施工企业在注重人才数量的同时,对人才的综合素质提出了更高的要求,特别是在"互联网+"和"双碳"等理念的推动下,建筑业的现代化、工业化、集成化和信息化趋势明显,对装配式建筑、BIM运用、智慧工地和智慧管理等新技术、新工艺、新管理能力有较高的职业素养要求。目前,"懂技术、善管理、重安全"的复合型人才缺口较大。

著者走访调研了天津港集团零碳码头,发现天津港集团积极落实国家"双碳"战略,将绿色发展理念贯穿港口发展全领域全过程,以"零碳码头""低碳港区""低碳港口"建设为抓手,围绕能源供应和需求双向清洁化两条主线,坚持以我为主、合作共赢、先立后破，大力推动各项工作的实施，辅以科技创新、能力提升、市场化交易等手段打造 N 个港口"零碳"示范场景。在能源供应侧，2024 年以来，天津港集团大力实施风能等新能源项目建设，在北疆港区、南疆港区、东疆港区新建成 7 台风机，累计投运 15 台风机，新能源发电系统装机容量达 78 兆瓦，年发绿电能力近 1.8 亿千瓦时，源源不断地为港口生产输送清洁电能。在能源需求侧，天津港集团以补能设施统筹布局、港作设备电动化应用、运输结构清洁化转型为主攻方向，累计投资超亿元，建成 150 台供新能源重卡和流动机械使用的充电桩，充电总功率超 4.7 万千瓦。此外，集装箱、干散货泊位实现岸电设施 100%覆盖，自有船舶 100%使用岸电，来港船舶岸电应接尽接，累计供电量超 2000 万千瓦时。在这样的产业背景下，新职业岗位的能力需求亟待提升。该企业反馈，在用人结构上存在较大缺口，急需大批"懂流程、晓技术、通低碳"的复合型人才。

就适应性策略而言，著者调研走访了天津泰达低碳经济促进中心（简称低碳中心）。低碳中心是由天津经济技术开发区管委会为推动区域低碳经济发展而设立的非营利机构，于 2010 年 3 月成立。低碳中心以实现区域社会、经济、环境的可持续发展作为最高目标，以促进低碳经济信息交流、推动节能环保领域商业对接、拓展低碳产业国际合作为主要工作模式，致力于发展成为低碳环保领域的资源整合服务平台，助力企业、机构、区域提高环境竞争力和未来领导力。自"双碳"目标提出以来，低碳中心从整体城市发展规划、城市建设到产业转型路径、新技术引入产业转型升级、企业员工的转型培训、岗位就业招聘等多个维度，进行了深入的研究与实践。面对 2030 年前碳达峰的紧迫时间，低碳中心结合中国职业分类大典的需求，面向绿色低碳领域的研究人员、技术升级者、员工培训者等社会各界人士，开展了低碳管理的专题培训和碳管理师培训测评工作。自 2016 年起，低碳中心联合天津排放权交易所等机构，连续举办围绕企业碳核查、碳资产管理能力建设等各类培训 10 余场，培训学员 500 余人次。作为天津市碳交易试点第三方核查机构，低碳中心连续 7 年累计为天津市 100 余家企业开展碳核查，并推动 80 余家非重点用能企业开展碳盘查、产品碳足迹核算等。各类项目活动累计促成节能约 35 万吨，减碳近 40 万吨。

调研结果显示，从宏观层面看，政府需要加大政策的扶持和指导力度，完善绿色低碳相关产业的执行标准，完善碳足迹排放管理的核算标准体系建设。从中观层面而言，企业应优化信息发布系统，完善信息平台建设，同时重新考量绿色低碳人才在数量上的需求缺口及质量上的素养需求。从微观层面出发，职业院校需要从人才培养规格、就业方向、职业岗位所需的知识、能力与素养进行全面论证和系统设计，并将其落实到每门课程和教学单元，确保学生知识技能素养的有效培育与提升。

第二节 区域三螺旋主体的功能关系

一、政府—企业—院校三者的功能关系

(一)政府的支撑保障功能

政府在发挥多方协同的作用时,一是要提供政策支持,优化整合资源,提升当地的竞争力和发展力。二是要搭建平台,实现资源流动,促进区域经济发展。政府通过三螺旋的协同模式,促进创新型人才流动、创新技术流动、信息资源流动,提升区域的整体创新水平,从而调整产业结构。三是要提供资金支持,发挥产业需求与人才供给、产业需求与地方发展、人才供给与地方发展三者之间的协同作用,确保政策供给的保障度、产业发展的高效度、人才培养的适应度。

(二)企业的发展转型功能

企业在发挥多方协同的作用时,一是要获得政策支持,不断提升生产力、生产要素、生产关系的效能,确保企业的效益和可持续发展,以及所在产业的上下游发展、技术创新、绿色低碳转型。在政府的政策驱动下,实现自身的发展与技术的创新储备。二是要提升科技创新能力,在政府与院校的发展螺旋中,通过政府的政策和平台,与密切对接的院校进行技术创新的研究,储备技术技能人才。通过产业发展技术平台,及时释放人才需求,促进产学协同发展。三是要以院校为载体,学习合作院校的优质管理经验,依托院校优质的教育资源为职工开展技能提升培训,将新的职业技能传递到企业与院校的合作中。

(三)院校的供给适应功能

院校在发挥多方协同的作用时,一是要确保院校的知识生产和传播职能,保障立德树人的实施、技术技能人才的培养、职业精神的养成,要实现全要素、全链条、全方位的人才培养。二是要确保教育与产业的同频共振。在办学过程中,不仅要夯实教学的基础,按照教育规律办学育人,同时要与生产实践相结合,将真实职业场景的生产实践移植到院校人才培养的过程中。一方面促使学生到企业中实践,另一方面提升教学实训场所内涵,将教学实训场所扩容为真实的产教融合生产实训中心,让学生们沉浸式地学习实践。三是要利用教育的技术服务和技能培训输出功能,用院校的科技创新、生产流程创新满足企业需求,实现成果转化。院校也可以为企业提供有偿服务,用优质的培训资源精准对接企业需求。在当前新质生产力快速转型的背景下,企业员工的知识和能力更新速度和质量呈现差异化特点,这进一步凸显了院校社会服务功能的重要性。通过为企业员工提供培训,院校不仅能助力员工技能升级,还能有效吸纳企业先进的生产经验,利用企业良好的平台资源,

从而构建高质量的合作共赢模式。

二、政府—企业—院校三者的协同关系

（一）由双螺旋向三螺旋转变

在校企合作的背景下，院校与产业企业的联系较为密切，双方就行业动向、产业发展、人才需求等实现双向的交流。但是在校企合作的过程中，也表现出一头冷、一头热的问题。由于院校与政府部门的政策对接不是很紧密，导致信息传递和理解上存在差异。同时，企业和政府部门之间的需求信息流通也存在断点。

在"政府—企业—院校"的三螺旋模型下，三方的关系应该从双向奔赴拓展到"三位一体"。具体而言，政府部门负责宏观调控整体区域发展，营造良好的发展环境，推动制度创新和实践。企业则应在产业升级中寻求转型，通过新产品的成果转化和技术创新，实现产品质量提升和企业利益最大化。院校则承担着技术技能人才的培养与供给、能力提升、知识创新和素养培育的重任。虽然每个主体都需要独立履行其角色和任务，但在三螺旋模型下，三方主体需要协同进化，实现共生发展。

（二）线性关系向非线性关系转变

在人才培养的过程中，"政府—企业—院校"原本单一的线性结构面临挑战。政府负责指导院校的专业备案、人才培养进度、就业情况调研等办学效能，在教育教学工作重大问题上提供专业指导和调控，对教学质量实施监控和指导，对学生成长成才提供政策保障。院校虽然对校企合作持积极态度，但由于院校办学难以直接和企业人才需求实时对接，对新兴技术响应滞后，导致院校培养的人才常落后于行业和企业的发展，企业难以直接使用院校培养出来的人才，从而无法完全保障院校人才的直接就业。长期以来，企业的需求与院校供给存在错位，院校有时受限于自身的办学规律，双方的线性结构不能很好地对接。因此，需要引入第三方，以激活协同合作模式，提升政府、企业与院校合作时的效能。

在"政府—企业—院校"的三螺旋模型下，三方都会参与创新活动，超越了原有的信息流程和流通框架，三方的联系更加紧密，三方可以实现信息的对接互补，使知识资本和信息资本以各种形式影响企业和院校的运行模式。企业开始注重使用院校的科技创新成果和技术技能人才，院校则开始关注企业的真实生产实践和生产流程、技术流程创新。

第三节　政府—企业—职业院校协同机制

一、外循环协同机制

（一）政府端职业教育人才培养（外部循环）

《国家职业教育改革实施方案》强调要完善教育教学相关标准，发挥标准在职业教育质量提升中的基础性作用。《国家职业教育改革实施方案》明确指出，要巩固和发展国务院教育行政部门联合行业制定国家教学标准、职业院校依据标准自主制订人才培养方案的工作格局。专业教学标准是对专业课程体系教学规划和技能人才培养目标的统筹部署，能够充分适应技能型社会建设背景下职业岗位的调整与迁移。制定专业教学标准是实现职业教育"三螺旋"教学的先决条件，有助于提升学生的职业素养、实践技能及岗位胜任力。

《职业教育专业目录》是职业教育教学的基础性指导文件，是职业院校专业设置、招生、统计，以及用人单位选用毕业生的基本依据，是职业教育类型特征的重要体现，也是职业教育支撑与服务经济社会发展的重要观测点。各地要结合地方实际，加大宣讲解读，严格贯彻落实，不断深化职业教育供给侧结构性改革，提高职业教育适应性。《职业教育专业目录》是为贯彻《国家职业教育改革实施方案》，加强职业教育国家教学标准体系建设，落实职业教育专业动态更新要求，推动专业升级和数字化改造而制定的职业教育专业目录。2021年，更新后的《职业教育专业目录》按照"十四五"时期经济社会发展和2035年远景目标对职业教育的要求，在科学分析产业、职业、岗位、专业关系的基础上，对接现代产业体系，服务产业基础高级化、产业链现代化，统一采用专业大类、专业类、专业三级分类，一体化设计中等职业教育、高等职业教育专科、高等职业教育本科不同层次专业，共设置19个专业大类、97个专业类、1349个专业，其中，中职专业358个、高职专科专业744个、高职本科专业247个。

2022年，教育部发布了《职业教育专业简介》。在《职业教育专业简介》研制过程中，教育部积极汇聚行业力量、充分发挥其智库作用，分析岗位需求、固化教改成果，组织上万名专家学者共同研制。成稿过程中先后吸收中国科学院、中国工程院院士建议88条，吸收地方和行业部门意见5700余条。《职业教育专业简介》充分体现了新职业教育法的要求，全面展现了职业教育各层次、各专业人才培养的要素和环境要求，填补了职业本科专业简介的空白。《职业教育专业简介》立足增强职业教育适应性，体现中职、高职专科、高职本科的人才培养的定位区别与关联，更新了职业面向、课程体系，拓展了能力要求，增列了实习场景、接续专业、职业类证书等。这些变化有利于提高职业教育专业适配产业升级的响应速度，为学校制订人才培养方案提供了基本遵循，为学生报考职业院校及继续深造提供了指导，为校企合作提供了依据，为用人单位录用毕业生提供了参考。综上所述，职业教育初步形成了"内容完整、门类齐全、上下衔接"的教学标准体系。

（二）院校端职业教育人才培养（外部循环）

职业院校的教学目标是教学计划与实施过程的连接点，在教师推进教学进程、选取教学方法、调整教学内容等方面发挥牵引作用。教师要以职业院校办学定位、学生就业发展为核心，设定满足市场诉求、承接企业发展要求、实现学生自我发展需求的"三螺旋"教学目标。

在理论教学过程模块，职业教育"三螺旋"教学模式将政府教育规划、扶持性优惠政策与宏观调控机制融入教学设计体系，将企业运营计划、产业发展案例和相关领域资源嵌入教学课程体系，同时将智能信息平台、智慧教学系统、数字教学课堂归入课程教法体系。在实践教学过程模块，职业教育"三螺旋"教学模式以校内技能教育、企业技能实训与校企技能指导为基础建设实践教学课程体系，以企业一线实践、"双师型"教师建设与校企项目合作为关键建设实景教学课程体系。教学目标既包括以学习专业知识、掌握技术技能、培养职业素养为基础的课程目标，也包含集理论教育、实践教育和创新教育于一体的发展目标。

从这一角度而言，"三螺旋"教学模式侧重于学生全面发展，将学生的知识、素质与技能培育置于首位，体现出技能型社会对于高质量应用型技能人才的要求。职业教育"三螺旋"教学目标肩负指导课程教学、制定教学策略的重大使命，依托于政校企有机联动，有助于优化教育资源配置，形成多元化育人合力，打造多主体跨界教学环境。

（三）企业端职业教育人才培养（外部循环）

产教融合是推动教育优先发展、人才引领发展、产业创新发展、经济高质量发展相互贯通、相互协同、相互促进的战略性举措，是国家基于应用型技能人才培养目标提出的新型教学理念。产教融合具有提高职业院校教师业务水平、促进地方经济提质增效、推动职业教育高质量发展等优势，可为产业市场输送具备过硬创新创造能力的应用型技能人才。

成立产教融合教学合作联盟，是以企业为核心腹地，借助一线技师讲解、实地参与训练、岗位技能实践等形式，开展的一种新型教学范式。在技能型社会建设的背景下，企业在政府部门的积极扶持下，创建了"厂中校"产教融合教学合作联盟，有机衔接教育链与产业链，从而有效提高了岗位人才的培养质量。此外，政府应立足国家战略规划，制定"校+厂"管理政策，具体包括：协调校企合作难点、提供"牵线搭桥"服务、进行产教融合型企业布局，这些措施为创建产教融合教学合作联盟和服务技能型社会提供了助力。在人工智能、大数据、VR等技术的支持下，创建"校中厂"产教融合教学合作联盟，稳步提升了"三螺旋"教学模式应用水平。

二、内循环协同机制

（一）政府端职业教育人才培养（内部循环）

政府端依托政策调控、标准制定和制度执行，积极引导行业企业与职业院校开展高效合作，并指导职业院校开展符合教育教学规律的教育教学工作。政府要对企业发展、人才培养进行政策指导和机制保障，全面统筹区域内的知识、技术、人才、企业、信息等资源，构建区域内发展绩效和人才供给的有机体系。

高职学校的人才培养，既要体现出对接产业的适应性，也要符合职业教育的人才培养规律。政府首先要出台指导职业教育运行的政策法规、职业大典、专业教学标准、专业简介等标准性文件，以及关于人才培养方案的实施意见、关于产业工人的培训指导意见、关于职业技能等级鉴定的实施方案等。其次，在文件落地实施的过程中，政府要做好文件的解读、指导、宣传、落实、监督、评价、改进等工作，确保落实的效能。最后，政府还要关心教育主体对各种满意度的测评，确保教育的利益相关方参与到教学评价中，为育人工作提出可行的改进意见和措施。为强化各方主体责任意识，政府要做到通过制度约束，规范引导学校和企业参与制定实施方案，监督职业教育教学管理工作。

（二）职业院校端职业教育人才培养（内部循环）

职业院校不仅要引导学生学习知识，包括基础理论知识、专业知识、行业通用知识及职业拓展知识，为技能型社会建设夯实基础；还要引导学生提升自身素养，包括理想、道德、纪律、责任等方面的素养，为培养具备过硬素质的技能人才、服务技能型社会打下坚实基础。职业院校还要着力提高学生的理实一体水平，培养具有职业特定技能、企业岗位操作技能、顶岗实习能力的新时代技能人才。

（三）企业端职业教育人才培养（内部循环）

产教融合作为职业教育人才培养的战略性举措，是推动教育、人才、产业、经济相互贯通、相互协同、相互促进的关键路径。产教融合能提高职业院校教师业务水平、促进地方经济提质增效、推动职业教育高质量发展，有助于为产业市场输送具备过硬创新创造能力的应用型技能人才。从这一角度出发，创建"校+厂"产教融合教学合作联盟对于实施"三螺旋"教学模式、深化校企合作育人成效具有重要意义。

第四节 本章小结

亨利·埃茨科威兹首次将三螺旋的理论引入社会学领域，并指出政府、院校、产业是知识经济时代发展的三大要素。三螺旋理论为职业教育教学及研究提供了理论支撑。

职业教育在高素质技能人才培养方面，要遵循三螺旋理论，以服务区域发展、服务产业发展、服务学生成才为理念，不断提升技术技能人才培养质量和技术技能创新服务能力。职业院校应在公共基础课程中增加与"政策解读、能源前景、碳足迹管理"相关的绿色低碳类通识课程，培养学生绿色低碳核心素养；在专业基础课程中增加"绿色能源、绿色制造、绿色交通、绿色建筑产业概论课程"，将产业流程、操作规范等要素融入课程体系，帮助学生建立绿色低碳知识图谱；在专业核心课程中增加"绿色低碳导论"等课程，帮助学生形成系统的绿色低碳知识体系；在专业选修课程中增加"低碳新技术、资源再利用"等课程，帮助学生了解高耗能行业碳中和技术的应用，提高解决"碳排放管理、碳足迹核算"问题的能力。职业院校教师应通过参与企业项目研发、技术改造、碳排放管理等工作，完善自身知识能力体系，丰富课程教学内容。

第五章　绿色低碳岗位能力开发

在全球生态环境风云变幻、气候危机警钟长鸣的当下，绿色低碳转型已从理念倡导，深度融入经济社会发展的每一寸肌理，成为时代前行的核心旋律。这一历史性变革，不仅重塑着产业格局，更对人力资源的能力素质提出了前所未有的要求。绿色低碳岗位，作为这场变革的前沿阵地，承担着推动经济与环境和谐共生的重任。从新能源领域的技术攻坚，到传统产业的节能减排改造，从城市规划的绿色智慧布局，到乡村生态振兴的精细实践，每一个关键环节都呼唤着具备专业素养与创新能力的人才。

然而，现有的人才能力体系与绿色低碳快速发展的需求之间，仍横亘着诸多沟壑。如何精准剖析绿色低碳岗位所需能力，构建科学有效的能力开发体系，成为亟待破解的关键命题。

第一节 绿色低碳职业的兴起和发展趋势

近年来,在"双碳"目标的指引下,碳汇计量评估师、综合能源服务员、煤提质工等一批与绿色低碳相关的职业应运而生。绿色低碳的职业活动具有"环保、低碳、循环"等特征,注重生产生活与生态环境的可持续发展。这些职业涉及生态环境监测、保护、治理,绿色新能源生产,废弃物回收、利用及与之相关的科学研究等,绿色低碳职业分类折射出经济社会发展的变迁。

一、绿色经济带动绿色低碳职业的兴起

(一)绿色经济的产生

自工业革命以来,特别是在过去的几百年中,人们大量依赖并过度开采廉价的自然资源,同时将产生的废弃物直接排放到自然环境中。这种掠夺式、破坏式的发展并没有让人类充分意识到自然资源的稀缺性和生态环境有限的承载能力。而当能源枯竭、生态失衡、气候变化等问题日益凸显并威胁人类生存时,人们才逐渐意识到,当前的发展方式已经成为制约经济社会可持续发展的重大障碍,并越发明白人类社会不可能凌驾于自然环境之上独立运行,自然资源的挥霍和生态环境的紊乱会制约人类社会的发展。

近年来,"绿色经济"这一概念逐渐由学术界的研究课题变成各国政府普遍关注的焦点,也成为人类寻求可持续发展道路、打破经济社会发展瓶颈的救命稻草。1989年,英国环境经济学家皮尔斯(Daivd Pearce)等在其著作中首次提出"绿色经济"的概念,从环境经济学角度探讨经济与环境协调发展的可能性,强调通过对环境资源的合理利用与保护来实现经济的可持续增长。进入21世纪,联合国等国际组织发挥了重要推动作用。2008年,联合国环境规划署发起"绿色经济倡议",将"绿色经济"定义为可促成提高人类福祉和社会公平,同时显著降低环境风险和生态稀缺性的经济发展模式。这一倡议旨在引导各国将经济发展与环境保护紧密结合,通过发展可再生能源、资源循环利用、生态保护等绿色产业来推动经济转型。此后,在全球应对气候变化、资源短缺等诸多挑战的大背景下,绿色经济的概念不断得到丰富和完善,各国也纷纷结合自身实际情况制定相关政策和战略,积极推动绿色经济的发展,使其逐渐成为实现全球可持续发展的重要途径。

(二)绿色职业的兴起

在绿色经济的大环境下,职业作为人们参与社会分工的基本形式,这一点依旧保持不变。不过,经济对职业有着决定性影响。一方面,它推动人们去研发并运用契合绿色经济需求的生产资料与资源组合。如此一来,就能有效把控生产环节,提升能源利用效率,同时减少污染及资源浪费等情况。另一方面,经济的这种作用还会让职业主体以全新的价值

观和评判标准去考量职业的价值。这进一步促使职业主体对自身的知识与技能结构做出改变与更新，并且对其职业价值观和道德观也产生相应的影响。

1. 国外绿色职业的兴起过程

20 世纪 60 年代以来，全球环境问题逐渐凸显，《寂静的春天》等著作的出版引发了人们对环境保护的关注，一些与环保相关的工作开始出现。早期绿色职业的萌芽与意识开始觉醒，但尚未形成明确的绿色职业概念。20 世纪 90 年代以来，欧美等发达国家陆续出台一系列环保政策和法规，如欧盟的环境行动计划等，促使企业加大对环保技术和设备的投入，与之相关的职业，如环境工程师、能源审计师等开始兴起，这些职业主要集中在污染治理、能源管理等领域。经历过金融危机后，欧盟、美国等纷纷制定以绿色能源技术、绿色制造产业为核心的战略计划，标志着绿色工业革命进入新时代。绿色经济战略成为引领经济社会全面发展的新引擎。大量新的绿色职业涌现，这些职业遍布可再生能源领域。例如太阳能工程师、风能技术员，以及绿色建筑领域的绿色建筑设计师等，它们广泛覆盖了从研发、生产到服务的多个环节。

近年来，国外绿色职业的发展进入新的阶段，一方面继续在新能源、环保技术等领域深化拓展；另一方面，也面临着一些挑战，如政策的不确定性、技术更新换代导致的职业技能要求变化等。

2. 国内绿色职业的兴起过程

20 世纪末到 21 世纪初，随着国际上可持续发展理念的传播，我国开始逐渐关注经济与环境的协调发展，一些科研机构和企业开始涉足环保领域的研究和实践，出现了少量与环保相关的职业，如环境监测员等，绿色职业的理念开始逐步引入我国。党的十四届五中全会首次提出实行可持续发展战略，此后，我国在"十五"至"十三五"时期积极推进可持续发展战略的实施，并逐渐明确绿色发展主题。在此期间，我国在节能减排、资源循环利用等方面出台了一系列政策措施，政策的引导积极推动了相关绿色职业的发展，如能源管理师、碳排放管理员等职业开始受到关注。党的十八大以来，我国加快推进生态文明建设，明确提出"双碳"目标，绿色发展成为经济社会高质量发展的重要任务。这一时期，绿色职业呈现蓬勃发展态势。不仅传统产业的绿色转型催生了大量新职业，如绿色钢铁工程师、化工环保技术员等，新兴绿色产业更是创造了众多就业机会，如新能源汽车制造、光伏产业等领域的各类技术和服务岗位。2015 年，人力资源社会保障部修订《中华人民共和国职业分类大典》，将部分社会认知度较高、具有显著绿色特征的职业标识为"绿色职业"。到了 2022 年，新版大典中确定了 134 个绿色职业，约占职业总数的 8%，这标志着中国绿色职业开始走向专业化、规范化的发展道路，同时为相关职业教育和培训提供了明确的指引。

二、不同行业中绿色低碳岗位的涌现

近年来，碳排放管理员、环境监测员、太阳能利用工等新兴绿色职业得到越来越多的认可。2022年版《中华人民共和国职业分类大典》标识了134个绿色职业，其中涉及节能环保领域17个，清洁生产领域6个，清洁能源领域12个，生态环境领域29个，基础设施绿色升级领域25个，绿色服务领域45个。对于我国来说，不仅需要不断加强绿色低碳技术创新，还需要持续壮大绿色低碳产业，以能源、制造、建材、交通、航空等多个行业领域扎实的人才支撑托举我国生态文明建设和经济高质量发展。

（一）能源行业

1. 可再生能源领域

随着太阳能、风能等可再生能源的快速发展，相关技术岗位需求旺盛。例如，太阳能工程师，负责太阳能电站的设计、建设与维护。风能技术员，从事风电场的选址、风机安装调试及运维等工作。此外，还有储能系统工程师，专注储能技术研发与应用，以解决可再生能源的间歇性问题，提高能源供应的稳定性。

2. 传统能源领域

传统能源领域为实现低碳转型，增设了许多绿色低碳岗位。例如，煤炭企业中的煤炭清洁利用工程师，致力于研发和应用煤炭清洁燃烧、高效转化等技术，减少煤炭利用过程中的污染排放。石油石化企业中的节能减排工程师，负责优化生产流程，降低能源消耗和温室气体排放。

知识链接

海上逐风者——陈强的风电运维之路

陈强是一位就职于某大型能源公司海上风电场的风能技术员，负责保障海上风电机组的稳定运行。海上风电场的工作环境十分恶劣，机组常年经受强风、暴雨、海水腐蚀等考验，运维难度极大。

2023年7月的一个深夜，一场强台风突然来袭。海上风电场监控系统发出警报，一台风机的叶片传感器出现异常数据，可能导致叶片失控，进而引发风机严重损坏。陈强与应急小组紧急出动，在狂风巨浪中乘船驶向故障风机。船只在波涛中剧烈摇晃，随时有翻覆的危险，但陈强一心只想着尽快修复风机，减少损失。

抵达风机所在处后，陈强穿戴好安全装备，开始攀爬近百米高的塔筒。强风呼啸，塔筒晃动，每向上攀爬一步都需要极大的勇气和体力。终于到达机舱，他迅速对叶片传感器进行检测，发现是传感器因海水腐蚀出现了故障。在狭小的机舱内，陈强克服身体的不适与空间的局限，熟练地更换传感器，并对周边设备进行全面检查，确保没有其他隐患。经过数小时紧张作业，风机恢复正常运行，此时天已破晓，陈强疲惫却欣慰地看着重新转动的叶片。

在日常工作中，陈强积极参与技术革新。他发现传统的风机润滑系统维护成本高且效率低，便提出优化方案。他与团队成员深入研究，经过多次试验，成功研发出一套新型智能润滑系统，不仅延长了设备使用寿命，还降低了30%的维护成本，每年为海上风电场节省大量资金。

（二）制造业

1. 绿色产品设计与研发

制造业十分关注产品全生命周期的环保性与可持续性。在注重产品全生命周期绿色设计的过程中，催生了绿色产品设计师岗位。他们以环保理念为核心，开展产品设计，通过调研可持续材料与工艺，优化产品结构与功能，确保产品在全生命周期内降低对环境的影响。

2. 智能制造

智能制造与能源管理技术的应用推动了制造业的绿色低碳转型，催生出一系列相关岗位。例如，工业物联网工程师，负责构建和维护工厂的物联网系统，实现设备的互联互通和智能化管理。能源管理系统工程师，通过建立能源管理平台，对企业的能源消耗进行实时监测、分析和优化，提高能源利用效率。

（三）建筑行业

随着绿色低碳转型的持续推进，企业越发注重产品的全生命周期绿色设计，催生出建筑节能设计师岗位。他们依据节能标准与规范，开展节能设计。同时，选用节能材料与设备，模拟分析能耗，优化设计方案，致力于降低建筑能耗，提升能源利用效率，实现建筑节能目标。

（四）交通运输行业

1. 新能源汽车领域

新能源汽车的迅猛发展带动了整车制造、电池研发、充电设施建设等多个环节的就业增长。例如，新能源汽车工程师，涵盖了汽车电子、动力系统、自动驾驶等多个专业方向。电池技术专家，专注电池的研发、生产和性能优化。充电桩安装维护工程师，则负责充电桩的选址、安装、调试和日常维护，保障新能源汽车的充电需求。

2. 智能交通与物流优化

智能交通系统的建设和应用有助于提高交通运输效率，减少能源消耗和尾气排放。相关岗位如交通信号优化工程师，通过智能交通技术调整信号灯配时，缓解交通拥堵。物流规划师则借助大数据、人工智能等手段，优化物流配送路线，降低运输过程中的能源消耗。

（五）金融行业

1. 绿色金融产品创新

随着绿色金融的兴起，金融机构纷纷加大对绿色项目的投资和支持力度，鼓励对绿色金融产品的创新，同时增加了对研发人员的需求。例如，绿色金融分析师负责评估和筛选绿色金融项目，为投资者提供专业建议；可持续金融产品经理负责设计和推出各种绿色金融产品，如绿色信贷、绿色保险等，以满足市场对绿色金融服务的需求。

2. 环境风险评估与管理

环境风险分析师能帮助金融机构有效防范环境风险，加强对投资项目的环境风险评估和管理。环境风险分析师通过对企业和项目的环境影响进行评估，为金融机构作出决策提供依据。

（六）农业领域

1. 绿色低碳农业技术研发

绿色低碳农业技术的研发和应用对实现农业的可持续发展至关重要。相关岗位如农业生态工程师，致力于研究和推广生态农业模式，提高农业生态系统的稳定性和碳汇能力。

2. 农产品质量与环境监管

消费者对绿色农产品的需求增加，促使企业加强对农产品质量和生产环境的监管。农产品质量安全检测员负责对农产品中的农药残留、重金属等指标进行检测，确保农产品质量安全。农业环境监测员负责对农田土壤、水体、大气等环境要素进行监测，保障农业生产环境的良好状态。

知识链接

碳排放管理员

控制企业碳排放额度，是不少国家实现"碳中和"目标的关键手段之一。在全球绿色转型过程中，"买卖"二氧化碳排放权成为一种主流。因此，碳排放管理员的重要作用不言而喻。碳排放管理员的主要职责包括：监测企事业单位碳排放现状，如数据收集与核算、核查碳排放报告准确性、制定减排方案并推动其实施、开展碳排放相关宣传培训、协助完成碳交易相关工作等。碳排放管理员的需求不再仅仅局限于传统的高碳排放行业，而是延伸至金融、互联网、制造业等众多领域，从业人员有了丰富的就业选择。

建筑节能减排咨询师

城市建筑尤其是商业建筑的节能降碳是实现可持续发展的重要一环。如何科学降低建筑的碳排放，建筑节能减排咨询师可以给出一套"绿色方案"。建筑节能减排咨询师的主要职责是评估建筑能耗现状，分析节能潜力，制定节能减排方案，开展相关培训宣传，协助监测建筑能耗数据，确保节能减排目标达成等。建筑节能减排咨询师不仅要精通建筑节能标准、规范及政策法规，了解建筑热工、暖通、照明等原理，掌握能源管理、环境科学知识；还要能熟练运用能耗模拟软件分析能耗与预测效果，具备较强数据分析能力解读数据并提建议；此外还需掌握项目管理技能，保障项目实施。

第二节 "双碳"人才需求的动因分析与预测

"双碳"目标的实现，犹如一场涉及能源、工业、交通、建筑等多领域的深刻变革。从传统高碳产业的绿色转型，到新兴低碳技术的蓬勃发展，每个环节都需要专业人才的智慧与力量。下面将深入剖析"双碳"人才需求背后的驱动因素，从政策导向、技术革新、市场需求等多个维度，探寻人才需求产生的根源，并对未来"双碳"人才的需求趋势做出前瞻性预测，为人才培养与储备提供指引。

一、影响绿色低碳岗位的因素

（一）政策制度因素

1. 积极引导产业发展，创造岗位需求

政府通过出台补贴政策、税收优惠等，扶持太阳能、风能、水能、核能等新能源产业发展。如2022年，我国可再生能源发电新增装机1.52亿千瓦，占全国新增发电装机的76.2%，其中风电新增装机3763万千瓦、太阳能发电新增装机8741万千瓦。产业扩张促使新能源研发、生产、安装、运维等岗位需求大增，据脉脉2023年人才报告数据显示，2022年新能源汽车职位需求量增长198.9%。我国已经制定了严格的节能减排目标和环保标准，并积极推动传统高耗能、高污染企业进行技术改造和转型升级。这一举措推动了能源管理师、节能工程师、环保咨询师等众多新兴职业的诞生，这些专业人士致力于为企业提供节能减排方案和技术支持，帮助企业实现绿色发展。

2. 加大资金支持和投入，带动岗位增加

政府通过直接投入资金推动绿色低碳项目（如生态修复项目等）建设，这些项目需要大量的专业人才（如交通规划师、园林设计师、生态学家等）参与，直接创造了众多就业机会。同时通过政策引导，吸引社会资本进入绿色低碳领域，设立绿色产业基金，发行绿色债券等。这为相关企业提供了资金支持，有助于企业扩大规模、增加研发投入，进而带动上下游产业链的发展，增加了从研发到生产、销售、售后等环节的岗位需求。

3. 建设完善人才培养体系，保障岗位供给

教育部在2022年印发《加强碳达峰碳中和高等教育人才培养体系建设工作方案》，旨在推动高校设置碳储科学与工程、氢能科学与工程、可持续能源等新专业，培养绿色低碳领域的专业人才，为未来的岗位需求提供人才储备。同时积极开展各类绿色低碳职业技能培训和认证，提高劳动者的专业技能和素质，使其能够适应绿色低碳岗位的要求。

4. 制定标准规范，提升岗位专业性

通过制定绿色低碳行业的技术标准、产品标准、服务标准等，进一步规范市场秩序，提高行业门槛，促使企业提升技术水平和管理能力。掌握相关行业标准和规范能确保企业的生产经营活动符合要求，企业对专业人才的需求也随之增强。例如，建筑节能标准的实施，增加了对建筑节能咨询师等专业人才的需求。再如，碳核查员、能源管理师等职业资格认证，不仅强化了人才的专业性，也极大地提升了其在行业中的认可度。在此背景下，企业在招聘和用人时，更倾向于选择具有相关职业资格证书的人员。这一趋势推动从业人员不断学习进步，积极获取相应的职业资格认证，以更好地满足企业对专业人才的需求。

5. 加强市场监管力度，优化岗位结构

通过加强对企业碳排放、污染物排放等环境指标的监测和监管，促使企业加大环保投入，减少污染排放。这不仅创造了环境监测、污染治理等方面的岗位需求，还促使企业内部的生产、管理等岗位向绿色低碳方向转变。例如，碳排放监测员、环保专员等优化了企业的岗位结构。同时，随着消费者对低碳产品的需求增加和政府对产品碳足迹管理的加强，企业需要对产品的全生命周期进行碳足迹核算和管理，从而增加了对碳足迹分析师、生命周期评估师等专业人才的需求，推动企业从产品设计、原材料采购、生产加工到销售等环节进行绿色低碳改造，进一步优化了整个产业链的岗位结构。

（二）社会意识因素

社会意识是社会生活的精神方面，是社会存在的反映。它包括个体意识和群体意识。在环境问题日益突出的当下，绿色低碳意识逐渐成为社会意识的重要组成部分。这种意识的形成主要源于对全球气候变化、资源短缺等环境危机的认知。随着公众对环境问题关注度的不断提高，绿色低碳意识开始深入人心。越来越多的消费者倾向于购买具有环保认证的产品，如节能电器、有机食品等。这种消费观念的转变，促使企业调整生产策略，向绿色低碳生产方式转型。

1. 社会意识影响企业行为，进而改变岗位需求

从生产方式转型方面来看，企业为了顺应绿色低碳的社会意识，开始采用更环保的生产技术和设备。比如，制造业企业可能会引进先进高效的工业锅炉、节能型电机等节能减排设备。这就需要专业的技术人员来安装、调试和维护这些设备，从而增加了绿色低碳设备工程师等相关岗位的需求。在产品设计环节，企业也会考虑产品的整个生命周期的碳排放。这使企业需要招聘具有绿色设计理念的产品设计师，这些设计师要能够在保证产品性能的同时，尽可能地减少材料的使用并降低产品在使用过程中的能耗等。从供应链管理方面来看，绿色低碳意识促使企业构建绿色供应链。企业在选择供应商时，会更加注重其环

保标准。这就需要有专门的供应链管理人员来评估供应商的绿色资质,包括原材料的来源是否可持续、生产过程是否符合环保要求等。例如,一家服装企业在选择面料供应商时,会要求供应商提供面料生产过程中的碳排放数据,并且要求其采用环保印染技术。这种变化增加了对绿色供应链管理岗位的需求。从市场营销方面来看,企业为了向消费者传达自身的绿色低碳理念,需要开展绿色营销活动。这就需要有绿色营销专员,他们要熟悉环保政策和标准,能够准确地向消费者宣传产品的绿色优势。例如,一些新能源汽车企业通过宣传其车辆的零排放或低排放特点,吸引消费者购买。这些绿色营销专员要能够制作有针对性的营销材料,如宣传册、广告等,突出产品的绿色低碳特点,从而又增加了企业对这种岗位的需求。

2. 社会意识影响政策制定,也间接影响岗位需求

随着绿色低碳社会意识的增强,政府会出台一系列相关政策。例如,政府会对绿色产业给予税收优惠、财政补贴等。这会吸引更多的企业进入绿色低碳领域。为了达到政府规定的节能减排目标,企业需要开展能源审计等工作。因此,能源审计师这个岗位应运而生,他们可以帮助企业评估能源使用情况,提出节能改进方案。同时,政府对高污染、高能耗产业进行限制和改造,这也会促使这些产业中的企业进行绿色转型,增加了绿色低碳改造工程师等岗位的需求。

二、"双碳"人才结构的预测

作为国家未来的发展方向,"双碳"目标贯穿于经济社会的发展全过程,"双碳"目标的实现离不开各领域人才的通力协作。目前,我国"双碳"专业人才主要分布于试点的履约企业、第三方机构、碳排放交易所、部分金融机构和高校等。随着"双碳"目标对各行业影响的深入,人才缺口也随之出现。数据显示,"十四五"期间,我国需要的"双碳"人才为55万名至100万名。目前,相关从业人员仅有10万名左右,存在较大人才缺口。

第三节 产业与职业岗位的匹配分析

目前,"双碳"岗位需求和人才供给存在失衡现象。从招聘企业视角看,求职者资历不够,知识储备和能力类型与企业要求有一定差距;从应聘者视角看,存在获取招聘信息的渠道较少、理想岗位少、知识储备不足等现象。

一、供需错配

(一)供需错配的主要表现

1. 结构错配

结构错配的一个主要表现是学历结构失衡。"双碳"岗位对人才学历要求为本科及以上的岗位占比55.04%,而"双碳"领域本科学历人才供给占比一直保持在92%以上。同时,高学历人才占比与岗位需求不匹配,硕博学历人才供给相对较少,难以满足一些对专业知识和研究能力要求较高的岗位需求。结构错配的另一个主要表现是学科背景失衡。在具有本科学历的"双碳"人才中,86%的人只有工程学科专业相关知识,而"双碳"相关岗位往往需要具备跨学科知识,如同时具备环境科学、经济分析、企业管理、法律等相关知识,具有单一学科背景的人才难以满足岗位的复合需求。

2. 质量错配

质量错配主要体现在两方面。一是实践技能欠缺。大部分从业人员来自能源、环境等传统专业或者有相关实战经验,但对"双碳"行业不够熟悉,缺少必要的岗位技能,难以满足企业的用人要求。企业工作场景复杂多变,对经验丰富的复合型技能人才需求迫切,这也对"双碳"人才的多样性提出了更高的要求,对现有人才培养体系构成了挑战。二是专业衔接不足。国内院校普遍缺乏与"双碳"直接相关的专业,课程结构不够完善,人才培养难以快速适应产业发展的节奏和企业的需求。2021年以来,虽然本科院校新增氢能科学与工程、碳储科学与工程、能源经济等相关专业共11个,但人才培养的周期性使得这些新增专业难以满足当下的人才需求。同时,且本、硕、博阶段的专业设置与当下社会职业分类中的碳管理、碳排放核算、碳市场交易、碳中和技术还存在衔接不紧密的情况,一个贯通协同的人才培养体系亟待建立。

(二)供需错配的主要原因

1. 行业发展迅速

近年来,新能源汽车、光伏、氢能等与"双碳"相关的行业发展速度极快,其技术迭代和市场规模扩张都超出了预期,对人才的需求也随之快速增长且不断变化,而人才培养体系的建设和完善需要一定的时间周期,无法及时跟上行业发展的步伐,导致人才供给滞后于需求。

2. 教育体系不完善

国内院校中与"双碳"直接相关的专业设置较少,且新增专业的人才培养还需要时间来形成规模,短期内难以满足市场需求。同时课程体系不健全,现有相关专业的课程体系中,有关"双碳"的专业课程不够丰富,缺乏系统性和深度,导致学生对"双碳"领域的知识和技能掌握不足。另外,师资力量薄弱也是导致供需错配的一个原因,既懂专业知识又有实践经验的"双碳"专业教师相对匮乏,教师自身的知识结构和实践能力可能无法完全满足教学需求,影响了人才培养的质量。

3. 人才培养与市场需求脱节

院校在人才培养过程中,与企业的合作不够深入,对市场需求的了解不够及时和准确,导致培养出来的人才在知识结构、技能水平和实践能力等方面与企业实际需求存在差距。同时,职业培训体系不完善。社会上针对"双碳"领域的职业培训还不够成熟和完善,无法为求职者提供系统、有效的职业技能提升渠道,难以满足企业对人才的多样化需求。

4. 行业认知和职业吸引力不足

一方面,公众认知有限。部分求职者对"双碳"行业的了解不够深入,对其发展前景和就业机会认识不足,报考相关专业或从事相关职业的意愿不强,进而影响了人才供给的数量和质量。加之部分人认为"双碳"行业受政策影响较大,存在一定的不确定性,担心职业发展的稳定性,从而对进入该行业持谨慎态度。

5. 受地域差异的限制

一线城市和经济发达省份的绿色岗位集中度较高,而二、三线城市及经济欠发达省份的绿色岗位需求则相对较少。对于希望从事绿色工作的求职者而言,地域限制和迁移成本增加了求职难度,人才在地域分布上不均衡,进一步加剧了部分地区的人才供需矛盾。

二、"双碳"人才结构的建议

(一)市场是调节"双碳"人才结构优化的基础

1. 需求导向引领人才培养方向

市场是各类产业发展与经济活动的集合体,能精准反映实现"双碳"目标的过程中各行业对人才的实际需求。例如,随着新能源汽车行业的蓬勃发展,市场对电池研发工程师、智能网联技术专家等相关人才的需求大增。以比亚迪为例,其业务扩张促使对电池技术研发、自动驾驶算法等领域人才的需求不断攀升。企业基于市场需求发布招聘信息,直接向教育机构和潜在人才传递信号,引导院校增设新能源汽车工程等专业,加强电池技术、自动驾驶等课程教学，培养适配行业需求的专业人才。

市场不仅能明确行业所需人才的大致方向，还能细化到对具体岗位技能与素质的要求。在碳交易市场，专业的碳交易员不仅要掌握碳排放核算方法，还需要熟悉金融市场规则与交易策略。这种细致的岗位需求促使培训机构和院校在人才培养过程中注重实践操作与跨学科知识融合，优化课程体系，提升人才与岗位的匹配度。

2. 价格机制调节人才资源配置

市场通过薪资待遇引导人才向"双碳"领域不同行业和岗位流动。在光伏产业发展初期，为吸引顶尖技术人才，相关企业往往提供极具竞争力的薪酬福利。例如，某光伏企业为吸引光伏材料研发高端人才，给出高额年薪及股权激励的待遇。随着行业发展成熟，不同岗位薪资会根据市场供需动态调整，引导人才在行业内合理分布，如从基础生产岗位向技术研发、产品销售等岗位流动。

对于院校和企业而言，市场价格机制会影响其人才培养投入决策。若某类"双碳"人才（如氢能技术工程师）因市场需求大、薪资高，院校会加强在该领域的师资建设、增加实验设备等投入，以吸引更多学生报考相关专业。企业也会增加内部培训资源，培养此类人才。反之，若某类人才供过于求，薪资下降，各方投入会相应减少，从而优化人才培养结构。

3. 竞争机制推动人才质量提升

在"双碳"市场中，企业为获取竞争优势，对人才质量提出更高要求。如在风电产业，金风科技、远景能源等企业为争夺市场份额，不断研发新技术、推出新产品，其对高素质研发、生产与管理人才的需求不断增加。这种企业间的竞争促使人才不断提升自身技能与知识水平，形成"你追我赶"的学习氛围。同时，企业会加强对人才的筛选，优先录用具备创新能力、实践经验丰富的人才，激励人才提升职业素养。

在就业市场上，"双碳"人才之间的竞争也十分激烈。求职者为获得更好的职业发展机会，会主动学习新知识、新技能，考取相关证书（如碳排放管理师证书等）。这种自我提升行为有助于提高整个"双碳"人才队伍的质量，满足市场对高质量人才的需求，推动人才结构向更高层次优化。

4. 市场信息传导优化人才培养与供给

市场通过各类招聘平台、行业报告等渠道，实时传递"双碳"人才供需信息。教育机构和企业可依据这些信息，及时调整人才培养计划与招聘策略。例如，智联招聘等平台定期发布的行业人才供需报告，能让院校了解到哪些"双碳"专业人才需求旺盛，从而调整招生规模与培养方案。企业也能据此制定更精准的人才引进计划，避免人才的过度储备或短缺。

市场信息的有效传导，促使院校、科研机构与企业加强合作。企业将市场需求反馈给院校和科研机构，三方联合开展科研项目与人才培养活动。例如，清华大学与多家能源企业合作，针对能源高效利用与碳排放降低开展科研攻关，并共同培养"双碳"领域专业硕士，这种合作模式使人才培养更贴合市场实际需求，优化了人才供给结构。

（二）经济发展是"双碳"人才结构优化的前提

1. 提供行业支撑

经济发展到一定阶段，产业结构不断升级，为实现"双碳"目标，会催生一系列新兴行业，如新能源行业等。这些新兴行业的兴起创造了大量与"双碳"相关的工作岗位，从研发、生产到运营管理，涵盖多个领域。例如，如隆基绿能等企业不断扩大规模，从硅片制造、电池片生产到组件封装，各环节都需要诸如光伏材料研发工程师、生产工艺工程师、项目运营管理人员等专业人才，这就促使人才结构向"双碳"领域的新兴行业方向优化。

经济发展也促使传统高耗能行业，如钢铁、水泥、化工等行业，为适应"双碳"要求进行绿色转型。在转型过程中，传统行业对人才的需求发生变化，需要既懂专业知识又掌握"双碳"相关知识和技能的复合型人才。例如，宝武钢铁集团在推进绿色低碳转型过程中，引入数字化能源管理系统，需要相关技术人才来实现能源的高效利用和碳排放的精准监测与控制。这就使传统人才结构逐渐向具备"双碳"技能的方向优化。

2. 保障资金投入

经济发展带来的财政收入增加，使政府有更多资金投入教育领域，完善与"双碳"相关的教育体系。一方面，加大对院校"双碳"专业建设的支持，包括引进专业师资、建设实验室、开设相关课程等。例如，近年来一些经济发达地区的院校，在政府资金支持下，成立了碳中和学院，投入大量资金用于购置先进的实验设备，吸引国内外顶尖专家学者任教，为"双碳"人才培养提供了良好的硬件和软件条件。另一方面，支持职业教育发展，培养掌握"双碳"知识的技能型人才。政府通过补贴、项目支持等方式，鼓励职业院校开设与"双碳"相关的专业课程，如新能源汽车维修、碳排放核算等，为企业输送实用型人才。

企业作为经济发展的主体，在经济发展良好的情况下，有更多资金用于人才培养和引进。企业可以组织内部培训，邀请行业专家为员工进行"双碳"知识和技能培训，也可以与高校、科研机构合作开展人才培养项目，共同培养符合企业需求的"双碳"人才。例如，宁德时代通过"校企合作"，投入资金支持学生参与企业的电池研发项目，培养既懂理论知识又具备实践能力的专业人才。同时，企业还可以凭借充足的资金，从国内外引进高端"双碳"人才，优化自身人才结构，进而带动整个行业人才结构的优化。

3. 营造创新环境

经济发展为科技创新提供了良好的环境和动力，在"双碳"领域，科技创新对于人才结构优化具有重要推动作用。随着经济实力的增强，企业和科研机构有更多资源投入"双碳"技术研发中，这一变化有助于吸引大量创新型人才投身其中。例如，在氢能领域，随着经济发展带来的资金和政策支持,众多科研机构和企业加大研发投入,开展氢燃料电池技术创新。这吸引了包括材料科学、电化学、机械工程等众多学科的创新人才,他们通过跨学科合作,推动氢能技术不断突破,同时促使人才结构向跨学科、创新型方向优化。

经济发展还能够加速"双碳"科技创新成果的转化,为创新型人才提供更多的实践机会和发展空间。当创新成果能够在市场上实现商业价值时,会进一步激励更多人才投身"双碳"创新领域。例如,一些经济发达地区建立了"双碳"科技成果转化平台,为科研人员和企业搭建桥梁,将碳捕集技术、可再生能源存储技术等创新成果快速转化为实际产品或服务。这不仅为创新型人才提供了展示才华的舞台,还吸引了更多人才从事相关领域的研发和应用工作,推动人才结构不断优化。

4. 提升社会认知

经济发展水平的提高,使人们对生活质量和环境质量有了更高的追求,从而更加关注环境保护和可持续发展。这种社会观念的转变,使"双碳"理念得到更广泛的认同和重视。例如,随着中国经济的发展,公众对雾霾等环境问题的关注度不断提高,对清洁能源、绿色出行等"双碳"相关领域的支持度也日益增强。这种社会认知的提升,促使更多人愿意选择从事与"双碳"相关的职业,为人才结构优化提供了基础。

经济发展良好的地区往往能够提供更好的生活条件、职业发展机会和社会资源,更容易吸引各类人才。在"双碳"领域,经济发达地区的企业和科研机构更容易吸引国内外优秀的"双碳"人才。例如,上海作为经济发达城市,凭借其良好的经济发展水平和国际化的环境,吸引了众多海外留学归来的"双碳"专业人才,以及国内其他地区的优秀人才。这些人才的流入,进一步优化了当地的"双碳"人才结构,带动了周边地区人才结构的优化。

(三)供给侧结构性改革是"双碳"人才结构优化的方法

1. 调整人才培养结构

在供给侧结构性改革理念下,院校需要根据"双碳"市场需求调整专业设置。当前,"双碳"领域发展迅速,而传统教育体系中相关专业设置可能不足。院校应减少一些与"双碳"目标相悖或需求饱和的专业的招生,增加如新能源材料与器件等专业。例如,在新能源汽车产业快速发展的背景下,院校应及时设置新能源汽车工程专业,为产业输送适配人才,优化人才培养的专业结构,从源头保障"双碳"人才供给与需求匹配。

院校还可以对现有"双碳"相关专业课程体系进行改革。传统课程可能存在内容陈旧、理论与实践脱节等问题。供给侧结构性改革要求促使院校更新课程内容,在人才培养过程中加入最新的"双碳"技术、政策法规等知识。例如,在环境科学专业课程中,增加碳足迹核算、碳交易市场机制等内容。加强实践教学环节,与企业合作建立实习基地,让学生参与"双碳"项目,提高学生的实践能力,使院校培养出的人才更符合市场对"双碳"技能型人才的需求。

2. 提升人才培养质量

教师是人才培养的关键要素。针对"双碳"领域，需提升师资队伍的质量。一方面，引进具有"双碳"实践经验和前沿理论知识的高端人才，充实师资力量。例如，院校可以从企业聘请资深的碳排放管理专家、新能源技术研发骨干担任兼职教师。另一方面，对现有教师进行培训，为他们提供参加"双碳"相关学术研讨会、到新能源企业挂职锻炼的机会，使其更新知识结构，提升教学水平。例如，某院校组织环境工程专业教师到新能源企业参与技术研发项目，这一举措有助于教师们回校后更好地将实践经验融入教学，培养出更具竞争力的"双碳"人才。

供给侧结构性改革强调提高人才的有效供给。要增加实践教学在人才培养中的比重，建立产学研合作平台，使学生在学习过程中能够接触到实际项目和真实案例。例如，科研机构、院校与企业联合开展 CCUS 技术研发项目，让学生参与其中，不仅能让学生将理论知识应用于实践，还能让学生了解行业最新技术动态和实际需求，锻炼其解决实际问题的能力，提高其自身的专业素养，进而满足"双碳"领域对实践型人才的需求。

3. 促进人才合理流动与配置

供给侧结构性改革要求打破人才流动中的体制障碍，促进"双碳"人才在不同地区、行业、企业间合理流动。当前，"双碳"人才可能存在地区分布不均、行业间流动不畅等问题。政府应出台相关政策，消除户籍、社保等方面的限制，鼓励相关人才向"双碳"人才短缺地区和领域流动。例如，通过税收优惠、人才补贴等政策，引导东部区域"双碳"人才到中西部区域参与新能源项目建设。另外，还应推动科研机构与企业间人才的双向流动，促进知识和技术转移，优化人才资源配置。

建立科学合理的"双碳"人才评价机制，改变单纯以学历、论文为标准的评价方式，注重人才的实际能力和业绩。在"双碳"领域，对于从事技术研发的人才，应重点评价其研发成果的转化应用和对企业节能减排的实际贡献；对于从事碳管理工作的人才，应考核其在企业碳排放管理、碳市场交易等方面的业绩。通过完善评价机制，引导人才向有利于"双碳"目标实现的方向发展，促进人才合理配置，优化人才结构。

4. 技术创新创造了全新的就业岗位

可再生能源技术的不断创新，催生了大量新岗位。以垃圾焚烧发电技术为例，据中国城市环境卫生协会数据，截至 2022 年底，我国垃圾焚烧发电行业从业人数已超过 10 万人，较 5 年前增长近 3 倍。该技术不仅能实现垃圾减量，还能产生清洁电能。在此过程中，催生出垃圾焚烧工程师岗位，该岗位负责焚烧工艺优化与设备维护；还有渗滤液处理技术员岗位，该岗位专门处理垃圾焚烧产生的渗滤液，确保达标排放。此外，智能垃圾分类设备的普及，也催生出设备研发、运维等相关岗位。

5. 技术创新提升传统岗位技能要求

传统制造业企业为实现绿色低碳转型，需要技术人员掌握新的节能技术、清洁生产工艺和资源回收利用方法等，从而提升了其对相关岗位的技能要求，同时增加了对这类人才的需求。例如，钢铁行业推广应用焦化上升管余热回收利用技术等节能低碳技术，就需要大量既懂钢铁生产工艺又掌握节能技术的专业人才来操作和维护相应设备；建筑行业的绿色低碳转型，促使建筑设计师、工程师等岗位人员需具备绿色建筑设计、建筑节能技术应用等方面的知识和技能，以便设计符合节能标准的建筑结构，选用环保建筑材料等。同时催生了建筑节能减排咨询师等新岗位，为建筑物的节能减排提供专业咨询和技术支持。

6. 技术创新促进跨学科领域岗位融合与创新

碳交易、碳金融等领域的兴起，需要既懂环境科学与工程又了解经济学的复合型人才（如碳交易员、碳金融分析师等），他们能够对碳排放权的价值进行评估和交易，推动碳市场的健康发展。新能源技术的发展离不开高性能材料的支撑，如锂离子电池的研发需要材料科学家与能源工程师紧密合作，共同研发新型电极材料、电解质材料等，以提高电池的性能，从而催生了能源材料工程师等跨学科岗位。在新能源汽车、智能电网等领域，机械工程、电子工程和自动化技术的融合日益深入，需要跨学科的专业人才来设计、开发和维护相关系统和设备，催生了如新能源汽车电子控制系统工程师、智能电网自动化工程师等岗位。

第四节 职业关键岗位画像构建

与"双碳"相关的职业大体分为三类：管理咨询类（如低碳技术咨询、碳排放交易法律法规咨询、企业碳管理和碳市场等方向）、技术应用类（如新能源、储能、智能电网和综合能源管理等方向）、经济类（如碳经济、碳汇、绿色评价、绿色技术合作与贸易等方向）。"双碳"人才就业岗位涉及研究、开发、设计、生产、测试、运营、咨询、核查、管理、教学等。

一、管理咨询类岗位画像

（一）知识维度

1."双碳"专业知识

相关从业人员需要掌握政策法规知识，对国内外"双碳"相关政策有深入了解，如了解中国的碳达峰、碳中和"1+N"政策体系，包括《中共中央 国务院关于完整准确全面贯彻新发展理念做好碳达峰碳中和工作的意见》《2030年前碳达峰行动方案》等。同时，熟悉碳排放权交易管理办法、可再生能源相关政策法规等，清晰掌握政策导向对企业的影响等。

此外，从业人员要了解"双碳"基础理论，精通碳排放核算的原理与方法，掌握《省级温室气体清单编制指南》《工业企业温室气体排放核算和报告通则》等标准规范，能够准确核算不同行业企业的碳排放。同时，熟悉碳减排路径，掌握如能源结构优化、产业结构调整、节能提效等方面的理论知识，为企业提供切实可行的碳减排策略。

从业人员还要熟悉行业前沿技术，能追踪新能源、储能、CCUS等领域的前沿技术发展动态。同时，了解太阳能、风能、氢能等新能源技术的应用场景、成本效益及发展趋势，熟悉储能技术在电力调峰、可再生能源消纳等方面的作用，以便为企业引入合适的低碳技术提供建议。

2. 管理咨询知识

从业人员要掌握战略管理知识，能熟练运用波特五力模型、SWOT分析等工具，为企业制定"双碳"战略规划。同时，能够结合企业自身优势、市场环境及"双碳"目标要求，明确企业在低碳转型中的定位与发展方向。例如，从业人员应能帮助传统制造业企业制定向绿色智能制造转型的战略规划方案。

从业人员要懂运营管理知识，熟悉企业运营流程，掌握生产管理、供应链管理等方面的知识。在"双碳"背景下，从业人员应能从生产流程优化、绿色供应链构建等角度提出降碳方案。例如，从业人员应能指导企业通过采购流程优化、生产工艺改进等措施降低生产过程中的碳排放。

从业人员还需熟悉财务管理知识，懂得与"双碳"相关的财务分析方法，以便进行碳成本核算、碳资产估值等。从业人员应能够评估企业低碳项目的投资回报率，为企业的低碳投资决策提供财务支持。例如，从业人员应能分析新能源项目投资对企业财务状况和经营成果的影响。

3. 行业知识

从业人员需要了解重点排放行业的相关知识，对电力、钢铁、水泥、化工等高碳排放行业的生产工艺、产业特点有深入了解。了解不同行业的碳排放特点与关键减排环节，有针对性地提出改进工艺、优化能源利用等减排建议。

同时，从业人员要具备新兴绿色行业知识，熟悉新能源、节能环保服务等新兴绿色行业的商业模式与发展趋势。能为企业跨界进入新兴绿色行业提供咨询服务，如帮助传统企业分析进入新能源汽车产业链的可行性与策略。

（二）能力维度

1. 分析诊断能力

从业人员要具备数据收集与分析能力，能够通过多种渠道收集企业内外部"双碳"相关数据，包括能源消耗数据、碳排放数据、行业对标数据等。熟练运用数据分析工具，如 Excel 高级功能、Python 数据分析库等，对数据进行清洗、整理与深入分析，识别企业碳排放的关键来源与潜在减排机会。

同时，从业人员还需具备问题诊断能力，基于数据分析结果及行业经验，准确诊断企业在实现"双碳"目标的过程中存在的问题，如能源利用效率低下、碳管理体系不完善等。能够从战略、运营、技术等多个层面剖析问题产生的原因，为制定解决方案提供依据。

2. 方案制定能力

从业人员要具备个性化方案设计能力，能根据企业的行业特点、发展阶段及"双碳"目标，制定个性化的"双碳"解决方案。方案应涵盖战略规划、碳减排措施、碳管理体系建设等内容，确保方案具有针对性与可操作性。例如，从业人员应能为一家处于快速扩张期的科技企业设计符合其业务发展的碳减排与绿色发展方案。

同时，从业人员要具备多方案比选与优化能力，能够针对同一问题，提出多种解决方案，并从成本效益、实施难度、风险程度等方面进行综合评估与比选。通过多轮优化，为企业确定最优方案。例如，从业人员在选择碳减排技术方案时，应对比不同技术的投资成本、减排效果及技术成熟度，选出最适合企业的方案。

3. 沟通协调能力

从业人员要具备客户沟通能力，可以用良好的沟通技巧，与企业高层、中层管理人员及基层员工进行有效沟通。能清晰、准确地向客户传达"双碳"理念、政策要求及咨询方案的内容，了解客户需求与关注点，及时解答客户疑问，建立良好的客户关系。

同时，从业人员还要具备团队协作与协调能力，在咨询项目中，能够与团队成员密切协作，合理分工，充分发挥团队成员的专业优势。协调企业内部各部门、外部合作伙伴（如科研机构、技术供应商）等各方资源，确保项目顺利推进。例如，从业人员应能在实施企业碳管理体系建设项目时，协调企业财务、生产、技术等部门及外部软件供应商共同完成项目。

4. 项目管理能力

从业人员要具备项目规划能力，能够制订详细的项目计划，明确项目目标、任务分解、时间节点、资源需求等。能运用项目管理工具，如甘特图，对项目进度进行可视化管理，确保项目按计划有序进行。

此外，从业人员还要具备风险管理能力，识别项目实施过程中的潜在风险，如政策变化风险、技术风险、市场风险等。制定相应的风险应对措施，及时监控风险状况，在风险发生时能够迅速采取行动，降低风险对项目的影响，保证项目目标的实现。例如，从业人员应能针对碳交易市场价格波动风险，制定套期保值等应对策略。

（三）素养维度

1. 职业道德素养

在咨询服务中保持诚信，从业人员要提供真实、准确的信息与建议，不夸大咨询效果，不隐瞒问题。对企业的商业机密严格保密，不泄露企业的碳排放数据、战略规划等敏感信息，维护客户的合法权益。

从业人员要对咨询项目高度负责，尽心尽力为企业提供优质服务。同时，积极主动解决遇到的问题，能够积极主动解决遇到的难题，不推诿责任。

2. 学习创新素养

由于"双碳"领域政策、技术、市场变化迅速，从业人员需要具备强烈的持续学习的意识与持续学习的能力，关注行业最新动态，通过参加培训、学术研讨、阅读专业文献等方式不断更新知识体系，提升自身专业水平。

从业人员应敢于突破传统思维模式，在"双碳"工作中提出创新性的解决方案。例如，善于借鉴其他行业或领域的成功经验，结合企业实际情况将数字化技术创新应用于企业碳管理等方面，从而实现管理模式创新，达到降本增效、绿色低碳的效果。

3. 抗压与应变素养

咨询项目往往面临时间紧、任务重、客户要求高等压力，这要求从业人员能够在高强度工作环境中保持良好的工作状态，合理安排工作时间，高效完成工作任务。面对客户的质疑与不满时，从业人员应能够保持冷静，积极应对，化解矛盾。

当政策法规、市场环境等外部因素发生变化时，从业人员应能够迅速调整咨询方案，确保方案的有效性与适应性。在项目实施过程中遇到突发问题时，从业人员应能够灵活应变，及时制定解决方案，保障项目顺利进行。

二、技术应用类岗位画像

(一) 知识维度

1. "双碳"核心技术知识

从业人员要掌握能源转型技术，精通可再生能源技术。例如，光伏领域的从业人员，应了解光伏电池的工作原理、不同类型电池（晶硅、薄膜等）的性能特点及适用场景，掌握光伏电站的设计、建设与运维知识。风能领域的从业人员，要熟悉风力发电机组的结构与工作原理，掌握风电场的规划设计要点，以及风电机组的安装、调试与维护技术。

同时，从业人员要熟悉各类储能技术，如锂离子电池储能，要掌握其电化学原理、电池材料特性、电池管理系统（BMS）的功能与运行机制，了解锂离子电池的充放电特性、容量衰减规律及安全管理措施。对于液流电池、压缩空气储能、抽水蓄能等其他储能技术，要了解其工作原理、适用场景、优缺点及发展趋势，能够根据不同应用场景选择合适的储能技术方案。

此外，从业人员应了解CCUS技术，包括燃烧前捕集、燃烧后捕集和富氧燃烧捕集等不同工艺的原理、流程及适用范围，了解捕集设备的选型与运行参数。熟悉碳利用技术，如将二氧化碳转化为化学品（如甲醇、碳酸酯等）、燃料（如合成天然气）的原理与工艺，掌握相关反应条件与催化剂应用。了解碳封存技术，包括地质封存（如咸水层封存、枯竭油气藏封存）的条件、监测方法及潜在风险，以及海洋封存的相关技术要点等。

2. 相关交叉学科知识

从业人员要具备材料科学知识。在"双碳"领域，材料性能对技术应用至关重要。因此，技术类从业人员应了解新能源材料，需掌握其晶体结构、物理化学性质、制备工艺及性能优化方法。而对于储能材料，如锂离子电池的正负极材料、电解质材料，要熟悉其电化学性能、充放电机制及材料改性技术，进而合理运用它们提高电池的能量密度、循环寿命和安全性。

此外，从业人员还要具备环境科学知识，理解碳排放对环境的影响，包括气候变化的原理、温室气体的环境效应等。同时，掌握环境监测技术，能够运用相关仪器设备对大气中的温室气体浓度进行准确监测与分析，熟悉环境质量标准及相关环境法规对碳排放的限制要求，确保技术应用符合环保规定。

3. 行业标准与规范

从业人员要熟悉"双碳"相关技术的国家标准、行业标准和国际标准。例如，在太阳能光伏领域，要了解光伏组件的性能标准、测试方法标准，以及光伏电站的设计、施工与验收标准等。在储能领域，要掌握储能系统的安全标准、性能标准。

从业人员还要了解"双碳"项目的工程建设规范，包括项目规划、设计、施工、验收等环节的规范要求。例如，风电场工程建设需遵循《风电场工程可行性研究报告编制办法》《风电场工程建设用地和环境保护管理暂行办法》等规范，确保项目建设的合规性与安全性。

（二）能力维度

1. 技术应用与实施能力

从业人员要具备技术方案设计能力，能根据不同项目的需求和场景，设计出合理的"双碳"技术应用方案。例如，为工业企业设计余热回收与发电方案，需综合考虑企业的生产工艺、余热资源量、场地条件等因素，选择合适的余热回收技术（如有机朗肯循环技术、热管技术等），并进行系统参数设计和设备选型。对于分布式能源项目，要结合用户的能源需求特点，设计包含可再生能源发电、储能、能源转换与分配等环节的综合能源系统方案。

从业人员还要具备项目实施与管理能力，能将技术方案落地实施，能够制订详细的项目实施计划，包括项目进度安排、资源调配、质量控制等。在项目实施过程中，协调施工团队、设备供应商等各方资源，确保项目按计划顺利进行。例如，在建设光伏电站项目时，负责场地平整、基础施工、设备安装调试等工作的组织与管理，及时解决施工过程中出现的技术问题和工程变更问题，保证项目质量和进度符合要求。

2. 技术创新与改进能力

从业人员需具备新技术研发与应用的能力，关注"双碳"领域的前沿技术发展动态，能够将新技术、新方法引入实际工作中。例如，跟踪新型储能技术（如固态电池、液流电池等）的研发进展，评估其在现有项目中的应用潜力，通过与科研机构合作或自主研发，探索将新技术应用于企业储能系统的可行性与实施方案，以提升储能系统的性能和经济效益。

从业人员要有对现有技术进行优化的能力，即能够对已应用的"双碳"技术进行持续优化，提高其效率、降低成本、增强稳定性。例如，针对太阳能光伏系统，通过改进光伏组件的安装倾角、跟踪方式，优化逆变器的控制策略等方法，提高光伏系统的发电效率和稳定性。对于碳捕集系统，通过优化吸收剂配方、改进工艺流程等措施，降低碳捕集成本，提高碳捕集效率。

3. 问题解决与故障排除能力

从业人员要具备技术问题分析能力，在"双碳"技术应用过程中，当出现技术问题时，从业人员应能够迅速进行分析，找出问题的根源。例如，对于风力发电机组出现的功率异常波动问题，从业人员应能够从风速测量、叶片状态、传动系统、控制系统等多个方面进行排查与分析，运用专业知识和检测设备，确定问题是由叶片表面磨损、传感器故障引起的，还是由控制系统参数设置不当等原因引起的。

从业人员还要具备故障排除与修复能力，针对分析出的问题，能够制定有效的解决方案并迅速实施，排除故障。例如，在储能系统出现电池过热故障时，能够根据故障原因，采取调整散热系统、更换故障电池模块、优化电池管理系统参数等措施，及时修复故障，确保储能系统的正常运行。

（三）素养维度

1. 科学精神与严谨态度

从业人员要秉持对科学真理的追求，不断探索"双碳"技术的本质与规律。在面对复杂的技术问题和不确定的研究结果时，不要轻易放弃，要通过反复实验、论证获得准确的结论。例如，在研究新型碳捕集材料的性能时，从业人员经过多次试验和数据分析，不断优化材料配方和制备工艺，以获取最佳的捕集效果。

在技术应用和项目实施过程中，从业人员要注重细节，严格按照技术标准和操作规程进行操作。对每一个数据、每一个环节都认真对待，确保技术方案的准确性和项目的质量。例如，在进行碳排放监测数据采集时，严格按照监测规范要求，精确把控采样点、采样时间、分析方法等，确保数据的准确性和可靠性。

2. 环保意识与社会责任感

从业人员要深刻认识到"双碳"技术对于环境保护和可持续发展的重要性，将环保理念贯穿于工作的始终。在技术应用过程中，优先考虑对环境友好的解决方案，尽量减少项目实施过程中对环境的负面影响。例如，在选择储能系统的电池类型时，应充分考虑电池生产、使用和报废过程中的环境影响，优先选择环境友好型电池技术。

从业人员要认识到自身工作对于推动社会向低碳转型的重要责任，积极参与和推动"双碳"技术的普及与应用。通过技术培训、科普宣传等方式，提高公众对"双碳"技术的认知和理解，为实现全社会的低碳发展贡献力量。例如，从业人员可参与社区组织的低碳科普活动，向居民介绍家庭节能减排的方法和"双碳"技术的应用前景。

3. 团队协作与沟通素养

在"双碳"项目中，往往需要与不同专业背景的从业人员进行合作，这些从业人员包括工程师、科研人员、施工人员等，他们应具备良好的团队协作能力，能够与团队其他成员相互配合、优势互补，共同完成项目任务。例如，在大型风电项目中，应与电气工程师、机械工程师、气象专家等密切协作，共同完成风电场的规划、设计与建设工作。

此外，具备良好的沟通交流能力也很重要。从业人员要能够与团队其他成员、上级领导、客户等进行有效的沟通交流，清晰、准确地表达自己的技术观点和想法。同时，要能倾听他人的意见和建议。在与客户沟通时，能够用通俗易懂的语言向客户介绍"双碳"技术方案的原理、优势和实施效果，解答客户的疑问，确保客户对项目的理解和支持。

三、经济类岗位画像

（一）知识维度

1."双碳"经济理论知识

从业人员要能够深入理解碳经济的基本概念，掌握碳排放与经济发展之间的内在联系，熟悉环境库兹涅茨曲线在碳经济领域的应用，清晰知晓碳减排对宏观经济增长、产业结构调整的长期和短期影响机制。

从业人员要精通碳定价的各类方法，包括碳税和碳排放权交易机制。了解碳税的征收原则、税率设定依据，以及对不同行业成本和市场价格的传导机制。熟悉碳排放权交易市场的构建要素，如配额分配方法（免费分配、拍卖等）、交易规则、市场监管等，掌握碳价波动对企业决策和经济运行的影响。

此外，从业人员还要全面掌握与碳相关的金融知识，熟悉碳信用的产生机制和认证标准，了解碳基金的设立目的、运作模式及投资策略，掌握碳保险在应对碳市场风险方面的作用和运作方式。同时，了解国际碳金融市场的发展动态和主要交易模式。

2. 碳汇与生态经济知识

从业人员要熟知碳汇的概念、分类（如森林碳汇、湿地碳汇、海洋碳汇等）及其形成机制。掌握不同类型碳汇的计量方法和监测技术，了解影响碳汇增减的自然和人为因素，熟悉碳汇项目开发的流程和标准，如清洁发展机制下的碳汇项目开发流程。

从业人员要能理解生态经济的核心理论，如生态系统服务价值评估理论。掌握生态系统服务与碳汇功能之间的关系，运用生态经济模型（如能值分析、生态足迹模型等）评估区域生态经济系统的可持续性，以及碳汇在其中的经济价值和贡献。

此外，从业人员还要了解国内外碳汇交易市场的发展现状、交易规则和市场主体。熟悉碳汇项目进入交易市场的流程和要求，掌握碳汇交易价格的影响因素和定价方法，以及碳汇交易对生态保护和经济发展的双重影响。

3. 绿色评价与政策法规知识

从业人员要精通各类绿色评价方法和标准，如绿色 GDP 核算方法、绿色建筑评价标准等。掌握绿色评价指标的选取原则和计算方法，能够运用它们对区域经济发展、企业运营、工程项目等进行全面的绿色程度评估，为政策制定和企业决策提供数据支持。

从业人员要熟悉绿色技术的成本效益分析方法，掌握技术经济评价指标（如净现值、内部收益率、投资回收期等）在绿色技术项目中的应用。能够对绿色技术研发、应用项目进行经济可行性评估，并根据技术的全生命周期成本、环境效益和社会效益，为绿色技术的推广和投资决策提供科学依据。

此外，从业人员还需熟悉国内外与"双碳"经济相关的政策法规，如节能减排政策、可再生能源补贴政策、环境保护法律法规等，了解国际气候变化框架公约（如《联合国气候变化框架公约》《巴黎协定》）及其相关的国际合作机制和规则，掌握国际贸易中的绿色壁垒和碳边境调节机制等相关内容，为企业应对国际合作中的"双碳"问题提供政策指导。

4. 绿色技术合作与贸易知识

从业人员要了解全球绿色技术的发展趋势和市场分布，熟悉各类绿色技术（如新能源技术、节能技术、污染治理技术等）的特点、应用领域和市场前景，掌握绿色技术的交易模式和市场定价机制，能够分析绿色技术市场的供需关系和竞争态势，为企业进行绿色技术引进、转让和合作提供市场信息。

此外，从业人员还要掌握传统国际贸易理论（如比较优势理论、要素禀赋理论等）在绿色贸易领域的应用，熟悉绿色产品和技术贸易的流程和实务操作，了解国际贸易政策、关税壁垒和非关税壁垒对绿色贸易的影响，掌握应对贸易摩擦和争端解决的方法和策略，能够协助企业开展跨境绿色技术合作与贸易活动。

熟悉国际合作机制，也是从业人员必备的素质。具体而言，从业人员要熟悉绿色技术国际合作的主要机制和平台，了解不同国家在绿色技术研发、应用和推广方面的优势和需求，能够搭建国际合作桥梁，促进绿色技术在全球范围内的共享与转移，推动绿色技术合作项目的顺利实施。

（二）能力维度

1. 数据分析与经济建模能力

从业人员要能够通过多种渠道收集与"双碳"经济相关的数据，包括碳排放数据、能源消费数据、经济统计数据、市场交易数据等。熟练运用数据处理软件（如 Excel、Python、R 语言等）对大量复杂的数据进行清洗、整理和分析，并从中提取有价值的信息，为经济分析和决策提供数据支持。

在经济模型构建与应用方面，从业人员要掌握宏观经济模型（如 CGE 模型）和微观经济模型（如成本效益分析模型、博弈论模型等）在"双碳"经济领域的应用。能够根据研究问题和数据特点，构建合适的经济模型，模拟不同政策情景下碳排放、经济增长、产业结构等变量的变化趋势，预测"双碳"政策的经济影响和市场反应，为政策制定和企业战略规划提供科学依据。

2. 项目评估与方案策划能力

从业人员要具备对碳汇项目、绿色技术研发项目、低碳产业投资项目等进行全面经济评估的能力。能够运用财务分析方法，评估项目的盈利能力、偿债能力和抗风险能力。能运用成本效益分析、环境影响评价等方法，综合评估项目的经济、环境和社会效益，并根据评估结果，为项目投资方、政府部门等提供专业的决策建议。

针对企业或区域的"双碳"目标，从业人员要能够制定切实可行的经济实施方案。例如，从业人员应能设计企业碳减排策略，包括碳交易策略、绿色技术投资策略、碳资产管理策略等。

3. 沟通协调与合作能力

在企业或项目团队中，从业人员要能够与不同部门（如技术部门、生产部门、财务部门等）进行有效的沟通协调，将经济分析结果以通俗易懂的方式传达给技术人员和决策者，同时了解其他部门的需求和意见，共同推进"双碳"项目的实施。在跨领域合作中，从业人员应能与科研机构、政府部门、非政府组织等不同主体进行沟通协作，整合各方资源，推动"双碳"经济发展。

在绿色技术合作与贸易领域，从业人员要具备与国际伙伴进行商务谈判和合作的能力。熟悉国际商务礼仪和谈判技巧，能够准确把握对方的利益诉求和合作意愿，制定合理的谈判策略，达成互利共赢的合作协议。在国际合作项目中，能够协调不同国家和地区的团队成员，解决文化差异、政策差异等问题，确保项目顺利推进。

4. 政策解读与建议能力

从业人员要密切关注国内外"双碳"经济政策法规的动态变化，能够准确解读政策的核心内容、目标导向和实施细则。将政策信息及时传递给企业管理层、投资者等相关利益主体，分析政策对企业经营、市场投资等方面的影响，以便及时调整战略和决策。

而在政策建议制定方面，从业人员应能基于对"双碳"经济理论和实践的深入理解，结合实际经济运行情况和市场反馈，为政府部门提供有针对性的政策建议。例如，针对碳市场运行中存在的问题，提出完善配额分配机制、加强市场监管等政策建议。针对绿色技术创新的瓶颈，提出加大研发投入、建立产学研合作机制等政策措施，推动"双碳"政策的不断完善和优化。

（三）素养维度

1. 可持续发展理念与责任感

从业人员要深刻认同可持续发展理念，并将其融入日常工作和决策中。从业人员要认识到"双碳"经济发展对于人类社会可持续发展的重要性，不仅关注经济利益，也看重环境和社会的长远效益，积极推动经济活动与环境保护的协调发展。

此外，从业人员要有强烈的社会责任感，意识到自身工作对于推动低碳转型、应对气候变化的重要使命。积极参与社会公益活动，传播"双碳"经济知识和理念，提高公众对可持续发展的认知度和参与度，为实现全社会的低碳发展贡献力量。

2. 创新意识与学习能力

在"双碳"经济领域，新问题和新挑战层出不穷，从业人员需要具备创新意识和开拓精神，敢于突破传统思维模式，探索新的低碳经济发展模式、绿色技术应用路径和商业模式创新，为企业和社会创造新的价值增长点。

此外，由于"双碳"经济领域处于快速发展阶段，政策法规、技术创新和市场动态不断变化,因此,具备较强的学习能力至关重要。从业人员要能够主动学习新知识、新技能,关注行业前沿研究成果和实践经验,不断更新自己的知识体系,提升专业素养,以适应不断变化的工作需求。

3. 职业道德与诚信素养

从业人员要遵守经济领域的职业道德规范,在碳经济分析、项目评估、政策建议等工作中,保持客观、公正、独立的态度。不接受不正当利益,不参与虚假数据报告和误导性分析,确保工作成果的真实性和可靠性。

此外,在绿色技术合作与贸易、碳交易等活动中,从业人员要秉持诚信原则,遵守商业道德和合同约定,如实披露项目信息和企业情况,不欺诈、不隐瞒,树立良好的商业信誉,促进"双碳"经济市场的健康有序发展。

第五节　本章小结

本章围绕绿色低碳岗位能力开发展开深入探讨。绿色低碳职业因全球对可持续发展的重视而兴起，正呈现出蓬勃的发展态势。从可再生能源到节能减排，再到碳管理等领域，其范围不断拓展，前景广阔。政策推动、技术革新、市场转型等因素，促使各行业对"双碳"人才求贤若渴。预测显示，相关人才缺口未来将持续扩大，尤其在新兴技术与跨领域融合方向。传统产业升级需要大量掌握绿色技术的专业人才，新兴绿色产业则创造出全新的职业形态。职业关键岗位能力画像的构建，为人才培养与发展提供了清晰指引。绿色低碳岗位不仅要求从业人员具备扎实的专业知识，如环境科学知识等，还需从业人员掌握数据分析、项目管理等综合技能，同时应具备可持续发展理念与创新思维。

绿色低碳岗位的能力开发工作迫在眉睫。只有精准把握该领域的发展趋势与人才需求的动向，构建科学合理的能力体系，才能为绿色低碳事业源源不断地输送高素质专业人才，进而推动经济社会的可持续发展。

第六章　绿色低碳岗位调研分析

第一节　新能源汽车产业调研分析

一、产业对岗位能力的需求

（一）产业研究报告对人才需求的分析

1. 未来发展趋势

目前，乘用车市场整体平稳，而新能源乘用车则持续呈现出强劲的发展势头。目前，中国新能源汽车产业已进入全面市场化竞争阶段，与整体增速较为稳定的乘用车市场相比，新能源汽车产业实现了产销的高速增长，其发展优势依旧在不断巩固与扩大。具体而言，2022年，我国新能源乘用车年产量达721.9万辆，连续8年成为全球最大新能源汽车生产和消费国，新能源汽车的市场渗透率达26.3%。随着新能源汽车渗透率的不断提升，纯电车型成为市场主力。此外，新能源汽车产业竞争格局也开始逐渐显现，国产汽车品牌优势明显。这一新型产业格局的形成，也促使产业价值链条发生了重塑。原有的以中游整车厂为价值核心的产业价值链，正在向结合跨能源、交通、通信等多领域主体的"网状生态"转变。在这个过程中，上游电池、电机、电控等核心零部件企业成为产业价值链核心，而中游整车厂的重要性在一定程度上有所降低。与此同时，后端服务市场也开始蓄势待发，终端消费者市场更是成为了重要利润池。

2. 未来人才需求

《2023年新能源汽车人才发展报告》显示，2023年，汽车产业招聘职位数同比增长5%，其中，模拟芯片设计岗位的月薪资近5万元。该报告为汽车领域人才发展提供了重要的参考信息。

由于国资车企和合资车企起步较早，已具备比较完备的生产线，在进入新能源时代后，它们能借助原有生产线进行业务提升与创新。因此，这些企业对从事三电和智能化功能设计等新能源业务相关的技术人才需求占比较高。随着新能源产业的不断发展，各企业正在努力寻求技术创新和优化，例如，提升电力效率，让同等电量的车子可以跑得更远，以及优化智能驾驶的算法，解决停车难、驾驶疲劳等问题，这些努力都离不开大量相关人才的参与。此外，在延伸岗位上，同样存在大量的人才需求。例如，新能源汽车在重量分布、安全性等方面与纯燃油车不同,需要重新设计和优化车辆结构和底盘,因此需要汽车设计人才。同时,能够针对新能源汽车受众的特点进行营销的人才也是不可或缺的。

(二)产业(岗位)对人才需求的情况

在前期调研阶段,著者走访了主机厂、汽车 4S 店、新能源汽车零配件制造厂等企业。这些企业的主营业务包括传统能源汽车整车生产制造、新能源汽车整车生产制造、汽车零部件生产制造、汽车技术研究开发、汽车营销服务、汽车售后维修服务、汽车美容服务、汽车保险服务等多个领域。这一系列的实地调研为后期分析产业(岗位)对人才的需求提供了宝贵的一手资料。

高职院校新能源汽车技术专业的毕业生适合从事的典型岗位广泛多样,包括但不限于:研发辅助(试制试验)、车辆总装、装配调试、质检、现场工艺管理、机电维修、车辆美容、配件采购管理、客户管理、汽车技术技能培训、销售顾问、售后服务顾问、保险理赔、事故车查勘定损等。

在当前的就业市场中,汽车行业传统岗位在企业提供的就业岗位中仍占有很大比例,这跟新能源汽车技术专业学生目前的就业情况一致。然而,随着我国政策对新能源汽车产业的大力支持,新能源汽车的市场占有率和保有量正逐年增加,新能源业务模块展现出巨大的市场潜力。企业纷纷加快转型升级,在新能源汽车整车、零部件、创新技术开发等方面持续发力,为学生在新能源车辆的维护和检修、智能车的装调和维护、绿色生产等领域提供了更多的就业机会。由于新能源汽车与传统汽车差别较大,售后维修服务人才很难从传统汽车维修人员转型,因此新能源汽车维修人才的培养势在必行,这对学生的专业能力、创新能力、绿色环保意识等方面提出了更高的要求。

在新能源汽车领域,著者根据近三年的数据,发现以下几类知识的重要性尤为突出:新能源汽车电池、电机、电控知识,新能源汽车控制系统理论及常用工具操作知识,高压电安全防护知识,智能化相关知识,新能源汽车充放电技术相关知识,新能源汽车电池材料绿色化相关知识,新能源汽车有关法律法规及安全、消防、环保知识等。此外,不同的岗位对专业能力的要求各有侧重。在新增的专业能力中,以下几项被认为具有高度的重要性:新能源汽车故障诊断技能、电动汽车 CAN 总线及控制系统检测技能、智能网联车辆运行维护技能、智能化设备维护管理技能等。

综合新增知识需求和新增专业能力需求发现,企业对安全性的重视程度较高。企业除了关注传统的职业风险,还鉴于新能源汽车和智能汽车中高压线路及动力电池事故高发,加强了高压安全培训,以及新能源汽车充放电理论及应用的培训。同时,企业(特别是汽车技术研究开发领域的企业)对智能化相关知识保持较高的关注度。

企业在对从业人员的职业素质、身心素质、人文素质的特殊要求中提到了吃苦耐劳、服务意识、抗压能力、自主学习能力、责任心、沟通能力、管理水平等,近 3 年新增了抗压能力、管理水平等。原因在于,目前加班加点完成客户订单已成为业内常态,需要员工具备一定的抗压能力。另外虽然不需要所有员工都具备较高的管理水平，但发掘并提拔具备管理潜质的员工，对团队的稳定性有重要意义。

高职毕业生在适应上述工作任务时，主要表现出专业态度、组织协调能力、心理承受能力等方面的不足。在职业资格证书或职业技能等级证书方面，企业内部认证、驾驶证和低压电工证等认可度较高，而职业技能等级证书未得到广泛推广，其在企业内部的公信度不高。

二、职业院校专业人才培养现状

（一）专业培养目标定位

新能源汽车技术专业致力于培养理想信念坚定，德、智、体、美、劳全面发展的高素质技术技能人才。这些人才需具有一定的科学文化水平，展现出良好的人文素养、职业道德和创新意识，并秉承精益求精的工匠精神。他们应具备较强的就业能力和可持续发展的能力，同时精通本专业知识和技术技能。该专业的毕业生主要面向新能源汽车修理与维护相关企业，能够从事新能源汽车性能试验与检测、综合故障诊断和排除、技术维修服务等工作。

（二）专业课程体系与培养方式

下文以天津交通职业学院为例，具体阐述新能源汽车技术专业的课程体系与培养方式。新能源汽车技术专业的课程可分为公共基础课和专业（技能）课，以及实习环节和毕业环节。公共选修课修读学分要求：修满 8 学分，其中，思政素养模块不少于 1 学分，中华优秀传统文化实践和美育赏析模块不少于 2 学分，安全教育模块不少于 1 学分。专业选修课必须修满 10 学分。

课程设置方面，根据"本专业职业岗位群"对人才规格的要求选择教学内容，细分到相应的专业课程，然后按照认知规律和能力递进的规律进行教学计划的安排，最终形成了"项目导向，双训衔接"人才培养模式下基于新能源汽车维修工作过程系统化的课程体系。另外，为了提高学生的综合素质并拓宽其就业渠道，特别设置了相关的素质拓展课程。

按照能力层级递进的规律，六学期课程体系教学周期分为四个阶段：

第一阶段，进行职业素养和一、二级新能源汽车整车维护等相关知识学习和技能训练，通过生产性实训，使学生具备新能源汽车维护基本技能。

第二阶段，进行新能源汽车拆装、调整等相关知识学习和技能培养。通过工学交替的方式，让学生掌握新能源汽车维修基本技能。

第三阶段，进行故障检测、诊断任务相关知识学习和技能培养。通过进入企业实习，使学生具备新能源汽车电控系统故障诊断和排除技能。

第四阶段，进行新能源汽车综合故障诊断的相关知识学习和技能培养，通过带薪顶岗实习，使学生具备新能源汽车综合故障诊断和排除技能。

（三）培养结果

近三年来，天津交通职业学院新能源汽车技术专业的就业率均为95%左右，且毕业生就业满意度达100%。该专业培养的学生综合素质较高，其中，2019级新能源汽车技术4班入选2020—2021学年高校活力团支部。在教师的悉心指导下，学生多次参加"互联网+"大学生创新创业大赛、海河工匠杯技能大赛、全国职业院校技能大赛、全国学术英语词汇竞赛、天津市"国家安全教育"微视频大赛等，并获得多个奖项。

三、岗位能力与专业技能的差异

根据企业反馈的信息来看，企业渴求的毕业生需要兼具扎实的理论基础和一定的实践动手能力。对比本专业的人才培养目标与产业（岗位）对人才规格的需求，本专业的人才培养目标清晰明确，基本能够满足产业（岗位）对人才规格的需求，但在某些方面还存在一定的改进空间。

当前的人才培养目标中未提及安全意识、绿色环保意识，而企业对这两方面尤为重视。鉴于安全事故处理成本高昂且影响恶劣，企业极为注重安全意识，故应将安全意识纳入人才培养体系。特别是在新能源汽车技术研究领域，企业对新能源汽车电池材料的绿色化知识，相关法律法规及安全、消防知识等愈发重视。

然而，现有课程中对于高压安全和动力电池等相关课程的重视程度不够，考虑到新能源汽车、智能汽车涉及的高压线路和动力电池事故高发，企业已加强了对在岗员工高压安全，以及新能源汽车充放电的理论及应用方面的培训力度。

此外，企业对智能化相关知识保持较高关注度，而学生的智能化知识储备略显匮乏。企业还特别强调从业人员的职业素质、身心素质、人文素质，如吃苦耐劳、服务意识、抗压能力、自主学习能力、责任心、沟通能力、管理水平等，认为学生在专业态度、组织协调能力及心理承受能力方面尚存在不足，这部分能力的培养在现有课程中体现得不够全面。

四、岗位所需专业人才培养适配度的建议

（一）强调安全意识和绿色环保意识

将人才培养目标设定为：致力于培养新能源汽车技术领域的专业人才，他们应具备坚定的理想信念，实现德、智、体、美、劳全面发展。要求具有一定的科学文化水平，良好的人文素养、高尚的职业道德、敏锐的创新意识、牢固的安全意识和强烈的绿色环保意识，同时融入精益求精的工匠精神。这些人才要有较强的就业竞争能力和可持续发展的学习能力，掌握本专业知识和技术技能。他们主要面向新能源汽车修理与维护行业，针对汽车工程技术人员、汽车维修技术服务人员等专业人员职业群，是能够从事新能源汽车性能试验与检测、综合故障诊断和排除、技术维修服务等高要求工作的高素质技术技能人才。

（二）增强学生对高压安全知识的重视程度和动力电池相关课程的学习深度

将"新能源汽车结构及高压安全"课程改为考试课，将"新能源汽车动力蓄电池及管理技术"课程调整为68学时，相应地，将"混合动力汽车发动机机械系统"课程调整为34学时，并将其设置为考查课。

（三）把握智能化、绿色低碳转型新机遇

鉴于企业对新能源汽车技术、新能源汽车故障诊断、智能汽车装调及低碳化等领域保持了较高的关注度，在授课过程中，教师应积极融入智能化、环保低碳等新技术、新工艺，助力学生做好相应的知识储备。为此，将"智能网联汽车概论"设为必修课，提升学生对此领域的认识。

（四）加强校企合作，畅通企业和学校合作通道

聘请企业教师作为高校兼职教师，请他们参与课程设计、课堂革命、课程教学、学生评价等环节。企业和学校共建实践基地，将企业新标准、新要求、新技术、新规范引入课堂，使教学内容与企业实际相结合，设置每学期一次的学术报告课程，由行业、企业具有影响力的专家做报告，为在校学生带来行业、企业的一手资料。

（五）夯实基础职业能力，不断提升学生综合素质

尽管新能源汽车领域发展迅速，但传统汽车服务岗位，如装配调试、质检、机电维修、车辆美容、销售顾问、售后服务顾问等仍然占有较大比例。因此，我们要求学生继续扎实掌握基础职业技能，并在职业素质、身心素质、人文素质等方面不断提升，培养学生吃苦耐劳精神、自主学习等优秀品质。

第二节 现代物流管理产业调研分析

一、产业对岗位能力的需求

（一）产业研究报告对人才需求的分析

1. 未来发展趋势

展望未来，全球物流领域在迈向绿色发展的过程中，或将迎来低碳转型和人工智能技术融合带来的双重机遇。

第一是脱碳，企业为减少其碳足迹，可采取多项措施。例如，优化工艺过程，使用低碳能源技术等。第二是绿色能源解决方案。在全球物流中，采用可再生能源是脱碳战略的重要组成部分，企业应优先考虑利用碳友好能源来减少碳足迹。第三是人工智能创新。人工智能在物流领域的应用，为实现绿色物流提供了新途径。通过人工智能驱动的库存管理软件，企业可以分析历史客户数据和市场趋势，减少库存浪费并优化存储空间。同时，AI可以实现路线优化，考虑距离、实时交通、车辆容量等因素，以减少车辆的燃油排放，保持客户满意度。此外，AI还可以识别仓库内的能源浪费区域，发现运营中的低效率问题，例如，AI可以发现因机器老旧而消耗的多余能源，从而指导企业进行相应的整改。第四是逆向物流的可持续发展。在全球物流的循环经济模式下，逆向物流已成为延长产品生命周期的重要手段。逆向物流是货物通过供应链"上游"的移动，将货物从最终客户退回零售商或制造商（产品退货）。它采用循环经济模式——通过促进回收、再利用、维修和转售来实现资源的有效循环，减少浪费。第五是可持续包装解决方案。随着消费者环保意识的增强，企业应采用环保材料和创新包装设计，减少过度包装和塑料使用，以满足消费者对绿色包装的需求。

2. 未来人才需求

著者参考《中国绿色物流发展报告（2023）》的数据发现：物流企业的竞争，归根结底就是物流人才的竞争。该领域的专业性较强，企业很难招聘到既掌握绿色物流国家标准，又能够进行物流企业碳排放核算和能源计量等相关经验和技能的人才，这导致部分企业在绿色物流方面的规划、设计、建设和运营等方面存在一定的困难。目前国内绿色物流人才的培养模式还不够成熟，绿色物流人才的培养数量和质量都存在不足。各类院校虽然设有物流专业，但是缺乏绿色物流的专项教育。为此，著者建议加快绿色物流产教融合进程，加大专业人才培养力度，紧密贴合市场人才需求，加快绿色物流在新能源、储能、氢能、碳减排、碳市场等领域的产教融合，着力提升绿色物流从业人员的专业能力。同时，应细化《碳排放管理员国家职业标准》在物流行业的具体要求，完善相关教材和制度体系，为物流行业实现"双碳"目标提供坚实支撑。

（二）产业（岗位）对人才需求的情况

企业对现代物流管理专业的人才需求因岗位而异。在专业技术领域，现代物流管理专业的人才可以从事物流工程技术人员、信息管理工程技术人员、数据分析处理工程技术人员、项目管理工程技术人员、数字化管理师、信息系统运行维护工程技术人员、人工智能工程技术人员、制冷工程技术人员等岗位。而在社会生产服务和生活服务领域，他们则可担任仓储管理员、理货员、货运业务员、运输调度员、物流服务师、客户服务管理员、项目经理、叉车工、单证员等职务。此外，在生产制造领域，现代物流专业人才可胜任包装工、起重工、工业机器人系统操作员等岗位。

不同岗位的主要工作内容大不相同。例如，物流事业专员的主要任务是拓展第三方客户。物流运营专员的主要任务是对采集到的物流数据进行分析。仓库作业人员主要执行具体的货物出入库任务，负责货物的登记、整理及定期的盘点等。物流工程技术人员要把自身对物流行业的理解转化为具体的技术信息，通过对物流前景的深入分析与规划，设计出信息化的解决方案，以满足客户的需求。对于叉车工来说，主要是负责货物的装卸、搬运及叉车的保养。

一些企业没有将职业技能等级证书纳入技能人才评价体系，是因为有些公司只要求从业人员是相关专业的毕业生即可。例如，对于叉车工岗位，企业更看重应聘者是否有叉车证及是否具有高中以上的学历。而在招聘物流事业专员、高级项目经理时，企业则要求应聘者必须拥有物流管理相关专业的大学本科以上学历。对于物流工程技术人员、客服专员、区域负责人、单证员、项目副经理、库内作业人员等岗位，企业则要求应聘者具备现代物流管理相关专业大专以上学历。

目前，相关管理人员对企业岗位的人才数量和人才结构普遍持满意态度，特别是对现代物流管理专业毕业生。但企业在工作过程中也发现了他们的一些不足之处，主要包括缺乏实践能力和工作积极性。企业普遍认为，这些学生的决策能力、创造能力和心理承受能力较低。同时，在专业知识、专业技能、专业态度、思维能力、社会责任感、组织协调能力、分析能力、学习能力等方面也较弱。因此，企业希望职业院校的教学内容能与企业实际问题相结合，增加实践类课程。大部分企业倾向于与学校共建实训基地，部分企业建议延长学生的实习时间，将学生的毕业设计转化为企业实际项目。一些企业也希望学校聘请企业教师作为高校教师，组织学生参与创新创业大赛，建立产业学院等。

根据调研情况，现代物流管理专业人才职业能力需求不仅要求学生拥有扎实的专业知识，还要求学生拥有跨专业能力和更加综合的能力。目前，企业正考虑增加更多智能化技术，提升设备性能。因此，学校可以加强与企业的合作，让学生接触更多企业真实环境，以便更好地培养学生的专业能力和综合能力。

二、职业院校人才专业培养现状

（一）专业培养目标定位

现代物流管理专业致力于培养具备坚定理想信念，德、智、体、美、劳全面发展的高素质人才。学生需具有一定的科学文化水平，拥有良好的人文素养、高尚的职业道德、强烈的创新意识以及精益求精的工匠精神。此外，本专业还注重培养学生较强的就业能力和可持续发展的能力。在专业知识和技能方面，学生将掌握本专业的核心知识和技术技能，为从事制造业、交通运输、仓储和邮政业等行业的物流项目运营、物流销售、物流数据分析及国际货运等职业打下坚实基础。通过本专业的培养，学生能够从事智慧仓配、物流运输、物流数据分析、物流系统规划、物流项目运营等方面的工作，成为行业所需的复合型技术技能人才。

（二）专业课程体系与培养方式

本专业课程体系的建设应站在物流管理专业群的重要视角，深入分析企业岗位群的典型工作任务，并详细剖析岗位职责与岗位所需能力。在此基础上，实施产教融合"三个对接"策略，并依托"行企校定岗，岗课证育人"的全链路复合型专业（群）人才培养模式，制定专业（群）人才培养路径和目标。结合行业标准和职业技术等级标准，构建专业（群）课程体系及课程标准。

本专业课程体系由四大模块构成：第一个模块是"基础课+平台课"，这一模块是基于专业群的通识知识和基础专业理论课程；第二个模块是"专业模块课程"，此模块是基于各专业特征的专业理论和专业技能课程；第三个模块是"专业方向课程"，该模块由专业选修课构成，设置这些课程的主旨是培养学生的专业深度；第四个模块是"专业群选修课程"，设置这些课程的主旨是培养学生跨专业的职业能力，培养复合型技术技能人才。

在人才培养模式上，本专业强调"知行合一"，采用"理实一体教学、校内仿真实训、校外顶岗实习"的递进形式组织教学。理论教学部分以专任教师为主，注重案例教学的运用和推广。实践教学环节以校内专职教师和校外兼职教师相结合的方式，通过分岗、轮岗等综合实训与在生产、经营、管理一线进行顶岗实习相结合的方式组织教学。

（三）培养结果

根据《天津交通职业学院2020应届毕业生培养质量评价报告》的数据，本专业群毕业生的工作相关度在2020届回升较多，毕业生与对口产业的契合度明显回升。进一步分析毕业生对相关产业链的服务贡献情况，本专业群2020届毕业生主要在邮递、物流及仓储领域就业，这与本专业群的培养特色和就业方向高度一致。本专业群毕业生就业落实较为充分，近三届毕业生的就业率呈上升趋势。同时，本专业群近三届毕业生的平均月收入呈上升趋势，毕业生的就业满意度不断提高。此外，本专业群2020届毕业生在认知能力、合作能力、创新能力、基本职业技能方面的达成度均在九成以上，这充分体现了本专业群在高水平技术技能人才培养方面取得了一定的成效。

三、岗位能力与专业技能的差异

美丽中国建设要求发展绿色低碳物流，"公转铁、公转水"、多式联运、绿色运输、绿色仓储、绿色包装、绿色配送等成为绿色低碳物流发展的方向。企业要求高职毕业生能从一线的基本操作岗位起步，不仅熟悉各种设备的操作，还要深入了解各工作岗位的流程细节。但目前物流行业从业人员技术等级普遍较低，大多从事操作型岗位。同时，随着机器人、无人机、射频识别等智慧信息技术的应用，企业对既懂物流又懂信息技术的高技术技能人才的需求不断增加。

值得注意的是，本专业群2020届毕业生对核心课程的重要度评价和满足度评价相比于2019届均有所下降，这提示课程设置需要进一步优化，课程培养也需要进一步加强。在课程体系构建上，无论是专业必修课还是专业选修课程，都应强化"双碳"理念的融入，并增设"绿色物流"等专业课程，以明确培养发展绿色低碳物流所需的专业人才。

四、岗位所需专业人才培养适配度的建议

（一）人才培养目标改革建议

在人才培养目标中，加入绿色人才培养方案的编制与评审，融入专业人才培养目标；在素质目标中增加培养学生环保意识的内容。

（二）课程体系改革建议

构建专业教学计划课程体系，组织课程团队修订相关绿色课程标准；开设"绿色物流"等课程。

（三）培养方式改革建议

培养"绿色"师资队伍，将绿色物流知识、技能等系统化融入师资队伍建设和专业课程建设中。

第三节　道路运输管理产业调研分析

一、产业岗位能力需求

（一）产业研究报告对人才的需求分析

1. 未来发展趋势

著者参考《2024年道路货物运输行业分析报告及未来五到十年行业发展趋势报告》的数据发现，道路货物运输行业的相关技术在人们的日常生活和工作中得到越来越广泛的应用。随着我国社会经济的不断发展，对道路货物运输行业的应用需求也会日益增加。

首先，道路货物运输行业已进入大规模推广应用阶段。国内该行业不仅已经比较成熟，还广泛渗透到多个领域，包括金融、交通、民生服务、社会福利、电子商务和安全等多个领域，标志着道路货物运输行业全面适用的新时代已经到来。

其次，中国道路货物运输行业的市场增长点显著。据不完全统计，道路货物运输行业中有超过50%的公司提供系统集成服务，而新三板中有25%的公司也提供系统集成服务。在整个道路货物运输行业市场中，参与者之间仍有很大的空间供系统集成商使用，市场扁平化程度有望提高。

再次，细分道路货物运输行业产品将展现出最大优势。以往那种"大而完整"或"小而完整"的行业管理模式最终将被打破，专业化细分将成为道路货物运输行业相关项目建设的总趋势。各种行业信息系统间将建立更多链接，可以将其细分为相对独立的系统并深入细分市场。同时，交通信息系统、政府信息系统、电子商务系统、社会娱乐系统等也在不断发展和完善。软件开发人员将能够依靠深入的研究和某些细分领域的优势来赢得市场。

最后，道路货物运输行业与互联网等行业将迎来融合发展机遇。企业使用"互联网+"平台技术来提高网络服务水平并增强竞争力。道路货物运输行业电子商务将迅速发展。业界已建立了道路货物运输行业质量安全大数据和互联网监管技术平台，可以有效地实时监控业务发展。

2. 未来人才需求

为了推进道路货物运输行业的持续发展，我们需要强化人才支撑，致力于构建完善的道路货物运输行业体系。为此，要建立以品格、能力和绩效为导向的职称评价和技能水平评价体系，扩大道路货物运输行业专业人才的职业发展空间，增强他们的职业荣誉感和社会认可感。

专业人员作为道路货物运输行业发展的基石，其重要性不言而喻。然而，当前人才短缺已成为制约行业发展的关键瓶颈。为了破解这一难题，不仅需要改进道路货物运输专业教育，还要建立满足市场需求的道路货物运输专业体系，正确定位专业人才培养方向。此外，有必要积极引进国外成熟的道路货物运输行业专业人才培养体系，结合国情，建立一套适合国情的国际道路货物运输产业人才培训课程和实践体系。

（二）产业（岗位）人才需求的情况

交通领域已成为我国碳排放增长最快的领域之一，也是减排的重点领域。在这一背景下，道路运输企业纷纷引入与"双碳"相关的新材料、新设备、新工艺、新技术，导致其业务内容和人才需求也发生了变化。

1. 业务内容变化

（1）智能化管理系统应用情况

根据调查，绝大多数企业都采用了智能化管理系统来提升企业运输效率，说明当前各道路运输企业都意识到智能化、数字化方法的重要性，并在实际生产中加以运用。同时，所有被调查企业均认为，智能化管理系统会对企业产生正面影响，其中，36.36%的被调查企业认为智能化系统显著提升了运输效率，54.55%的被调查企业认为智能化系统有一定影响，但仍有优化空间。

（2）企业未来发展情况

针对道路运输领域未来发展情况的调查显示，78.79%的被调查企业认为数据分析和人工智能的应用将极大影响未来道路运输领域的发展，54.55%的被调查企业认为绿色运输的推广将会影响未来道路运输领域的发展，44.48%的被调查企业认为自动驾驶技术的应用将会影响未来道路运输领域的发展。在此背景下，我们需要深入研究道路运输领域各方面的需求变化，特别是针对人才素质与能力的需求变化。

（3）企业推进"双碳"目标实现情况

大多数道路运输企业在日常的经营管理中均采取了不同程度的措施推进"双碳"实现，最常见的是采取缩减运营车辆、共享运营、轻资产运营、使用第三方运输等措施，以上措施也和企业节约运营成本的目标重合。企业还会采取如推行无纸化办公、非必要时减少灯光和减少电脑等办公电器的使用等措施推进"双碳"目标实现。但很少有企业专门设立节能减排监督岗，原因是成本较高，道路运输企业更愿意在降低成本的基础上推进"双碳"目标实现。

2. 人才需求变化

通过调查，当前道路运输企业对岗位的需求主要分为以下三类。

（1）调度专员类

调度专员类的岗位主要包括运输车辆调度岗位、运输线路管理岗位等，主要工作内容为根据货物体积、重量、形态、运价等科学配载，加大力度提高单车毛利率。根据每天运输量变化的具体情况，认真及时地制订发车计划，掌握突发大量货物的运输情况，保证货物运输时效。根据货物要求及时组织车源，合理选用车型，避免货等车、车等货现象。负责对自有车辆及外雇车辆使用进行合理的安排，以保证运输任务的完成。严格审核使用外雇车辆，要求保险、手续完备，进行拍照、拓印、网上认证备案登记，确保安全用车等。

（2）运作专员类

运作专员类的岗位主要包括运输专员岗位、运营专员岗位、道路货运业务处理岗位等，主要工作内容为货物出库装车作业，每日库房货物盘点，根据现场主管安排，完成每日提货任务，完成手开托运单、打印托运单的录入工作，建立客户档案，维系客户关系，挖掘并开发优质客户，跟踪落实收发货的计划执行情况等。

（3）客服人员类

客服人员类的岗位主要包括市场客服专员岗位、咨询顾问岗位、运输客服岗位等，主要工作内容为协调处理操作中的各种问题，及时与客户和代理沟通，处理交货异常情况，处理客户投诉，负责客户关系的维护等。

根据调查，72.73%的被调查企业面临人才短缺的情况。针对出现人才短缺情况原因的调查显示，63.64%的被调查企业认为这是由于缺少专门的技术人才导致的，57.58%的被调查企业认为是工资待遇不能吸引人才，而45.45%的被调查企业则认为是工作环境差导致了人才短缺。

对于道路运输企业看重的人才能力方面，调查显示，被调查企业更看重员工的人际交往能力、主动学习能力和系统操作能力，尤其是人际交往能力，81.82%的被调查企业认为该能力是企业最看重的能力。而被调查企业对数据分析能力、规划与组织能力、抗压能力等要求较低。

在员工学历与证书的要求方面，被调查企业普遍要求大专以上学历，且优先考虑有驾驶证的员工，而对网约车运营管理职业技能等级证书等证书要求较低。通过调研了解到出现该情况的原因，一是适用于道路运输行业的等级证书较少，二是企业对于相关证书的了解不够多。

二、职业院校专业人才培养现状

（一）专业培养目标定位

目前，道路运输管理专业人才培养的核心目标是培养理想信念坚定，德、智、体、美、劳全面发展的高素质人才。这些人才具有一定的科学文化水平、良好的人文素养、高尚的职业道德、强烈的创新意识及精益求精的工匠精神。他们应拥有较强的就业竞争力和可持续发展的能力，掌握本专业知识和技术技能。道路运输管理专业的人才培养旨在服务于道路运输专业人员职业群，毕业生将能够从事运输市场开发、运输作业管理、运输生产组织、运输安全管理与应急处置、营运车辆技术管理、运输数据分析、运输经营管理等工作，成为复合型技术技能人才。

（二）专业课程体系与培养方式

专业课程体系设置包括职业基础模块、专业技术模块、技能训练模块和素质拓展模块。职业基础模块重在奠定学生职业生涯所需的文化知识和社会认知基础。专业技术模块重在构建学生在道路运输与路政管理领域的专业理论框架和实践能力，为学生今后从事道路运输服务与管理工作搭建起坚实的知识与能力架构。技能训练模块将专业理论与实际工作相结合，重在提升学生解决实际问题的能力。素质拓展模块重在提升学生的综合素质及职业生涯可持续发展能力。道路运输管理专业从"知行合一"的人才培养模式入手，采用"理实一体教学、学校仿真实训、企业岗位实习"的递进形式组织教学。

（三）培养结果

根据《天津交通职业学院 2022 应届毕业生培养质量评价报告》，本专业毕业生的工作相关度回升，毕业生与对口产业的契合度明显回升。从毕业生对相关产业链的服务贡献情况来看，毕业生主要在运输、物流及快递等领域就业，基本符合本专业的培养特色和就业方向。毕业生就业落实较为充分，近三届毕业生的就业率呈上升趋势。近三届毕业生的平均月收入呈上升趋势，毕业生的就业幸福感越来越强。毕业生认知能力、合作能力、创新能力、基本职业技能的达成度均在九成以上，本专业高水平技术技能人才培养效果较为显著。

三、岗位能力与专业技能的新要求

随着道路运输领域绿色低碳转型创新发展，道路运输企业对人才提出了更高需求，具体表现在以下三方面。

（一）具备绿色低碳交通知识

绿色低碳交通知识，具体来说包括交通部门碳排放现状、趋势，交通部门低碳发展政策分析的相关内容，实现碳中和所需关键技术等内容。这些知识能为专业课程学习打下坚实基础。

（二）紧跟碳中和关键技术的发展

教学内容需随着技术的发展而同步更新。目前道路运输管理专业中与碳中和相关的关键技术包括以下几种。

1. 燃料替代技术

新能源汽车是燃料替代技术的表现。乘用车、轻型商用车将全面电动化。然而，当前的电池技术尚不足以支持长途营运性运输。因此，重型货车等重型商用车将是氢燃料电池汽车应用的重要领域。

2. 节能技术

节能技术对道路运输行业的节能减排有极大的促进作用。混合动力技术、先进内燃机技术和轻量化材料技术已经被列为核心节能技术。

3. 智能技术

智能驾驶技术与智能网联系统的融合，正成为汽车发展的重要趋势，也是支撑新一代智能交通系统的重要技术。它们能促进车路协同，从而提升道路运输效率并降低道路运输行业的碳排放。

（三）掌握运输结构优化新模式及智能运输技术

从业人员需要掌握运输结构优化新模式及智能运输技术的相关内容，包括对旅客联程运输、多式联运等新模式的了解，以及对智能运输、智能交通等新技术的认知。

四、岗位所需要专业人才培养适配度的建议

（一）加强通识教育

建议在人才培养体系中开设与"双碳"相关的通识课程，旨在引导学生系统学习负碳、零碳、低碳和脱碳等知识，从而树立绿色低碳发展理念。通过深入浅出的教学方式，加深学生对"双碳"的了解，让绿色低碳理念真正融入课堂教学和学生的日常生活中。

（二）强化实践教学

通过德育、思政及专业课程中的实践环节，引导学生从自身做起，积极传播绿色低碳文化，践行绿色低碳发展理念。

（三）深化内涵建设

锚定"双碳"目标，进一步丰富人才培养内涵，增加绿色低碳交通知识、实现碳中和的关键技术、运输结构优化新模式以及智能运输技术等前沿领域的教学内容。

第四节　绿色低碳建筑产业调研分析

一、产业对岗位能力的需求

（一）产业研究报告对人才的需求分析

1. 未来发展趋势

建筑是能源消费和碳排放的重要领域，目前，我国建筑领域碳排放总量仍在快速上升。建筑领域的绿色低碳转型迫在眉睫，也将对支撑我国"双碳"目标的实现起到至关重要的作用。国家和各省级地区相继发布推动建筑领域绿色低碳发展的文件，包括绿色建筑发展的相关规划，以及《城乡建设领域碳达峰实施方案》等，这一系列文件的出台推动我国建筑领域逐步由传统高消耗、粗放式的发展方式向绿色低碳的可持续发展方向转变。

绿色建筑是一种高质量建筑，在其全生命周期内，可以节约资源、保护环境、减少污染，为人们提供健康、适用、高效的使用空间，并最大限度地实现人与自然和谐共生。目前，需要加快绿色建筑建设，转变建造方式，并积极推广绿色建材。因为建筑运行阶段的碳排放量高达 70%～90%，同时，政策中的多数指标对建筑运行阶段的节能水平提升提出了更高要求。绿色建筑与互联网的融合也是其发展的重要途径。通过运用物联网、云计算、大数据等技术，可以提高节能、节水、节材的效果，降低温室气体排放。尽管绿色建筑有诸多优势，但在发展过程中仍面临一些挑战，如技术更新迭代快、原材料价格波动大、环保政策压力等。这就需要企业加强技术创新和原材料供应链管理，增加环保投入，提高技术水平，以适应快速变化的市场需求。

2. 未来人才需求

（1）从招聘职位的数量看，相关人才需求日益旺盛。截至 2024 年底，绿色建筑咨询工程师招聘职位数量同比增长 16.40%，景观设计师招聘职位数量同比增长 16.10%，建筑设计师招聘职位数量同比增长 16.50%，规划设计师招聘职位数量同比增长 15.80%。

（2）新技术、新工艺、新设备对新岗位能力提出了新要求。例如，随着 BIM 技术和装配式建筑施工技术不断应用，BIM 技术建模员、装配式建筑深化设计员、装配式建筑施工员等新岗位越发重要。智能建造的出现颠覆了传统的施工技术，企业在要求加快施工速度的同时，也要求提高施工质量，相应地出现了智能建造师、智能建筑设备操作员等新岗位。

（3）从职业素质看，在人才培养过程中，除了应注重知识和业务本身，还需要加强学生的综合素质培养。学生不仅要适应新技术、新工艺发展的需要，也要有较高的人际沟通技巧、组织管理能力。绿色建筑行业涉及千百万人的住房安全，关系到国计民生，对员工的基本素质和职业道德的要求也越来越高。除了具有专业知识和专业基本技能之外，绿色建筑企业岗位群对员工的责任心、安全意识、执行能力、应变能力和团队合作能力等提出了更高要求。

（二）产业（岗位）人才需求的情况

著者深入调研并分析建筑与土木工程行业企业的发展动态与趋势，认为目前应致力于提升建筑工程技术专业产教融合背景下的人才培养质量，遵循技术技能型复合人才的成长规律，系统构建专业人才培养体系，改革创新专业人才培养模式，以教育部相关文件为指导，以提高质量为核心，根据企业岗位要求，结合毕业生就业状况及职业发展需求，适应行业企业对专业知识、能力、素质的要求，明确专业教学改革的思路和措施。

（三）产业人才数量需求分析

1. 人才需求背景（国家层面）

2022年3月2日，中国建筑业协会建筑业高质量发展研究部发布《2022年建筑业发展统计分析》，经初步核算，2022年全年国内生产总值为1210207.2亿元，比上年增长3.0%（按不变价格计算）。全年全社会建筑业实现增加值为83383.1亿元，比上年增长5.5%（按不变价格计算），增速高于国内生产总值2.5个百分点。

截至2022年底，全国共有建筑业企业143621个，比上年增加14875个，增速为11.55%。国有及国有控股建筑业企业为8914个，比上年增加1088个，占建筑业企业总数的6.21%，比上年增加0.13个百分点。

2. 人才需求背景（区域行业层面）

2023年3月17日，天津市统计局发布《2022年天津市国民经济和社会发展统计公报》，建筑业发展向好。2022年年末，全市有总承包和专业承包资质的建筑业企业为2719家，全年建筑业总产值为4751.30亿元，比上年增长2.1%。全年签订建筑合同额为16550.48亿元，增长17.2%。建筑业企业房屋施工面积为18808.39万平方米，其中，新开工面积为3491.85万平方米。建筑业企业劳动生产率为58.16万元/人，比上年增长10.6%。

3. 人才需求背景（企业运行层面）

著者通过实地走访、调研问卷等方式对企业人力资源部门、技术部门和现场管理人员进行调研，对建筑工程技术工作岗位群、具体工作岗位等的情况进行数据分析，特别是针对现有建筑工程技术专业人才培养方案中施工员、测量员、安全员、建筑信息模型技术员、资料员等工作岗位进行探讨。

著者对5家公司、2个项目部进行实地走访、面谈，调研30人（人力资源主管3人、技术部门负责人4人、科技发展部门负责人3人、安全主管部门负责人3人；项目部经理、试验检测工程师、项目总工6人；一线工人11人）。采用网络调研问卷方式调研企业21家，涉及建筑工程项目各阶段技术人员120人，一线工人60人。

4. 人才需求数量分析

通过对国家层面、区域行业层面和企业运行层面的调研，著者认为作为国民经济支柱产业的建筑业，在经过短暂的行业转型调整、升级背景下，人才需求的数量还是存在一定的缺口。建筑施工企业在注重人才数量的同时，对人才的综合素质要求有较大提升，越来越要求员工紧跟时代和科技的发展。"懂技术、善管理、重安全"的人才缺口较大。

二、职业院校人才专业培养现状

（一）专业培养目标定位

建筑工程技术专业致力于培养德、智、体、美、劳全面发展的高素质技术技能人才，该专业学生不仅要掌握扎实的科学文化基础和建筑制图、建筑材料、建筑力学、建筑构造、建筑结构、工程测量、工程岩土等知识，还要能解决一般建筑工程施工技术问题。同时，他们要具备建筑施工合同管理、进度管理、质量管理、安全管理、技术资料管理和成本控制等关键能力，并具有工匠精神和信息素养，能够从事建筑施工技术与施工管理等工作。

（二）专业课程体系与培养方式

在第一、二学期，完成公共基础课和部分职业技术课程的教学内容，旨在塑造学生深厚的爱国情感和中华民族自豪感。通过宪法教育、道德教育等，让学生学会遵法守纪、崇德向善、诚实守信并树立热爱劳动的观念。同时，培养学生具备英语、数学、社会交往等方面的能力，强化其社会责任感和社会参与意识。

进入第三、四学期，在已掌握的专业基础知识基础上，继续开展建筑工程技术相关职业技术课程的学习。结合行业岗位能力需要，开设相关的实训课程，使学生具备从事工程现场施工等相应工作的能力，并培养其工作规范管理意识、履职意识、团队协调合作精神及大局观等。

在第五、六学期，根据用人单位需要，安排学生进入相应的企业中顶岗实习。学生在现场工程师和校内指导教师的共同指导下，了解实际工程项目现场施工的全过程，逐步积累处理现场各种问题的能力。实习后期，学生需要完成毕业作品，此过程不仅锻炼了学生的团队协作意识，还促进了学生间的互助学习，为将来在工程实践中承担土木工程建设工作打下坚实基础。

（三）培养结果

本专业从"知行合一"的人才培养模式入手，采用"理实一体教学、校内仿真实训、校外顶岗实习"的递进形式组织教学，取得较好的培养结果。理论教学部分以专任教师为主，强调案例教学的运用和推广，使学生掌握扎实的专业知识。实践教学环节则以校内专职教师和校外兼职教师相结合的方式，参照施工员、试验员、测量员、预算员等岗位的职业标准，同时针对建筑工程技术专业施工隐蔽工程多、工序复杂等行业特点，采用讲授法、项目导向任务驱动法、实验法等多种教学方法，确保学生具备实践技能。经过此模式的培养，毕业生在工作能力、职场素养、职业道德等方面表现出较高的适应性，能够较好满足用人单位的工作要求，专业就业率高达90%以上。毕业生主要被分配到与本专业相关的岗位，如BIM建模员、施工员、质量管理员、试验检测员等岗位。不过，值得注意的是，企业也反馈学生在数字化技术应用、施工现场管理能力、信息化软件使用等方面的能力有所欠缺。

著者通过学习政策文件和调研企业，深入分析了天津市建筑业的发展趋势和建筑企业的用工热点，了解了企业的经营状况、生产经营特点和在建项目情况，以及企业未来的发展规划。调研结果显示，建筑工程行业企业对建筑工程技术人才的岗位需求和人才培养规格期望与本专业人才培养目标高度契合。在职业素质培养、课程设置、实训项目开发、实验室建设等方面，得到了第一手资料，为调整课程体系和加强课程建设提供了依据。

三、岗位能力与专业技能的差异

在建筑行业面临关键转型升级的背景下，高职院校专业建设要紧贴行业企业发展，为企业输送复合型专业技术人才。由于人才培养相对于行业企业发展的滞后性，导致人才培养目标、课程体系建设和企业用人需求出现偏差，对于建筑工程技术专业而言，著者认为差距主要表现在以下几个方面。

（一）绿色低碳领域专业课程滞后

随着建筑行业中新材料、新技术、新设备、新工艺的应用，以及绿色建筑行业的发展迅猛，建筑工程技术专业人才培养方案中与绿色低碳相关的专业课程和教学内容没有及时跟上行业的发展步伐。2022年8月，人力资源和社会保障部新增建筑节能减排咨询师、碳汇计量评估师等新职业。但在建筑技术专业的人才培养方案中，这些新职业的需求没能得到很好体现。

（二）BIM技术应用能力存在差距

在建筑行业转型升级过程中，以"互联网+"为基础的数字化建设发展迅速，BIM建模能力、依据BIM模型计算与应用的能力、管线的碰撞检验能力等广泛应用于装配化建筑、数字化工地管理等方面。虽然建筑工程技术专业人才的培养涉及了BIM建模能力，但在模型应用能力培养方面还有差距，导致学生在实际工作中表现出的能力素质与企业需求有一定差距。

（三）智能化与工业化实训条件不足

建筑业转型升级具有智能化和工业化的特点，在装配式建筑、钢结构建筑、智能设备和智能建造等方面发展迅速。高职院校虽然已开设相关课程，但是实训条件和实际工程项目还有差距，导致学生缺乏足够的实践经验和技能。

（四）前后期能力培养相对缺失

目前建筑工程技术的专业人才培养方案更多定位于施工员、测量员、质检员、安全员等中间岗位，主要侧重于建筑建造等能力的培养，对于工程前期勘察设计能力，后期建筑运营维护能力的培养相对缺失，导致学生在职业生涯中的全面发展受限。

（五）校企合作深度不足

实训和实习基地是高职教育对学生实施职业技能训练和职业素质培养的必备条件，是提高高职人才培养质量的关键。由于建筑工程技术专业工种繁多、人员流动性大、安全风险高，高职院校与企业在订单班、工学交替、现代学徒制等人才培养模式上还需深度合作，以确保学生能够获得足够多的实践机会。

四、岗位所需专业人才培养适配度的建议

（一）加强复合型人才的培养

在人才培养方案中加入懂施工技术、现场管理、安全质量管理的复合型人才培养的内容，并特别注重绿色环保建筑、低碳管理等课程的融入。从专业和岗位的角度出发，加强对学生绿色低碳意识的培养。

（二）加强校企深度合作

面向社会、行业企业开展环保建筑、智能建造等培训体系建设，注重校企产学研项目的结合。结合建筑行业发展，加强建筑和土木工程行业智能化教学内容的融入，特别是虚拟仿真技术、BIM技术在专业课程中的运用，提高学生的课程实践技能。

（三）注重信息化能力培养

注重科技创新，紧密联系行业企业，在施工工艺（数字化工地管理、BIM正向设计等方面）进行突破，建立产业学院或校企共建育人项目。

（四）设计课程序列

在专业人才培养过程中，按照设计阶段、施工阶段、验收阶段、运维阶段来设计课程序列，注重新技术、新成果的运用，体现建筑工程技术专业全寿命周期的具体实施方式方法。

（五）加强绿色建筑、智慧工地管理方面的校企合作

在绿色建筑、智慧工地管理等方面加强校企合作，推进成果转化。同时，推动虚拟仿

真项目的运用，提升学生的感性认识、理性认识和实践技能。加强对学生操作能力和现场管理能力的培养。同时，在人才培养方案中，加入与绿色建筑、智慧工地相关的课程和内容，以适应行业发展趋势。

（六）加强对学生的培养和引导

推进课程思政、工匠精神、劳动素养等融入教学过程，提高学生职业道德和职业素养，引导学生获取职业资格证书和专业技能证书，拓宽就业渠道。

五、研究侧记

（一）绿色建筑领域研究

著者通过中国知网先期开展绿色建筑领域的文献研究，发现未来绿色建筑领域的研究主要集中在如下领域：一是绿色建筑生命周期研究。2012年，林波荣提出生命周期理论，对国际建筑生命周期研究进行比较研究和碳排放数据分析，为国内建筑生命周期能耗和碳排放评价提供借鉴和指导。二是建筑领域数字化发展研究。2021年，徐伟从建筑领域的节能减排入手，利用BIM技术研究建筑行业"规划阶段、设计阶段、施工阶段、运营阶段"的绿色化、数字化转型，为我国未来"绿色+智慧"的绿色建筑发展提供可持续发展的关键思路；三是绿色建筑材料的甄选研究。2022年，李旭峰提出优先选择节能环保、绿色低碳的建筑材料，可提高建筑施工管理水平，降低能耗，逐步实现绿色低碳建筑的发展。四是绿色建筑的后评价体系研究。2020年，李宏军提出适合我国绿色建筑运营后评估标准研究与应用分析，发现建筑行业重设计、轻运营的现实问题及解决路径。

（二）绿色交通领域研究

交通运输行业是我国碳中和行动的关注重点，加速行业绿色低碳转型是推动交通运输高质量发展的重要抓手。从相关数据来看，交通运输行业占据着我国终端能源消费总量的将近12%。目前交通运输行业的二氧化碳排放量占中国碳排放总量的将近11%，公路货运是碳排放的重点领域，重型货车是公路货运中碳排放较大的运输方式。近年来，我国在公路、水运、民航、管道等交通运输方式的货运量上，整体都呈现上涨趋势。从客运量来看，伴随着高铁民航等出行方式的健全完善，公路客运市场的份额被压缩，在公路客运领域中短途客运量更是急速流失。未来，在绿色低碳交通领域优化结构和改进技术，仍然是主要的发展任务。

1. 新时代加强和改进人才工作的要求

通过"引进来"和"走出去"的方式，吸引更多的高端人才，培养更多高水平的复合型人才，充分体现知识技术创新要素的价值，提升人才的积极性和主动性。

2. 绿色低碳交通领域人才工作成效

交通运输行业不断推进碳达峰、碳中和目标的落实，依托重大工程重点项目为人才提供锻炼平台,结合行业重点实验室、研发中心对人才进行凝聚。开展青年科技人才、行业科技创新人才培养等相关工作,切实培养人才,并充分发挥市场机制的作用优化配置人才。在人才总量、人才结构、人才梯度等方面,都得到了有效的改善和进步。

3. 绿色低碳交通领域人才工作面临挑战

虽然我国交通运输领域科技创新人才和绿色低碳人才队伍建设成效较为突出,但与新时期人才工作的总体要求仍有一定的差距,与我国交通强国建设的现实目标仍存在较大距离。第一,在顶层设计与资源投入方面。人才发展体系缺乏系统性,使人才的培养与使用常常存在着"两张皮"的问题,人才发展和开发机制不健全,在人才整体水平和平台建设方面也存在较大不足,尤其与国际绿色低碳交通人才的要求仍有较大差距,体现出我国绿色交通领域人才总量不足、梯队不稳、引领不够的现实问题。第二,在人才发展策略方面。创新策略较为有限,在策略执行上也存在着落实不到位,"最后一公里"尚未打通的现实问题。第三,在人才引进培养方面。绿色低碳交通领域国际化人才的引进力度不足,国际化人才短缺会导致对国外交通运输领域的发展形势、运输规则、运输情况等知识领域的了解有限,一定程度上影响绿色低碳交通行业关键核心技术的创新突破。

第五节 绿色低碳产业通识素养调研分析

一、职业院校专业人才培养现状

职业教育的通识课程体系严格遵循《关于职业院校专业人才培养方案制订与实施工作的指导意见》。为了不断优化课程资源，各院校还选择性地开设了节能减排、绿色环保、海洋科学、管理等素养类选修课程，从而充分落实了国家文件要求，并展现了良好的课程支持度。

基于职业教育通识课程体系的运行现状与国家战略新要求，再次梳理课程体系不难发现，开设节能减排、绿色环保等领域课程的学校不多，课程内容的选取和组织方式也存在显著性差异。对于高职院校来说，每个专业的教学标准对于学时和学分都有基本的要求，课程改革的现实痛点是课程体系与学时要求难以契合。如果持续增加通识教育课程的学时，就会带来专业课程学时的不足。通识教育课程内容的融合、课程体系的组织方式、学生职业能力的适应度提升是亟待解决的问题。

二、学生满意度调研

针对某高职院校的通识教育课程，著者进行了满意度测评，具体涵盖了职业生涯、心理健康、劳动教育、体育运动、绿色环保、美育素养等课程。通过对测评数据进行相关性分析，得到结论，学生对于这些通识教育课程的满意度总体上是存在差异的。学生对心理健康课程、职业生涯规划课程的满意度较高，对劳动教育和体育运动课程较为满意，对绿色环保和美育素养课程的满意度不高。

三、岗位所需要专业人才培养适配度的建议

从宏观角度看，通识教育被视为一种价值取向，旨在为学生提供充分全面的教育；而从微观层面看，通识教育则被视为课程体系的一个有机组成部分，与专业教育相辅相成。通识教育课程的内容要结合专业特点进行甄别选取，通识教育课程的组织方式要贯穿于人才培养的全过程，打破传统通识教育课程的"唯大学一年级"模式。

在这一框架下，我们引入了 STEM 教育模式。STEM 的内涵是科学（Science），技术（Technology），工程、能源、环境（Engineering、Energy、Environment）和数学运算（Mathematics）。将 STEM 与"双碳"课程相融合，构成 STEM-C 课程体系。这一体系提倡跨学科的教育，鼓励学生使用多学科的思维和认识来解决实际问题，有助于培养学生解决问题的能力、复合思维能力和创新能力。在课程内容上，通过将科学，技术，工程、能源、环境，数学运算等模块的课程与专业课程进行融合，不断丰富职业教育的通识课程体系，形成绿色低碳的 STEM-C 课程资源。

第六节 本章小结

本章从绿色低碳产业转型的视角出发，紧密结合国家战略和区域产业发展的重点，选取了新能源汽车、现代物流管理、道路运输与管理、建筑工程技术等专业及紧密合作的企业作为调研对象。在调研的过程中，走访了行业的头部企业、紧密合作的企业，并以学院的区域产教联合体等为载体，面向企业的管理者、人力资源部门负责人、生产部门负责人、一线员工、绿色低碳生产部门负责人等，采取问卷调研和访谈的形式，梳理出相关产业的未来发展趋势、未来人才需求等。除此之外，著者还结合职业教育的人才通识教育素养和专业技能素养进行调研。

《中共中央 国务院关于深化产业工人队伍建设改革的意见》提出，要构建以企业为主体、职业院校为基础，政府推动、社会支持、工会参与的技能人才培养体系。期待能有更多行业和企业参与到评价职业教育的相关工作中，从人才需求侧建言献策，进一步促进产教深度融合，共同为培养更多适配产业发展、企业需求的优质技能人才助力添火，为经济社会发展提供有力人才支撑。

著者通过调研发现，企业的需求和现实培养的差距，通识素养和专业素养之间应协同发展，并应引入 STEM 教育模式，形成绿色低碳的课程架构和人才培养思路，从而更加科学合理地培养绿色低碳人才。

第七章　绿色低碳人才的适应性培养策略

第一节　政策保障背景

按照《绿色低碳发展国民教育体系建设实施方案》的指导原则，我们致力于把绿色低碳发展理念全面且深入地融入国民教育体系各层次和各领域。此举旨在培养青少年，使他们不仅能够深刻理解并践行绿色低碳理念，而且能够适应绿色低碳社会的发展要求。教育系统在此过程中发挥着人才培养、科学研究、社会服务、文化传承的重要功能。为了能更有效地推进绿色低碳发展理念在国民教育体系中的融入，我们需要聚焦于各层次的切入点和关键环节，采取有针对性的举措，构建特色鲜明、上下衔接、内容丰富的绿色低碳发展国民教育体系，引导青少年牢固树立绿色低碳发展理念，为实现碳达峰、碳中和目标奠定坚实的思想和行动基础。

一、主要目标

绿色低碳生活理念与发展规范在大中小学教育体系中得到广泛普及和传播，并被正式纳入教育体系之中。展望至2030年，目标是实现学生绿色低碳生活方式及行为习惯的系统养成与发展，形成较为完善的多层次绿色低碳理念育人体系，形成一批具有国际影响力和权威性的碳达峰碳中和一流学科专业和研究机构。

二、具体措施

（一）将绿色低碳发展融入教育教学

1. 把绿色低碳要求融入教育课程和教材

高等教育阶段加强理学、工学、农学、经济学、管理学、法学等学科的融合贯通，建立覆盖气候系统、能源转型、产业升级、城乡建设、国际政治经济、外交等领域的碳达峰、碳中和核心知识体系，加快编制跨领域的综合性知识图谱，编写一批碳达峰、碳中和领域精品教材，形成优质资源库。职业教育阶段逐步设立碳排放统计核算、碳排放与碳汇计量监测等新兴专业或课程。

2. 加强教师绿色低碳发展教育培训

在教师培训课程体系中加入碳达峰、碳中和最新知识,绿色低碳发展最新要求,教育领域职责与使命等内容,推动教师队伍率先树立绿色低碳理念,提升其传播绿色低碳知识的能力。

3. 将决策部署纳入高等学校思政工作体系

发挥课堂主渠道作用,将绿色低碳发展内容融入高校思想政治理论课。通过形势与政策教育宣讲、专家报告会、专题座谈会等,引导学生围绕绿色低碳发展进行学习研讨,提升学生对实现碳达峰、碳中和战略目标重要性的认识,推动绿色低碳发展理念进思政、进课堂、进头脑。

4. 加强绿色低碳专业建设

鼓励有条件、有基础的高等学校、职业院校加强相关领域的学科、专业建设,创新人才培养模式,支持具备条件和实力的高等学校加快储能、氢能、碳捕集利用与封存、碳排放权交易、碳汇、绿色金融等学科专业建设。鼓励高校开设碳达峰、碳中和导论课程。建设一批绿色低碳领域未来技术学院、现代产业学院和示范性能源学院,开展国际合作与交流,加大绿色低碳发展领域的高层次专业化人才培养力度。深化产教融合,鼓励校企联合开展产学合作协同育人项目,组建碳达峰、碳中和产教融合发展联盟。引导职业院校增设相关专业,支持职业院校根据需要在低碳建筑、光伏、水电、风电、环保、碳排放统计核算、计量监测等相关专业领域加大投入,充实师资力量,推动生态文明与职业规范相结合,把职业资格与职业认证绿色标准相结合,完善课程体系和实践实训条件,规划建设100种左右有关课程教材,适度扩大技术技能人才培养规模。

5. 践行绿色低碳教育活动

创新绿色低碳教育形式,充分利用智慧教育平台开发优质教育资源、普及有关知识、开展线上活动。以全国节能宣传周、全国城市节水宣传周、全国低碳日、世界环境日、世界地球日等主题宣传节点为契机,组织主题班会、专题讲座、知识竞赛、征文比赛等多种形式开展教育活动。强化社会实践,组织大学生通过实地参观、社会调研、志愿服务、撰写调研报告等形式,走进厂矿企业、乡村社区了解碳达峰、碳中和工作进展。

(二)引领提升教育服务贡献力

1. 开展碳达峰、碳中和科研攻关

组建一批攻关团队,加快绿色低碳相关领域基础理论研究和关键共性技术创新突破。优化高校相关领域创新平台布局,推进前沿科学中心、关键核心技术集成攻关大平台建设,构建从基础研究、技术创新到产业化的全链条攻关体系。支持高校联合科技企业建立技术研发中心、产业研究院、中试基地、协同创新中心等,构建碳达峰、碳中和相关技术发展

产学研全链条创新网络,服务经济社会高质量发展。

2. 开展政策研究和社会服务

引导高校发挥人才优势,组织专业力量,围绕碳达峰、碳中和开展前沿理论和政策研究,为碳达峰、碳中和工作提供政策咨询服务。协助有关行政管理部门做好重要政策调研、决策评估、政策解读相关工作,积极参与碳达峰、碳中和有关各类规划和标准研制、项目评审论证等,支持和保障重点工作、重点项目推进实施。

(三)将绿色低碳发展融入校园建设

1. 完善校园能源管理工作体系

开展校园能耗调研,建立校园能耗监测体系,对校园能耗数据进行实时跟踪和精准分析,针对校园能源消耗和师生学习工作需求,建立涵盖节约用电、用水、用气,倡导绿色出行等全方位的校园能源管理工作体系。加快推进移动互联网、云计算、物联网、大数据等现代信息技术在校园教学、科研、基建、后勤、社会服务等方面的应用,实现高校后勤领域能源管理的智能化与动态化,助推学校绿色发展提质增效、转型升级。

2. 采用节能减排技术产品服务

在校园建设与管理领域广泛运用先进的节能新能源技术产品和服务。有序逐步降低传统化石能源应用比例,提高绿色清洁能源的应用比例,从源头上减少碳排放。加快推进超低能耗、近零能耗、低碳建筑规模化发展,提升学校新建建筑的节能水平。

第二节 人才培养的适应性策略

一、服务国家战略，建构人才培养体系

（一）坚持"以用立业"的专业设置导向

服务现代产业体系，聚焦新兴产业与未来产业发展，优先选择数控机床和机器人、航空航天装备、船舶与海洋工程装备、先进轨道交通装备、能源电子、节能与新能源汽车、新材料等制造强国战略重点领域产业，从"减排增效"的双向技术路线调整，纵深提高专业设置的前瞻性和适应性。

基于减少碳排放，在能源结构方面，开设"氢能技术应用、新能源材料应用技术、生物质能应用技术"等专业。在节能减排方面，增加"新能源装备技术、智能建造技术、新能源汽车"等专业。在金融核算方面，开设"绿色金融核算、碳排放管理"等专业。基于增加碳吸收，在技术固碳方面，围绕"碳捕集、碳利用、碳封存"技术领域，增加"化工智能制造技术、化工自动化技术、环境地质工程"等专业。在生态固碳方面，增加"生态环境大数据技术、绿色低碳技术、智能环保装备技术"等专业，逐步构建"人工智能＋""互联网＋"专业建设的新模式。

（二）坚持"课技融通"的课程建构导向

依据《高等职业教育专科专业简介》指导高职院校在"公共基础课程、专业基础课程、专业核心课程、专业选修课程"模块中，实现"双碳"知识、技能、素养的全覆盖。在公共基础课程模块中增加"政策解读、能源前景、碳足迹管理"等通识课程，培养学生绿色低碳的核心素养。在专业基础课程模块中增加"绿色能源、绿色制造、绿色交通等产业概论课程"，帮助学生建立绿色低碳知识图谱。在专业核心课程模块中增加"绿色低碳导论"章节，指导学生形成绿色低碳知识体系。在专业选修课程模块中增加"低碳新技术、资源循环利用"等课程，引领学生获悉行业碳中和技术的应用，提升碳排放管理的认知能力，鼓励学生参与"双碳"类职业技能竞赛，建造绿色低碳人才储备的"蓄水池"。

二、服务产业转型，布局实践体系设计

（一）坚持"产教融合"的协同育人导向

依托现代职业教育体系建设部省协同机制，推动产业技术与低碳技术融合的育人载体建设，以市域产教联合体、行业产教融合共同体、开放型区域产教融合实践中心的建设为具体抓手，既打造产业技术的实践育人场景，又融入绿色低碳的生产实践，将绿色低碳理念融入产业技术实践环节。学生可以在生产实践基地开展低碳技术应用调研、低碳技术技

能探究学习，既参与生产工艺的优化过程，又践行节能减排与绿色环保，参与"碳排放监测、碳核算、碳核查、碳交易、碳评估、碳咨询管理"等工作环节，多角色融入绿色低碳职业岗位，快速提升职业能力。

（二）坚持"真实生产"的实践育人导向

完善"理实循环，虚实融合"机制，让学生在校内实训场所获得实训设备与虚拟仿真设备的交替训练，体会降低生产能耗和改进低碳技术的生产流程，提升学生对绿色低碳领域的行业认知，建构其工程实践创新思维，铸就其绿色低碳素养的"聚能环"。聘请企业工程技术人员、高技能人才、管理人员、能工巧匠加入实训教学"双师"团队，将企业生产中的绿色低碳类实践问题、热点技术等引入校内实训教学当中，指导学生参与企业研发团队，为企业提供绿色低碳转型方案，打造"产—教—虚—实"融合发展的协同育人新格局。

三、服务社会需求，培育教师能力体系

（一）坚持"技艺精湛"的教师培养导向

鼓励教师创新教学方法，以教师服务产业能力比赛驱动低碳技术的应用，鼓励教师通过参与企业项目研发、技术改造、碳排放管理等工作，就产业链上中下游的绿色低碳生产实践开展研究。教师要完善自身知识能力体系，提升课程教学能力。院校要对接优势产业和新兴产业，汇集职业院校教师团队，基于低碳技术进行生产工艺（生产单元、工艺产线）真实案例的优化，以案例推进工艺流程改进，以案例库推进应用场景改进，打造绿色低碳技术案例库，丰富教学资源，推广技能培训服务。

（二）坚持"技能服务"的社会需求导向

引导院校完善资源建设，扩大优质资源共享，做强培训服务。鼓励教师利用国家智慧教育公共服务平台等优质资源，同步开发与绿色低碳相关的培训资源库，规范有序地为企业员工开展"碳排放管理员、碳汇计量评估师"等职业技能培训，提升员工专业化技能，为企业员工打造技能"充电桩"，服务全民终身学习和技能型社会建设，更好地实现"双碳"人才的供需对接。

四、服务文化育人，提升绿色校园建设

（一）坚持"节能降碳"的校园建设导向

综合院校所处地域的经济发展、历史文化、资源禀赋、重点产业等因素，强化新能源技术和节能设备的推广运用，优化能源设施设备管理，实行水、电、气、网等一体化管理，加快建立大型仪器设施设备共享机制。结合智慧校园建设，利用人工智能等现代科学技术，构建智慧化校园能源运营管理平台，开展能耗监测、诊断与管理，优化能源供给、有效降

低能耗，建设科技含量高、碳排放低、环境宜人的生态化、绿色化美丽校园，将校园建成绿色低碳的节能示范区和低碳实践场。

（二）坚持"绿色低碳"的文化育人导向

坚持宣传教育为先导，系统开展绿色低碳教育，有效整合生态文明教育资源，结合职业特点开展多样的资源环境国情教育和科学知识普及工作。充分利用微信公众号、校园网、抖音号等新媒体平台，以及示范科普基地、虚拟仿真实训中心、主题实践馆等教学载体，开展绿色低碳宣传教育，普及绿色低碳知识，形成"全员参与、人人践行、层层落实"的校园生态，积极培育绿色低碳文化的"生力军"。

第三节 政府层面的实施策略

一、职业教育绿色低碳政策实施背景

（一）背景前言

2020年9月22日，国家主席习近平在第七十五届联合国大会一般性辩论上发表讲话："人类需要一场自我革命，加快形成绿色发展方式和生活方式，建设生态文明和美丽地球。人类不能再忽视大自然一次又一次的警告，沿着只讲索取不讲投入、只讲发展不讲保护、只讲利用不讲修复的老路走下去。应对气候变化《巴黎协定》代表了全球绿色低碳转型的大方向，是保护地球家园需要采取的最低限度行动，各国必须迈出决定性步伐。中国将提高国家自主贡献力度，采取更加有力的政策和措施，二氧化碳排放力争于2030年前达到峰值，努力争取2060年前实现碳中和。各国要树立创新、协调、绿色、开放、共享的新发展理念，抓住新一轮科技革命和产业变革的历史性机遇，推动疫情后世界经济'绿色复苏'，汇聚起可持续发展的强大合力。""双碳"目标的提出，充分展现了中国积极应对全球气候变化的大国担当和决心。

为了早日实现碳达峰、碳中和，党中央和国务院先后召开多次专题会议，对此进行战略部署，制定和出台了一系列相关方案、意见。2021年9月22日发布的《中共中央国务院关于完整准确全面贯彻新发展理念做好碳达峰碳中和工作的意见》中明确指出要立足新发展阶段，贯彻新发展理念，构建新发展格局，坚持系统观念，处理好发展和减排、整体和局部、短期和中长期的关系，把碳达峰、碳中和纳入经济社会发展全局，以经济社会发展全面绿色转型为引领，以能源绿色低碳发展为关键，加快形成节约资源和保护环境的产业结构、生产方式、生活方式、空间格局，坚定不移走生态优先、绿色低碳的高质量发展道路，确保如期实现碳达峰、碳中和。坚持"全国统筹、节约优先、双轮驱动、内外畅通、防范风险"原则，围绕经济发展、交通运输、产业结构、城乡建设、科技攻关、对外开放和政策机制等多方面规划"双碳"发展建设，同时把绿色低碳发展纳入国民教育体系。

2021年10月24日，国务院印发的《2030年前碳达峰行动方案》中明确指出，要在"十四五"和"十五五"两个五年规划期内加快产业结构和能源结构优化调整，推进制度机制完善，逐步减少煤炭消费，在绿色低碳技术方面取得关键突破，使绿色生活方式成为公众自觉选择。同时，绿色低碳循环发展政策体系基本构建，要以"总体部署、分类施策，系统推进，重点突破，双轮驱动、两手发力，稳妥有序、安全降碳"为原则，大力发展新能源，在工业、城乡、交通、科创、碳汇、全民低碳出行等诸多方面实现绿色低碳目标。

（二）绿色职教

2022年10月，教育部印发了《绿色低碳发展国民教育体系建设实施方案》的通知，文件明确提出要聚焦绿色低碳发展融入国民教育体系各层次的切入点和关键环节，要求采取有针对性的举措，构建特色鲜明、上下衔接、内容丰富的绿色低碳发展国民教育体系，引导青少年牢固树立绿色低碳发展理念，将绿色低碳发展融入校园建设，要完善校园能源管理工作体系，为实现碳达峰、碳中和目标奠定坚实思想和行动基础。坚持"全国统筹，节约优先，全程育人，开放融合"的工作原则，要将绿色低碳生活理念与绿色低碳发展规范在大中小学普及传播，绿色低碳理念进入大中小学教育体系。有关高校初步构建起碳达峰、碳中和相关学科专业体系，科技创新能力和创新人才培养水平明显提升。实现学生绿色低碳生活方式及行为习惯的系统养成与发展，形成较为完善的多层次绿色低碳理念育人体系并贯通青少年成长全过程，形成一批具有国际影响力和权威性的碳达峰、碳中和一流学科专业和研究机构。要构建绿色低碳校园制度机制，完善组织管理架构，把绿色低碳要求融入国民教育各学段课程教材，加强教师绿色低碳发展教育培训，加强绿色低碳相关专业学科建设，把党中央关于碳达峰、碳中和的决策部署纳入高等学校思政工作体系，将践行绿色低碳作为教育活动重要内容，并鼓励各地各校开展校园能耗调研，建立校园能耗监测体系，同时鼓励校园采用节能减排新技术产品和服务进行节能改造。

二、逐级推进政策实施

2022年教育部将绿色低碳融入国民教育作为发展的重点，印发了《绿色低碳发展国民教育体系建设实施方案》，同时要求各层次和关键环节，采取有针对性的举措，构建特色鲜明、上下衔接、内容丰富的绿色低碳发展国民教育体系，引导青少年牢固树立绿色低碳发展理念，将绿色低碳发展融入校园建设。同时，完善校园能源管理工作体系，为实现碳达峰、碳中和目标奠定坚实的思想和行动基础。

与此同时，以2025年和2030年作为两个关键节点，将绿色低碳的理念融入大中小学教育体系，通过课本、教学模式和科普等全面普及该理念，并不断培养绿色低碳技术技能人才，以满足绿色科学发展的需求。在教师发展上，也要求教师加强绿色低碳发展教育培训，将绿色低碳作为教育活动的重要内容。此外，将绿色低碳纳入校园建设当中，无论在知识普及还是生活环境中，要时刻践行绿色低碳理念。

（一）京津冀绿色低碳发展中，天津市的政策推进

天津市的低碳政策框架以碳达峰、碳中和为目标，涵盖了产业结构优化、能源结构调整、交通运输改善、污染治理及公众参与等多个方面。这些政策旨在形成绿色低碳循环发展的经济体系，推动经济社会发展建立在资源高效利用和绿色低碳发展的基础之上。

1. 城市绿色低碳发展

2022年8月天津市印发《天津市碳达峰实施方案》，该方案明确了天津市碳达峰的总体要求、主要目标和重点任务。方案提出到2025年，单位地区生产总值能源消耗和二氧化碳排放确保完成国家下达指标，非化石能源消费比重力争达到11.7%以上。到2030年，单位地区生产总值能源消耗大幅下降，单位地区生产总值二氧化碳排放比2005年下降65%以上；非化石能源消费比重力争达到16%以上，如期实现2030年前碳达峰目标。

2024年3月印发的《天津市空气质量持续改善行动实施方案》聚焦产业、能源、交通、污染治理等领域，明确遏制高耗能、高排放项目盲目扩展，加快退出重点行业落后产能等23项任务。

2024年8月印发的《天津市碳普惠管理办法（试行）》旨在推动形成绿色低碳生产生活方式，规范天津市碳普惠管理工作。该办法提出以"低碳行动、普及全民、惠享权益"为核心，对本市机关、企事业单位、公共服务机构、社会组织和个人的减碳行为进行具体量化并赋予一定价值，并探索建立商业激励、政策支持和核证减排量交易相结合的绿色低碳发展引导机制。

2. 教育绿色低碳发展

2023年1月，天津市印发《市教委关于印发天津市绿色低碳发展国民教育体系建设实施方案的通知》，为天津市推进教育绿色低碳发展指明了方向。

天津市在推动低碳校园建设方面还发布了多项政策文件，这些文件为天津市的教育绿色低碳发展提供了有力的指导和支持。通过加强绿色低碳教育、推动绿色校园建设、支持科技创新与示范等措施，天津市的教育绿色低碳发展水平得到了显著提升。这些文件将绿色低碳发展教育纳入中小学教学实践环节，通过多种形式普及碳达峰、碳中和知识，提升青少年的绿色低碳意识。建立健全校园节能、节水、垃圾分类和能源计量管理等绿色管理制度，推动校园能源、环境监测和能源审计等工作，进而实现校园全生命周期的绿色运行管理。同时，支持绿色低碳领域的科技创新和示范项目，包括低碳能源、负碳技术、应用示范等方面的研究，以及低碳校园关键技术攻关及示范等。天津市将继续推动教育绿色低碳发展的进一步深入和普及。

（二）京津冀绿色低碳发展中，河北省的政策推进

河北省在绿色低碳发展上建立了"1+N"政策体系，以推动绿色低碳转型。其中，"1"指省委、省政府出台的关于做好碳达峰、碳中和工作的实施意见，以及省政府印发的全省碳达峰实施方案。而"N"则包括能源、工业、交通运输、城乡建设、科技支撑、财政支持等专项方案，为绿色低碳发展提供了全面指导。

1. 城市绿色低碳发展

《河北省人民政府关于加快建立健全绿色低碳循环发展经济体系的实施意见》中提出了

建立健全绿色低碳循环发展经济体系的指导思想和2025年、2035年的主要目标。同时，从健全绿色低碳循环发展的生产体系、健全绿色低碳循环发展的流通体系、健全绿色低碳循环发展的消费体系、加快基础设施绿色升级、构建市场导向的绿色技术创新体系方面做了具体部署。

2. 教育绿色低碳发展

在教育领域上，河北省教育厅印发了《河北省绿色低碳发展国民教育体系建设工作方案》，该方案聚焦绿色低碳发展融入国民教育体系各层次的切入点和关键环节，鼓励有条件的学校研发校本课程和教材，加强教师绿色低碳发展教育培训，推动教师队伍率先树立绿色低碳理念，提升其传播绿色低碳知识的能力。把党中央、国务院关于碳达峰、碳中和的决策部署纳入高等学校思政工作体系，推动绿色低碳发展理念进思政、进课堂、进头脑。鼓励学校结合办学特色，围绕雄安新区生态文明建设、白洋淀生态环境保护等主题，因地制宜创新绿色低碳教育活动形式。积极打造具有河北特色的教育活动品牌，以绿色低碳发展提升教育服务贡献力。

在校园建设和人才培养方面，聚焦河北省实现碳达峰、碳中和的技术需求，引导高校加强与企业、科研院所等创新主体开展联合攻关。加快能源清洁高效开发利用和绿色低碳转型关键共性技术的创新与突破，促进科技成果转移、转化。整合高校各相关学科优势力量，建设多层级绿色低碳领域高水平创新平台。着力培养绿色低碳领域青年拔尖人才和高水平创新人才团队。将绿色低碳发展融入校园建设，构建和完善涵盖节约用电、用水、用气，倡导绿色出行等内容的校园能源管理工作体系。在新校区建设和既有校区改造中优先采用节能减排新技术产品和服务。

综上所述，河北省在教育领域积极推行绿色低碳发展策略，具体措施包括：推动开设绿色低碳相关专业与课程，广泛开展绿色低碳教育活动，加大对绿色低碳领域人才的培养力度，并致力于推进绿色低碳校园的建设等。

（三）京津冀绿色低碳发展中，北京市政策的推进

北京市政府印发了《北京市"十四五"时期生态环境保护规划》等相关文件，明确提出了绿色低碳发展的目标和任务，为全市绿色低碳发展提供了政策导向和行动指南。在推动绿色低碳发展、促进经济高质量发展方面，北京出台了多项政策和措施，这些政策和措施不仅涵盖了教育领域，还涉及能源、工业、交通、建筑等多个方面。

1. 城市绿色低碳发展

（1）开展低碳试点工作

北京市生态环境局发布了关于开展低碳试点工作的通知，征集先进低碳技术项目、低碳领跑者、气候友好型区域等试点。这些试点项目涵盖了可再生能源开发利用、能源系统优化、绿色制造、低碳建筑、低碳交通等多个领域，旨在通过示范引领，推动绿色低碳技

术的研发和应用。

（2）支持"专精特新"企业发展

北京市政府出台了《北京市关于促进"专精特新"企业高质量发展的若干措施》，鼓励"专精特新"企业参与产业关键共性技术研发，利用财政资金设立科研项目，同时支持"专精特新"企业申请技改补助，推动科技成果转化，并加强财税金融支持。这些措施有助于提升企业的科技创新能力，推动绿色低碳技术的研发和应用。

（3）推动绿色产业发展

北京市大力发展先进能源、合成生物、智能网联新能源汽车、生态环保、绿色金融、绿色专业服务业等绿色产业，打造高效生态绿色产业集群。这些绿色产业的发展有助于推动绿色低碳技术的研发和应用，促进经济的高质量发展。

（4）加强绿色基础设施建设

北京市加快构建圈层式、一体化轨道交通网络，建设慢行友好城市。同时，加强城市绿化和碳汇水平建设，提高城市的生态环境质量。这些措施有助于减少交通领域的碳排放，提高城市的绿色低碳水平。

（5）推动数智转型和绿色发展

北京市强化国家试点引领，做好中小企业数字化转型城市试点建设工作。通过集中谈判和批量采购等方式，降低企业转型成本，推动绿色化带动数字化转型，以数字化赋能绿色化发展。这些措施有助于推动企业的数智转型和绿色发展，提高能源利用效率和减少碳排放。

（6）加强政策引导和激励

北京市政府通过设立绿色低碳发展专项资金、提供税收减免和资金补贴等优惠政策，鼓励企业和社会各界积极参与绿色低碳发展。同时，加强考核评估，将绿色低碳发展指标纳入政府绩效考核和企业社会责任评价范围，推动绿色低碳发展的落实和成效。

2. 教育绿色低碳发展

在教育方面，《北京市绿色低碳发展国民教育体系建设实施方案》中提到，到2025年，绿色低碳理念普遍融入各级各类学校课程体系，绿色低碳相关学科专业体系初步构建，完成10所高校的低碳学校试点创建工作。到2030年，实现学生绿色低碳生活方式及行为习惯系统养成与发展，基本形成较为完善的多层次绿色低碳理念育人体系并贯通青少年成长全过程，形成较为完善的绿色低碳相关学科专业体系。高校建成一批具有国际影响力的，且专注于碳达峰、碳中和领域的一流学科专业和先进研究机构，形成低碳学校创建长效机制。

北京市在推动绿色低碳发展方面采取了多项政策和措施，涵盖了顶层设计、低碳试点、"专精特新"企业发展、绿色产业发展、绿色基础设施建设、数智转型绿色发展，以及政策引导和激励等多个方面。这些政策和措施的实施将有助于北京市实现碳达峰、碳中和目标，推动经济高质量发展，推动绿色低碳教育教学发展，为实现碳达峰、碳中和目标奠定坚实的思想和行动基础。

三、政策实施的影响

在审视我国京津冀这一重要发展战略区域时，我们可以发现，无论是城市层面的绿色低碳发展还是教育领域的绿色低碳进步，均得到了政策和举措的大力支持。对比三地在政策推进上的异同，我们可以归纳如下：三地均积极响应国家碳达峰、碳中和目标，为此制定并实施了一系列绿色低碳发展政策。其中，北京市注重绿色基础设施建设、数智转型绿色发展，天津市强调产业结构优化、能源结构调整，而河北省则构建了"1+N"政策体系，全面指导绿色低碳转型。

北京市在推动绿色低碳发展方面，实施了一系列政策举措：启动低碳技术项目、低碳领跑者计划、气候友好型区域等试点。鼓励学校、企业开展产业关键共性技术研发，提供技改补助支持，推动科技成果转化。打造高效生态绿色产业集群，包括先进能源、合成生物等。将绿色低碳理念融入教育教学，致力于提升校园建设的绿色低碳标准。

天津市的绿色低碳发展战略聚焦于碳达峰、碳中和目标，涵盖产业结构优化、能源结构调整等多个方面。通过发布《天津市碳达峰实施方案》等文件，明确碳达峰总体要求和主要目标，构建绿色低碳发展国民教育体系，开展主题实践活动，加强绿色校园建设。

河北省则出台了一系列关于碳达峰、碳中和的实施意见及专项方案，并专门印发了《河北省绿色低碳发展国民教育体系建设工作方案》，以推动绿色低碳发展理念融入国民教育体系。

三地均将绿色低碳发展理念融入教育教学，以提升校园建设绿色低碳发展的水平，并鼓励学校研发校本课程和教材，加强教师绿色低碳发展教育培训。有所区别的，是北京市注重将绿色低碳理念纳入高校思想政治理论课，开设生态文明公共必修课或选修课。天津市强调开展"双碳"知识进中小学科普活动，建立健全校园节能、节水等绿色管理制度。河北省则鼓励结合办学特色，围绕雄安新区生态文明建设等主题，创新绿色低碳教育活动形式。

不难看出，三地在绿色低碳发展方面均取得了显著进展，通过制定和实施一系列政策，积极推动经济社会绿色转型。

第四节 行业层面的实施策略

在国家整体规划和政策的有力推动下，我国各行业积极响应绿色低碳发展理念，不断调整自身的生产工艺、生产原材料、技术技能研发、设备设施等。其中，成绩较为突出的是建筑、交通运输、生产制造和教育等行业。这些行业所采取的绿色低碳实施策略，不仅在生活中有直观的体现，而且直接对碳排放量产生了影响。

一、建筑行业

为推进建筑行业的绿色低碳发展，国家采取了一系列宏观调控措施，不断完善市场机制，制定和实施了一系列管理制度，涉及用能总量控制、用能强度管理、碳排放控制等方面。同时，通过完善用电、用气、用热等价格政策，利用峰谷电价、阶梯气价等方式，降低建筑绿色低碳转型的经营成本。此外，积极推进建筑行业的碳交易工作，旨在将建筑行业逐步纳入碳交易市场，通过市场机制激励建筑企业节能减碳，提升能源利用效率。

在政策层面，国家明确了支持建筑绿色低碳发展的具体措施，并安排中央财政专项资金，采用财政补助、税费优惠和专项债券等方式，推动绿色建筑、装配式建筑、超低能耗与近零能耗建筑、低碳与零碳建筑的建设，以及既有建筑的节能降碳改造和可再生能源的应用。

在技术层面，国家鼓励建筑企业采用高效节能技术、工艺和设备，对落后产能进行淘汰或升级改造，以提升行业整体能效水平。同时，大力推广绿色建筑，包括绿色建材的使用、绿色施工技术的应用等，以提高建筑的能效和环保性能。智能化改造也被视为重要方向，鼓励建筑企业利用物联网、大数据等技术优化建筑能源管理，进一步提高能源利用效率。

建筑企业可享受国家财政补贴专项资金的支持。同时，从事绿色低碳建筑相关业务的企业，和购买绿色低碳建筑产品的消费者，也可能获得一定的税收减免或优惠政策。除此之外，国家还鼓励金融机构创新信贷产品和服务模式，为绿色低碳建筑项目提供多元化融资支持，并扩大绿色金融支持绿色建筑发展试点范围，建立相关储备项目库。同时，鼓励社会资本通过特许经营、政府购买服务等手段投入绿色低碳建筑领域。

典型案例：绿色建筑示范项目

重庆市绿色低碳建筑示范项目

重庆市住房城乡建委在 2024 年第二批绿色低碳建筑示范项目名单中共有 10 个项目入选，有万州区北滨公园科技馆、悦来生态城区域可再生能源集中供冷供热项目等。这些项目通过采用高效隔热材料、节能设备及可再生能源，成功降低了能耗，减少了温室气体的排放，为可持续发展作出了贡献。以万州区北滨公园科技馆为例，该项目建筑本体节能率达到 24.15%，建筑综合节能率为 61.89%，可再生能源利用率为 49.98%，完全满足了国家和重庆市近零能耗建筑的标准要求。

典型案例：零碳建筑

上海傅雷图书馆

位于上海市浦东新区周浦镇的傅雷图书馆成为世界首座 LEED 净零碳认证图书馆。该项目利用屋顶及室外停车场空间建设光伏电站，打造以微电网为核心技术的新型电力系统，支撑光储充设备，约 67% 的建筑年用电量实现绿电替代，大幅降低建筑运行碳排放。

中国首个零碳科创村落

中国首个零碳科创村落一期在浙江嘉兴市嘉善县竹小汇村投入使用。通过将建筑垃圾循环利用，污废水、生活垃圾 100% 处理后回用、再排放，厨余垃圾等通过生物降解 100% 本地处理，并利用风能、地热能、太阳能、生物质能、氢能等可再生能源，实现碳平衡。该项目成为中国首个全体系应用"低碳智慧城市设施"的示范项目。

北京麦当劳首钢园得来速餐厅

北京麦当劳首钢园得来速餐厅成为中国首家获 LEED 认证的"零碳餐厅"。该餐厅参照 LEED 零碳排放标准和零能耗标准进行设计、施工，并通过认证。餐厅设有环保充电亲子单车，消费者可通过踩动单车为手机进行无线充电，每年减少碳排放约 200 吨。

典型案例：低碳建筑材料与技术应用

空气能热泵供热

空气能作为替代燃烧供热，实现电力、热量转换的方式，与光热、光伏一样，是实现碳中和的支撑技术。通过压缩机等设备迫使低温热源转化为高温热源，仅消耗少量电量即可得到较大的供热量。空气能供暖在吉林省、广东、山西等多地推广应用，显著降低了供暖能耗和碳排放。

光伏建筑一体化技术

随着技术的进步和政策的推动，光伏建筑一体化（Building Integrated Photovoltaic，BIPV）技术在中国得到了快速发展。利用光伏建筑一体化技术可将光伏组件与建筑材料相结合，形成具有发电功能的建筑材料。BIPV 技术的应用不仅提高了建筑的能效水平，还降低了碳排放，同时兼具美观性和实用性。

中国城市既有建筑绿色改造

中国拥有大量的既有建筑，这些建筑在能源消耗、资源利用等方面存在诸多问题。政府出台相关政策，鼓励和支持既有建筑的绿色改造，改造内容包括节能改造、环保改造、功能提升等方面。通过绿色改造，这些建筑的能效水平得到了显著提升，碳排放也相应减少。同时，改造后的建筑在舒适性、美观性等方面也得到了提升。

二、交通运输行业

在推动绿色交通基础设施建设上，我国致力于建设绿色铁路和公路，通过采用环保材料、节能技术和生态恢复措施，减少对环境的破坏。例如，在铁路建设中，采用声屏障、绿化带等措施降低噪声和空气污染。在公路建设中，推广使用再生沥青、透水混凝土等环保材料。同时，加强港口和航道的生态治理，实施岸线整治、生态修复和污染防控，提升港口的绿色发展水平。推动港口智能化、自动化建设，提高装卸效率，减少能源消耗和排放。在机场建设中，注重节能、节水、节材和环保，推广使用太阳能、风能等可再生能源，减少碳排放，同时，加强机场周边绿化，提升机场生态环境质量。具体而言，为了提升交通运输领域的能效，可采取以下措施。

（一）优化交通运输结构

通过政策引导和设施建设，加快大宗货物和中长途货物运输向铁路和水路转移，减少公路运输的碳排放。例如，建设铁路专用线、疏港铁路等，提高铁路货运能力。优化航道布局，提升水路运输效率。大力发展铁水、公铁、公水等多式联运，提高运输效率，降低能耗和排放。通过建设多式联运枢纽、完善联运设施和服务，推动多式联运的快速发展。

（二）推广新能源和清洁能源

加快新能源汽车的推广应用，包括纯电动、混合动力、天然气和氢能源等多种类型，通过政策扶持、设施建设、技术创新等措施，推动新能源汽车产业的发展。推动内河和沿海船舶使用液化天然气、甲醇等清洁能源，减少船舶排放。同时，加强船舶能效管理，提高船舶能效水平。推动航空领域绿色发展，通过改进飞机设计、提高燃油效率、采取生物燃料等措施，减少航空领域的碳排放。

（三）实施绿色交通出行引导

加强公共交通基础设施建设，提高公共交通服务质量，引导市民选择公共交通出行。同时，推广公交优先政策，提高公共交通的竞争力。完善城市慢行系统，包括步行道、自行车道等，为市民提供便捷、舒适的慢行出行环境。通过媒体宣传、活动组织等方式，提高市民对绿色出行的认识和参与度，形成绿色出行的良好氛围。

（四）完善政策体系

制定新能源汽车购置补贴政策、推动城市公共交通优先发展政策等，为绿色交通发展提供政策保障。加强对交通运输行业的监管，确保各项政策措施得到有效落实，同时，建立绿色交通评价体系，对交通运输行业的绿色发展情况进行评估。

未来，我国将继续加大力度推进交通运输行业的绿色低碳发展，为实现碳达峰、碳中和目标作出更大贡献。

典型案例

交通物流降本提质增效与绿色低碳转型

在交通运输部的积极引领下，运输结构调整优化工作取得了显著进展，其中，大宗物资的"公转铁"与"公转水"策略得到了有力强化。以义乌宁波舟山港为例，该港成功推行了集装箱铁水联运线路，这一举措有效减少了公路运输的碳排放，使得该路线成为集装箱铁水联运品牌线路。此外，交通运输部还重点推进了西部陆海新通道、长江经济带物流通道、沿黄生态经济带物流通道、中部多式联运通道等互联互通，有效促进通道内节点建设、数据交换、组织创新等，降低了物流成本并提高了物流效率。同时，为进一步完善货运枢纽的服务功能，交通运输部支持37个城市开展国家综合货运枢纽补链强链建设。这些城市通过推进铁路专用线进港区、园区、厂区，显著提高了物流运输的绿色低碳水平。

绿色低碳交通基础设施建设

衡德高速改扩建工程绿色低碳建设示范项目，通过采用环保材料、节能技术等措施，降低高速公路建设和运营过程中的碳排放。临猗黄河大桥及引桥工程作为黄河流域生态环境保护及高质量发展绿色低碳交通强国建设专项试点，将绿色低碳环保的创新技术融入施工建设中，实现了工程建设与自然生态的和谐相处。

新能源和清洁能源交通工具的应用

在公路货运领域，新能源货车的普及速度加快。例如，网络货运平台货拉拉40%的订单由新能源货车完成，运输减碳效果显著。

在水运领域，清洁能源船舶的应用也越来越广泛。通过推广LNG（液化天然气）动力船舶、电动船舶等清洁能源船舶，降低水运领域的碳排放。

其他绿色低碳交通措施

通过人工智能、物联网、大数据等新一代信息技术与现代物流深度融合，推动智慧交通的发展。例如，建成厦门远海、青岛前湾等49座自动化码头，提高港口作业效率，降低碳排放。

通过加强绿色出行宣传和教育，提高公众对绿色低碳交通的认识和接受度。例如，通过举办绿色出行宣传活动、推广绿色出行 App 等措施，鼓励市民选择绿色出行方式。

三、生产制造行业

2024 年发布的《中共中央 国务院关于加快经济社会发展全面绿色转型的意见》提出，加快产业结构绿色低碳转型，推动传统产业绿色低碳改造升级，大力发展绿色低碳产业。同年，工业和信息化部等七部门印发《关于加快推动制造业绿色化发展的指导意见》，提出发挥数字技术在提高资源效率、环境效益、管理效能等方面的赋能作用，加速生产方式数字化、绿色化转型。

（一）能源管理与优化

面对能源需求刚性增长的压力，我国鼓励企业优先选择环保的可再生能源，如太阳能、风能等，替代传统的化石能源。这不仅可以减少温室气体排放，还能降低能源成本。通过与能源供应商合作，签订可再生能源供应合同，确保企业能源结构的优化。在能源管理系统升级方面，引入智能化的能源管理系统，如 EMS 智慧能源系统，实现对全厂能源的数字化、定制化、可视化监测、管理和分析。通过系统提供的实时数据，科学、合理、高效地利用能源，提升工厂能效管理水平。

（二）生产过程优化与远程管控

对生产线进行自动化和智能化改造，引入自动化设备、机器人等高新技术，提高生产效率和产品质量。通过远程监控和管理系统，实时追踪生产过程，降低员工通勤和出差产生的碳排放。制订完善的设备预防性维护计划，利用智能化的管理工具，设置定期维保检查计划，定期维护和保养设备，确保设备处于良好的工作状态，减少因设备故障导致的能耗增加和排放增加。

（三）高效利用资源与废弃物管理

虽然我国是能源产量大国，但对资源的利用率较低仍是阻碍发展的因素之一。为此，通过鼓励研发，不断提升资源利用率，推行清洁生产，以减少废弃物的产生和排放。加强废弃物的回收和利用，实现资源的循环利用。对不可再生资源的水资源，要引入先进的节水技术和设备，如节水型冷却塔等，降低生产过程中的水耗，同时，采用节能型电机、变压器等设备，提高能源利用效率。

（四）构建绿色供应链

在生产制造行业，要优先考虑环保低碳的材料。在采购环节倡导绿色采购理念，优先选择支持环保、低碳原材料和零部件的供应商，与供应商签订绿色采购合同，明确环保要求和责任。在运输环节，采用环保的物流方式和包装材料等，并优化物流路线和运输方式，降低物流过程中的能耗和排放。

（五）碳排放监测与管理

建立碳排放核算体系，定期对企业碳排放量进行核算和报告，通过核算结果，了解企业的碳排放情况，为制定减排措施提供依据。同时，强化碳足迹管理，制定重点产品碳足迹规则标准，对产品的碳排放进行全生命周期管理。通过碳足迹管理，了解产品在生产、运输、使用等过程中的碳排放情况，为制定减排措施提供数据支持。

（六）构建绿色文化与员工培训

绿色低碳的理念只有形成普遍共识，才能在实施上得到有效的回报，这就需要生产制造企业开展相应绿色文化宣传，普及低碳环保理念，在企业内部宣传绿色文化，增强员工的环保意识和责任感。通过举办环保活动、培训等方式，增强员工的环保意识和参与度。定期对员工进行环保知识与技能的培训和教育。通过参加专业培训、参观科普基地等形式，提高员工的环保素养和操作技能。

典型案例

技术创新引领绿色转型

世界500强企业百威集团旗下的百威雪津在中国建设环保、节能型现代化酿酒厂，以技术创新为引领，通过煤锅炉改生物质、热能回收中心、沼气回收、CO_2回收、光伏发电、绿电采购等项目，提升碳排放治理能力。该公司制定了碳中和五年规划图，建立年度、月度碳中和目标考核制度，通过能耗指标的持续下降，立志于率先达成碳中和目标。目前，该工厂温室气体排放指标处于行业领先水平。

浙江晨龙锯床股份有限公司，作为智能锯切技术、自动化生产线及智能锯切成套装备领域的佼佼者，积极引进自动喷塑生产线，采用喷塑工艺替代传统喷漆，显著降低喷漆比例，大幅减少溶剂型油漆的用量。针对生产过程中的废气，公司采取了一系列措施。喷漆房废气经颗粒催化燃烧处理后高空排放，激光切割产生的烟尘经脉冲布袋除尘器处理后高空排放，而焊接烟尘经过专业设备处理后实现无组织排放。同时，公司优化设计了智能下料、机械臂自动焊接、表面处理、数控机加工等工艺流程，建设智慧工厂。该公司油漆源头替代率达70%，油漆用量从原有35吨/年降低到10吨/年。挥发性有机化合物处理效率从40%提升到95%以上，产能提高50%以上，生产效率提高20%以上，能源利用率提高10%以上。

能源转型与清洁生产

宁德时代作为全球领先的新能源创新科技公司主要从事新能源汽车动力电池系统和储能系统的研发、生产、销售。该公司建设有零碳示范基地，利用可再生能源如太阳能、风能等，实现零碳排放。目前，该示范基地已成为展示能源转型和清洁生产的重要窗口，为宁德时代在绿色低碳领域树立了良好形象。

东方风电是中国领先的风力发电设备制造商。该公司研制并成功下线全球最大26兆瓦海上风力发电机组，拥有完整自主知识产权，关键配套技术达到世界领先水平。该机组年利用时间超过4000小时，单台机组每年可输出1亿千瓦时清洁电能，减少CO_2排放8万吨，彰显了中国在该领域的引领地位。

循环经济与资源高效利用

宝马集团在沈阳的生产基地践行"循环永续"理念。该基地通过实施废弃物分类管理，显著提高了资源回收利用率。同时，该基地还采用了清洁生产方式，有效减少了污染物排放。这些环保举措不仅使该基地成为循环经济领域的典范，还提升了整个企业的环保形象和市场竞争力。

在四川省内，天府永兴实验室和四川大学研发团队同样在环保领域取得了显著成果。他们致力于绿色低碳技术的研发和应用，经过不懈努力，成功实现了新技术的突破。该技术基于固相力化学原理，采用新设备新技术，将退役风电叶片粉碎为微纳米级粉体，再经表面改性转化为高附加值再生材料。若每年回收处理50万吨退役叶片等热固性树脂，可创造2.5亿~3.5亿元利润，减排CO_2 110万~140万吨。该技术为风电行业绿色可持续发展提供了新技术支持。

绿色金融与可持续发展

浙江网商银行股份有限公司是蚂蚁集团旗下的互联网银行。该公司推出小微绿色评级体系，为小微企业提供绿色评级服务，并根据其环保表现给予相应的金融支持。该体系促进了小微企业的绿色转型和可持续发展，推动了绿色金融的发展。

由成都海关技术中心开发的欧盟碳边境调节机制填报辅助系统，旨在助力出口企业精准应对涉碳规则。该中心提供便捷、实时的系统服务，帮助企业生成符合欧盟要求的碳边境调节机制报告。未来，在经历进一步优化和完善后，该系统计划在国内全面推广应用，以期增强我国出口企业的绿色低碳竞争力，促进绿色低碳贸易发展。

第五节 人工智能的实施策略

一、人工智能在主要行业领域中的运用

由于各行业领域的本质特点不同,在政策推动下,它们各自探索适应本行业领域发展的路径。例如,建筑行业注重完善市场推进机制、发展绿色建筑、智能化改造、提高能源利用效率。交通运输行业致力于构建现代化综合交通体系,推广新能源和清洁能源交通工具,实施绿色交通出行引导。生产制造行业注重推动产业结构绿色低碳转型,构建绿色供应链,进行碳排放监测与管理,同时,注重绿色文化与员工培训。

人工智能技术的应用,主要侧重于在能源管理、工业生产、交通出行、建筑智能化等方面,通过应用人工智能技术,可以优化能源利用、提高生产效率、改善交通状况、推动建筑智能化。

1. 电力行业

通过集成大数据分析和机器学习算法,人工智能能够实现对风能、太阳能等可再生能源的精准测算。例如,丹麦的风能管理系统利用人工智能预测模型,显著提高了电网的灵活性和可靠性。这有助于优化电网调度策略,减少过剩发电造成的能源浪费。另外,在智能配电网络中应用人工智能技术,能够实时监测负荷变化,快速响应故障,保障电力供应的高效与安全。这有助于构建一个低碳、智能的电力生态系统。

典型案例

武汉市蔡甸区中法生态城是特斯联在华中地区打造的首座绿色低碳智慧园区。园区聚焦发展人工智能、物联网、5G及大数据等新兴产业,并融合智慧健康、科教文化等领域。园区利用广场、建筑屋顶、车棚等有效空间建设了面积约5000平方米的太阳能光伏板,并配置了储能设备。该系统能够持续为充电桩、照明、展示等设备供应电力,实现了"自发自用,余电上网"。其中,车棚建设的"光储直柔"系统,在两年内总计发电量达到了7.8万多度,部分电力直接用于新能源汽车充电。截至2023年12月18日,园区光伏发电单元已经累计发电365.7兆瓦时,年均碳减排量达273吨。

2. 生产制造行业

在产品研发设计阶段,人工智能技术可结合深度学习和仿真技术,帮助设计师优化材料选择和结构布局,从而减少资源消耗,实现产品的轻量化和可回收性。进入生产环节,企业可通过人工智能算法监控设备状态和能耗水平,实现能源的动态优化配置,避免无效能耗。人工智能驱动的供应链管理系统能够精确预测市场需求,优化库存和物流路径,减

少运输过程中的碳足迹。

典型案例

临沂中联水泥有限公司从事水泥产品的生产研发和销售,该公司始终坚持绿色发展理念。在质量管理方面,该公司引进先进的在线分析仪,实现水泥质量的实时在线检测,避免人工取样检测的不连续性和滞后性。在设备管理方面,该公司安装了智能在线监测系统,实现设备的预检预修管理。在生产管理方面,该公司安装分布式控制系统,通过算法模型和云端数据处理,实现自动控制生产操作,使生产系统时刻运行在最优状态。此外,该公司还开展了一系列低碳化改造,如篦冷机改造、窑尾收尘器改造、节能风机改造等。通过智能化、数字化和绿色化改造,临沂中联水泥有限公司的生产效率显著提高,能源消耗和碳排放大幅降低。同时,产品质量也得到了提升,为该公司创造了更多的经济效益。

3. 交通领域

智能交通管理系统利用人工智能算法分析海量交通数据,能够实现交通流的精细化管理,减少交通拥堵,降低车辆排放。利用人工智能技术优化交通信号灯控制、提供实时路况信息等,能有效减少交通拥堵和排放。自动驾驶技术的成熟应用有望通过优化行驶路径、精确控制速度,进一步减少燃油消耗和排放。此外,自动驾驶车辆还能提高道路通行效率,降低交通事故率。

典型案例

随着广州市常住人口和汽车保有量持续增多,公共交通出行客流不断攀升。城市空气质量压力增加、交通拥堵加剧、能源消耗过大等问题愈发严重。广州市在公共交通领域淘汰高能耗、低效率的传统能源车辆,加快推进纯电动汽车的应用。同时,建设充电桩和出租车换电站通道,优化城市充电桩布局。此外,广州市还大力发展智慧交通,通过科技创新手段优化公共交通出行服务。广州市已累计推广应用纯电动公交车 1.28 万辆,纯电动出租车超过 7.6 万辆。这些车辆的应用显著减少了常规能源的使用和二氧化碳的排放。同时,智慧交通的发展也改善了城市人居环境,提高了公共交通的出行效率和服务质量。

4. 建筑行业

在建筑设计阶段,人工智能技术结合建筑信息模型技术,可以模拟不同设计方案的能耗表现,帮助建筑师做出更加节能的选择。建筑运营期间,智能能源管理系统依托人工智能算法,自动调节空调、照明等设施,依据室内环境和人员活动情况实现能源的按需分配。这有助于显著降低建筑的能源消耗和碳排放。

典型案例

川建院大源国际中心办公楼位于四川省成都市武侯区，总建筑面积4.66万平方米。2022年，公司在利旧基础上以"绿色、低碳、智慧"为目标，启动自用楼层智慧低碳微改造，创新地构建了既有建筑智能化改造、绿色建筑、光伏一体化等8大特色板块。通过重构原有系统、提升5G办公网和有线设备网、自研楼宇设备管理系统等方式实现设备全面互联互通。改造后的川建院大源国际中心办公楼获得了智慧办公建筑金级预评价、WELL金级认证等荣誉。同时，节约了大量社会能源，带来成规模的节能收益，促进了绿色低碳产业的发展。

5. 环保领域

基于智能视频图像分析识别技术，人工智能能够实现对垃圾的分类、收集、运输和处置等环节的全覆盖监管。通过人工智能识别、分析、检测、预警等模型，可以有效提高垃圾分类的准确性和效率。人工智能还能够智能监测和分析大气、水质等环境数据，及时发现环境污染问题，为环保部门提供科学的治理建议。这些都有助于及时采取措施减少环境污染和生态破坏。

典型案例

Google Earth Engine利用人工智能算法分析卫星图像，监测森林砍伐、湿地退化、海洋塑料污染等现象。通过实时分析环境参数，为政策制定者提供科学依据。Google Earth Engine的监测结果有助于及时发现环境问题并采取相应措施进行治理。这有助于保护生态环境，减少碳排放和环境污染。

6. 可再生能源领域

人工智能系统通过学习历史气象数据和实时监控光伏板状态，能够精准预测太阳辐射强度，指导光伏板调整至最佳倾斜角度，并最大限度提高光能转换效率。在储能系统方面，人工智能算法能够根据电网负荷预测和价格波动，智能调控充放电策略，提高储能资源的经济性和效率。

7. 日常生活领域

智能家居系统利用人工智能技术，通过学习用户的习惯和偏好，自动调节家电设备的工作状态，能有效降低家庭能源消耗。人工智能在食品浪费减少方面的应用也不容小觑，通过预测需求、优化库存管理，可以减少超市和餐馆的食物损耗。智能水表结合人工智能算法，能及时发现漏水等问题，进而提高用水效率。

二、人工智能对绿色低碳的意义

人工智能对绿色低碳的意义重大。

首先，在推动能源结构优化和能源的高效利用方面，人工智能可以准确地对可再生能源进行管理，通过深度学习算法，人工智能能对可再生能源的发电情况进行预测和优化，提高可再生能源的利用率，减少对化石能源的依赖。

其次，在能源消耗的监控方面，人工智能可以实时监控能源使用情况，实现能耗的最小化。例如，在家庭或工业环境中，当无人在场或设备处于闲置状态时，人工智能可以自动关闭设备，减少不必要的能源消耗。

再次，在促进节能减排和降本增效方面，人工智能也发挥着重要作用。人工智能可以辅助开发和应用节能减排技术，这些技术能够显著降低能源消耗和排放。通过大数据分析技术和人工智能技术，可以实时监测空气质量、水质等环境指标，从而及时发现环境问题并采取措施进行治理。

另外，人工智能在工业生产中可以通过自动化生产线、智能机器人等设备，实现对生产过程的自动化控制，提高生产效率，同时降低人力成本。人工智能可以根据生产需求和市场变化，实时调整资源配置，减少资源浪费，提高资源利用效率。人工智能可以分析出行数据，为用户提供低碳出行建议，如优先选择公共交通、自行车或步行等低碳出行方式。

最后，人工智能可以模拟和分析绿色低碳政策的实施效果，为政策制定者提供科学依据。通过大数据分析技术和人工智能技术，可以实时监测政策执行情况，确保政策得到有效执行。

综上所述，人工智能在推动绿色低碳发展方面发挥着重要作用。随着技术的不断进步和应用领域的不断拓展，人工智能将在绿色低碳领域发挥更大的作用，为实现可持续发展目标贡献力量。

第六节　职业院校层面的实施策略

职业院校承担着为社会培养高素质技能型人才的重任。在职业院校中融入绿色低碳理念，不仅有助于提升学生的环保意识，还能通过学生的实践活动将这一理念传播到更广泛的社会层面。

职业院校一方面积极响应政府出台的发展策略，制定符合自己的节能减排、低碳发展方式，侧重内部改造和低碳文化宣传；另一方面发挥职业院校的职能特点，以人才培养为核心，通过校企合作融合发展方式，将绿色低碳理念融入人才培养方案当中，为企业定制专属人才培养方案，满足企业对绿色低碳人才的需求。在校企合作过程中，除单纯人才供给外，在绿色低碳技术领域和科研创新领域也形成新的低碳模式，从而实现绿色低碳对内对外全覆盖。

一、校园绿色低碳措施

绿色校园涉及校园规划、建设、管理、教育等多个方面。从广义上来说，要推广绿色建筑，采用节能材料和技术，降低校园建筑能耗；建设绿色校园景观，增加绿化面积，改善校园生态环境；制定节能减排管理制度，明确节能目标和措施，加强能源管理；推广绿色交通方式，减少校园交通能耗。

校园绿色低碳具体措施有以下几方面。

（一）绿色校园规划与建设

职业院校应制定详细的绿色校园建设规划，明确建设目标、任务和措施。规划应涵盖校园绿化、节能减排、资源循环利用、环境教育等多个方面。

推广绿色建筑，在校园建设中采用节能、环保的建筑材料和技术。优化建筑设计，提高建筑能效，减少能源消耗和碳排放。

完善校园基础设施，建设垃圾分类回收站、节能灯具、节水器具等基础设施，提高资源利用效率。加强校园绿化建设，增加绿地面积，改善校园生态环境。

（二）绿色管理与运营

建立绿色管理制度，制定校园节能减排、资源循环利用等管理制度，明确管理职责和流程。加大制度执行力度，确保各项管理措施得到有效落实。

推广绿色交通，鼓励师生采用步行、自行车等绿色交通方式出行，减少校园交通能耗和排放。建设校园自行车道、步行道等基础设施，提高绿色交通的便捷性和安全性。

加强能源管理，建立校园能源管理系统，实时监测和调控能源消耗情况。推广使用高效节能设备和技术，降低校园能耗水平。

（三）绿色教育与宣传

开设绿色教育课程，将绿色教育纳入课程体系，开设相关课程和活动，培养学生的环保意识和可持续发展理念。组织绿色环保主题讲座、研讨会等活动，提高学生的环保素养和实践能力。

加强绿色宣传，利用校园媒体、宣传栏等渠道，加强绿色校园建设的宣传和推广。组织绿色环保主题展览、竞赛等活动，提高学生的参与度和积极性。

营造绿色校园文化氛围，鼓励学生参与绿色校园建设和管理活动。建立绿色校园志愿者团队，组织学生参与校园绿化、垃圾分类等志愿服务活动。

（四）绿色技术创新与应用

加强绿色技术研发，鼓励师生开展绿色技术研发和创新活动，推动绿色技术的升级和应用。建立绿色技术研发中心或实验室，为师生提供研发平台和资源支持。

推广绿色技术应用，将绿色技术应用于校园建设和管理中。加强与企业合作，共同推动绿色技术的产业化应用和推广。

（五）绿色校园评估与改进

建立绿色校园评估体系，制定绿色校园评估标准和指标体系，定期对校园绿色建设情况进行评估和检查。根据评估结果，及时发现问题和不足，制定改进措施和计划。

持续改进绿色校园建设，根据评估结果和师生反馈意见，不断优化绿色校园建设规划和管理措施。加强与地方政府、企业等社会各界的合作与交流，共同推动绿色校园建设的持续改进和发展。

综上所述，可以采取绿色校园规划与建设、绿色管理与运营、绿色教育与宣传、绿色技术创新与应用、绿色校园评估与改进等措施建设绿色校园。这些措施有助于推动职业院校绿色校园建设的全面发展，为培养具备环保意识和可持续发展理念的高素质技能型人才提供有力保障。

典型案例：江苏城乡建设职业学院

江苏城乡建设职业学院新校区是国内唯一通过住房和城乡建设部、教育部认证的绿色校园示范项目。该项目以建设全寿命期绿色校园为目标，探索集绿色设计、绿色施工、绿色运营、绿色人文、绿色教育于一体的全寿命期绿色校园建设。

江苏城乡建设职业学院采用绿色理念，综合考虑当地气候特征并系统规划校区布局，通过合理运用自然通风、自然采光，提高校区内建筑的舒适度，并合理利用可再生能源。

江苏城乡建设职业学院校园建筑设计采用现代中式风格，合理控制建筑高度和空间尺度距离，与周边环境和谐融合。同时，校园内 24 万多平方米的主要功能建筑都取得了绿色建筑设计标识，其中，二星级及以上绿色建筑面积占比达 48%。

江苏城乡建设职业学院采用开源和节流两种措施推进校园节能。因地制宜地选用光伏发电系统、土壤源热泵中央空调系统、污水源热泵系统等，并加强建筑运营管理，通过能耗监管平台加强用能监管，大大减少能源浪费。

江苏城乡建设职业学院将绿色校园建设内涵从绿色设计、绿色施工、绿色运营拓展到绿色人文和绿色教育，成立了"绿色校园运营管理委员会"，构建了多个绿色文化展示体验系统，并开展了丰富的绿色主题教育。

此外，江苏城乡建设职业学院还结合行业转型升级对绿色建筑人才的需求，在全国教育系统率先开设多门与绿色校园相关的可持续发展教育的公共课程。

典型案例：培黎职业学院

培黎职业学院是一所经甘肃省人民政府批准、教育部备案的公办全日制普通高职院校。培黎职业学院在绿色校园建设方面取得了显著成效，荣获"全省节水型高校"称号，并充分发挥低碳节能校园示范引领作用。

培黎职业学院利用现有屋面，选用性价比较高的多晶硅电池组件，铺设在学院多栋建筑的屋顶上，自建分布式光伏电站作为新能源专业、运维专业的教学实训基地。

培黎职业学院内所有楼宇照明设施已采用声控灯、光控灯，避免能源浪费。同时，积极推广应用节水技术，使用符合国家标准的节水器具，并充分利用校内地表水资源，收集雨水汇入学院人工湖。

培黎职业学院制作节水、节电、节能宣传展板、张贴宣传横幅、电子屏滚动播放宣传标语，并定时播放各类节能知识，增强师生的环保意识。

培黎职业学院利用现有的教育及活动资源，与思政课相结合，宣传绿色低碳政策法规、开展各类实践活动，培养学生敬畏自然、感恩生活的思想意识和行为习惯。

二、校企融合绿色低碳发展措施

技术技能人才的培养是职业院校办学的主旨，职业院校要与企业保持密切的关系，建立沟通渠道，了解企业需求，满足企业需求。产教融合通过企业与职业院校的紧密合作，共同培养适应绿色低碳发展需求的高素质技能人才。这些人才不仅要具备扎实的专业知识，还要具备丰富的实践经验和创新思维，能够在绿色低碳领域发挥重要作用。同时，绿色低碳作为当前经济社会发展的重要趋势，为产教融合提供了明确的发展方向。绿色低碳的发展对人才素质提出了更高的要求，促使产教融合更加注重人才培养的质量和效果。通过加强实践教学、实习实训等环节，可以提升人才培养质量，为绿色低碳发展提供有力的人才保障。

国家在职业教育发展战略上，强调职业教育的时代使命就是培养高技能人才，高技能人才培养的根本途径就是产教融合。深化产教融合、校企合作要遵循职业教育的办学和发展规律，以"四个合作"为基本方式。"四个合作"就是合作办学、合作育人、合作就业、合作发展。

（一）职业教育"一体两翼"模式

作为产教融合重要发展方向，"一体两翼"（"一体"指省域现代职业教育体系，"两翼"指市域产教联合体和行业产教融合共同体）建设模式围绕国家区域发展规划和重大战略，正引领职业教育迈向新高度。该模式聚焦于选择具有迫切需要、良好条件基础和强烈改革探索意愿的省份，在产教融合、职普融通等方面进行改革与突破。通过制定一系列支持职业教育的具体举措，优化制度环境和生态，旨在形成一批可复制、可推广的新经验和新范式，为职业教育的长远发展奠定坚实基础。

市域产教联合体是以地级市为单位，旨在提升服务区域发展的能力。省级政府以产业园区为基础，打造兼具人才培养、创新创业、促进产业经济高质量发展功能的产教联合体。通过成立政府、企业、学校、科研机构等多方参与的理事会，实行实体化运作，有效集聚资金、技术、人才、政策等要素，推动各类主体深度参与职业教育。行业产教融合共同体能以行业需求为牵引，实现教育与产业的深度融合。优先选择重点行业和重点领域，支持龙头企业和高水平高校、职业院校牵头，组建由多方共同参与的跨区域产教融合共同体。这一共同体汇聚产教资源，开展多种形式的培养活动，如委托培养、订单培养和学徒制培养，为行业提供稳定的人力资源和技术支撑。

目前，我国职业教育在现代职业教育改革体系建设发展上的重点包括以下几方面：一是提升职业院校关键办学能力。围绕现代制造业、现代服务业、现代农业的迫切需求，组建国家级职业教育核心能力建设专家团队，致力于打造核心课程、优质教材、教师团队、实践项目。同时，遴选国家级职业教育专业教学资源库、在线精品课程和虚拟仿真实训基地。二是建设"双师型"教师队伍。依托头部企业和高水平大学，建设国家级职业教育"双师型"教师培养培训基地。实施全国职业院校教师素质提高计划，并遴选一批高校开展职业院校教师专业学位研究生定向培养。三是建设开放型区域产教融合实践中心，启动高水平实践中心建设项目，通过政府搭台、多元参与、市场驱动，分类建设一批集实践教学、社会培训、真实生产和技术服务功能于一体的公共实践中心、企业实践中心、学校实践中心。四是拓展学生成长成才通道。建立符合职业教育办学规律和技能人才成长规律的考试招生制度，扩大应用型本科院校在职教高考中的招生规模，并完善本科院校招收具有工作经历的职业院校毕业生的办法，支持高水平本科院校参与职业教育改革，推进职普融通、协调发展。五是创新国际交流与合作机制。办好世界职业技术教育发展大会和世界职业院校技能大赛，推动教随产出、产教同行，打造职业教育国际合作平台，将职业教育打造成国际合作的战略资源。

（二）校企合作制度体系

院校在与企业进行校企合作时，常面临一对多的局面，且企业与行业对接的专业各异，这在一定程度上增加了管理难度。同时，职业院校和企业作为两个利益目标不同的主体，在发展的本质上也存在差异，如何统一这两个主体的发展需求成为亟待解决的问题。

在我国职业教育校企合作的发展历程中，主要通过建立校企合作理事会或校际校企联盟等组织，将院校和企业这两个主体紧密联系起来。为了更好地将专业与产业衔接在一起，院校以多元主体作为校企合作主要抓手，充分借助"政、行、企、校"的优势，使各主体能够形成良性互动机制，并积极投入产教融合发展建设。在此基础上，职业院校积极探索构建以现代交通职业教育体系为主要内容的学院、分院、专业（群）三级校企合作理事会管理体系。这一体系有助于有效整合合作企业资源，并不断完善《校企合作管理办法》等多项制度，促进校企合作健康发展。

通过校企合作理事会运行机制，职业院校专业与行业有效对接，为校企双方搭建了便捷的沟通渠道和桥梁。依托校企合作理事会或校际校企联盟，校企双方的利益目标得到有效集中，在政府支持引导下，校企合作为经济发展注入新的活力。

（三）校企合作项目建设

在校企合作不断发展的进程中，合作的方式、模式随着经济发展需求和行业需求不断变化。

1. 现代产业学院

现代产业学院的建设旨在强化高职院校的产教融合与协同育人机制，构建高等职业教育与产业集群的联动发展框架，形成一个集人才培养、科学研究、技术创新、企业服务、学生创业等功能于一体的新型人才培养实体。现代产业学院是"校企协同育人的网络连接点"，即由院校和企业共同承担技术技能型人才培养的责任，为学生提供双方独有的育人环境和教育资源。学生自进入现代产业学院起，即包含"学生"和"学徒"的双重身份。校企双方根据人才培养要求，分别在院校和企业组织教学，院校以理论知识和基本技能教学为主，企业以实践技能和岗位技能训练为主。现代产业学院采用"双标准"的评价体系，同时兼顾院校学业标准和企业职业标准，全面评价学生的学习过程和成效。

在深度校企合作理论体系研究的指引下，现代产业学院致力于探索符合产业发展需要、满足专业人才培养需要的稳定有序的管理育人新模式。它从社会服务、师资队伍、资源共享、平台建设等方面，尝试搭建校企深度合作稳定有序的管理模式和运行制度，并探讨与产业深度契合的长效机制。校企双方以缔结协议、制定章程为纽带，实行理事会领导下的院长负责制。由校企双方代表组成的理事会，负责审议、决策、监督专业设置、课程建设、教师队伍建设、实习实训基地建设等重大事项的规划与实施。校企双方共同制定人才培养方案、职工培训计划，为企业设定职工入职标准，创新校企协同育人的体系。

（1）创新人才培养模式

现代产业学院对校企合作的人才培养模式进行系统设计，针对教学、培养、培训等环节的挑战，结合院校的专业教学优势与企业的运营及实训基地优势，精心设计"颗粒化""模块化"的专业课程与跨专业拓展方案，搭建了"学校学习+基地实训+线上实训"的人才培养创新模式。

（2）校企融通师资队伍

从人才培养专业师资库搭建，校企双方师资交流和共建共享，校企师资集中组织和联合外派等多个方面，进行合理规划，探索覆盖安全教育、理论教学、实操实作、考核评定和专业进修的全过程的师资队伍培养与共享制度。

（3）共建省级教学资源库

围绕国家现代职业教育改革创新示范区建设总体目标，联合多家龙头企业和院校，以提升专业群服务产业能力为目标，以协同创新为手段，借鉴国内外先进经验，整合优质资源，策划设计建立资源智库和实训平台，以"窗口服务"的形式对同行业院校进行开放。

在教学中利用基于生产现场实景的教学资源，增加职业岗位所需要的有关实例、现场环境、运营管理等方面的介绍和体验，实现真实情景的再现。通过基于工作过程导向的虚拟仿真实训系统所提供的岗位角色，模拟完成相关岗位的工作，进行火灾等现场无法开展的实训项目。利用虚拟仿真设备进行模拟实训，实训过程与真实现场完全一致，增强学生的实际工作体验，解决车辆驾驶等相关岗位不能真车实操的问题。

（4）构建共享教学培训平台

探索产教融合资源共享有效机制，尝试利用智慧化升级实训设备，通过现代化信息网络手段，对教学、实训、考核等进行全过程数据化管理，形成后端数据库，实现信息化教学体系的搭建与应用。通过平台，强化学生的专业能力，提高实训实践能力，增强就业竞争力，共同打造产教融合的优秀品牌。探索将教学培训平台打造成为城市公共平台，集资源共享、实践教学、社会培训于一体，实现教学实训、职工培训、社会培训、师资培训、技能大赛、资格鉴定等功能。

（5）搭建社会服务体系

基于"双基地"资源优势互补，结合"学历证书+若干职业技能等级证书"试点方案，探索校企合作开展专业技能培训的路径和方法。例如，校企双方共同组织师资培训、高级研修、高端论坛，面向社会待就业和再就业人员开展技能培训。

2. 现场工程师

近年来，随着数字化、智能化技术的快速发展，现场工程师的需求日益增加。为了应对这一需求，教育部等五部门印发了《关于实施职业教育现场工程师专项培养计划的通知》，指出面向重点领域数字化、智能化职业场景下人才紧缺的技术岗位，遴选发布生产企业岗位需求，对接匹配职业教育资源，以中国特色学徒制为主要培养形式，培养一大批具备工匠精神、精操作、懂工艺、会管理、善协作、能创新的现场工程师。现场工程师，也被称为现场应用工程师或现场技术负责人，是在生产、工程、管理、服务等一线岗位上，用科学技术创造性地解决技术应用问题的复合型人才。他们具备扎实的理论基础和丰富的实践经验，能够在现场迅速应对各种技术问题，确保生产线稳定运行，提高生产效率、降低成本、保证产品质量。

通过校企合作联合培养，共同制定人才培养方案，实行工学交替、项目化教学等方式，让学生在真实的工作环境中学习和实践。完善"文化素质+职业技能"考试招生办法，校企联合招生，并根据岗位人才需要制定选拔标准。同时，校企联合设计和开展教学考核评价改革，设立淘汰机制，实现动态择优增补。企业选派具有教学能力的专业技术人员和管理人员参与学徒培养，与院校专任教师共同开展教学研究，形成双师结构的教学团队。院校发挥办学优势和专业特长，对接产业数字化需求，为企业员工提供入职培训、专业技术培训和数字能力提升培训。

从市场需求来看，现场工程师一直处于十分短缺的状态。随着数字化、智能化技术的广泛应用，现场工程师的需求将进一步增加。现场工程师的培养将更加注重跨学科能力的培养，以适应不断变化的技术和市场需求。同时，现场工程师的培养方案也需要不断更新和完善，以培养学生的自动化、智能化操作能力和创新能力为重点。此外，加强学生的职业生涯规划教育和综合素质提升，也是未来现场工程师培养的重要方向。随着职业教育的快速发展和校企合作的深入推进，现场工程师的培养质量也将不断提高。

第七节　职业院校实践案例

一、实践案例：数字经济赋能绿色低碳转型策略

数字经济的快速发展，需要的不是单一领域的技术技能型人才，而是"熟行业、通管理、懂技术、善创新"的复合型技术技能人才。新的人才需求迫切需要职业教育主动作为、主动适应，通过"学历教育+技能培训"尽快补齐人才短板缺口。职业教育的人才培养视角要从专业培养向复合型技术技能人才培养转变。只有这样才能适应瞬息万变的数字经济发展。

数字经济作为生产力的极大发展，正在刷新和重构人们对产业转型升级的认识。得人之要，必广其途以储之。为此，我们必须提高技术技能人才的"数字+绿色低碳"素养和能力，培养更多高质量的"熟行业+通管理+懂技术+善创新"复合型技术技能人才，从而更好地适应产业绿色低碳转型发展带来的新职业场景，实现产业链、教育链、人才链、创新链的协同发展，实现职业教育人才培养与经济社会发展的协同适应。

（一）教育理念先行，对接产业需求

数字经济给就业场景和就业生态带来革命性的变革。预计2035年，数字经济渗透率将上升至48%，就业容量达4.15亿人。国家提出"双碳"目标，明确指出在2030年前碳达峰、在2060年前碳中和，很多旧产业的岗位面临淘汰，伴随而来的是新产业的岗位。我们的就业观也要从传统的"工业思维"向"数字思维"转变，确保产业链、教育链、人才链与创新链的和谐共生。

未来的职业教育与技能培训务必确保与产业发展同步，职业教育或许不再需要院校的围墙，由起初的闭环管理变革为开环泛在的学习模式。我们的培养对象也不仅仅是校园里的学生，而是具备多重身份的"斜杠青年"。他们工作场所不再单一、工作时间不再固定。他们也许是某领域的行家里手，利用短暂的休假时间学习新行业的知识和技能，呈现他们学习成果的也不再是一张具体的成绩单，而是实时、动态的"技能值"与"竞争力"清单。企业可以通过产业人才培养状态数据遴选出与其需求相匹配的候选人，数字技术必将带来复合型技术技能人才就业、岗位升迁、迁移的重大变革。

（二）同步标准体系，同频产业革新

职业教育专业目录能为数字经济赋能，同时为绿色低碳发展的人才缺口提供教学标准体系的保障。此处以《职业教育专业目录（2021年）》为依据将中职、高职、职业本科的专业按照"智慧、智能、数字、数据、物联网、区块链、工业互联网"等关键词进行分类分析，中职教育共有358个专业，其中，建筑材料智能生产技术、建筑智能化设备安装与运

维、智能设备运行与维护、智能化生产线安装与运维、物联网技术应用等 14 个专业与绿色低碳转型的匹配度较高。高职教育共有 744 个专业，其中，畜禽智能化养殖、生态环境大数据技术、装配式建筑构件智能制造技术、智慧水利技术、智能网联汽车技术、大数据与会计、健康大数据管理与服务、智能安防运营管理等 82 个专业与绿色低碳转型的匹配度较高。职业本科共有 247 个专业，其中，智慧农业技术、建筑智能检测与修复、港口智能工程技术、城市轨道交通智能运营、大数据工程技术、智慧健康养老管理等 49 个专业与绿色低碳转型的匹配度较高。

（三）更新职业技能，培养新型人才

《中华人民共和国职业分类大典》伴随着经济社会的发展不断修订，将近 60 个新职业陆续发布，适应数字经济和绿色低碳发展场景的新职业不断涌现，电子商务师、区块链工程技术人员、碳排放管理员等新职业陆续走上职业舞台。人力资源和社会保障部定期向社会公开《中华人民共和国职业分类大典》《国家职业技术技能标准》。国家职业技能标准明确规定相关职业的职业道德、基础知识、工作等级及要求，通过认证所需的理论知识和技能操作权重。《中华人民共和国职业分类大典》《国家职业技术技能标准》是大力推进新技术、新模式、新产业的信号，为人才发展提供了制度保障的空间和平台。

与绿色发展和数字经济相关的新职业，为绿色低碳发展和数字经济转型提供了丰富的职业载体和依托。例如，碳汇计量评估师就是助力数字经济转型与绿色低碳发展新职业的代表之一。碳汇计量工程师运用碳计量方法学，从事森林草原等生态系统的碳汇计量、审核、评估等工作，其岗位职责是审定碳汇项目设计文件，现场核查碳汇计量，对实施项目进行碳排放监测，对碳中和活动进行技术评估。这种跨领域的新职业也能促进数字经济转型与绿色低碳发展深度融合，确保二者协同增效。

（四）产教协同育人，共享技能提升

1. 以产教融合为抓手，共商人才培养规格

职业教育是与企业深度融合的教育，要以产教融合为抓手，对接产业需求。中共中央办公厅、国务院办公厅印发的《关于深化现代职业教育体系建设改革的意见》强调，探索省域现代职业教育体系建设新模式，打造市域产教联合体、行业产教融合共同体，通过多种模式开展产教融合的人才培养模式。职业院校要结合自身办学特点，选取紧密合作的产教融合型企业、成熟的产业学院为载体，进行"数字+绿色低碳"复合型人才培养模式的定位，根据定位，反向设计专业课程体系、配置实训教学条件、选用课程平台、组织教学内容、完善评价体系。

在共商人才培养规格的过程中，职业院校要充分听取行业、企业专家的意见和建议，结合绿色低碳转型目标，利用数字化的新型生产工具，采用"培养+培训"整合的模式培养"数字+绿色低碳"人才，确保学生具备数字思维和能力，掌握扎实的专业技能、创新思维

和数字技术实践能力。

2. 以育人平台为载体，共建课程项目平台

课程是人才培养的核心。按照人才培养方案的国家制度文件要求，实践课程的课时要占到总课时的 50%及以上，这是职业院校的办学优势，也是职业院校的优良传统。数字经济与绿色经济融合发展的职业场景下，职业院校应对照每个专业对接产业的发展趋势，解构现有课程体系和实训项目，按照人才培养规格中的素质、能力、知识的要求，对现有课程进行逐门达成度的分解。课程可分为公共基础课、专业基础课、专业技能课、实践实训课等类型。数字技术素养类课程、绿色低碳素养类课程应扩充到公共基础课程中，让其内容普及每位学生。专业基础课应更新其教学内容，提及相应专业的数字化、低碳化发展前景，帮助学生养成"数字+绿色低碳"专业素养。专业技能课和实践实训课应尝试实行"数字+绿色低碳"导师制。由传统的临近毕业确定毕业论文（设计）指导教师，提早到新生入校即选"项目导师"。项目导师围绕"数字+绿色低碳"项目（课题）进行选择，完成师生互选。如此一来，每位学生都能具备"数字+绿色低碳"职业岗位所需的基本素养、基础知识和能力，进而有信心、有能力去适应新职业场景、新岗位的需求。

3. 以校企合作为纽带，共建教师团队

教师是人才培养的引领者。在数字经济赋能绿色低碳转型的过程中，教师团队的建设尤其重要。我们的教育对象多是信息技术的"行家里手"，他们对信息技术、数字技术的掌握可能要超出教师的预判。为此，职业院校应尽早规划、主动适应。首先，完善教师实践制度，鼓励教师进入企业共同开展数字经济方面的科研合作。其次，务必确保教学内容的更新，邀请企业工程师到学校任教，将产业的新知识、数字经济的前沿内容、绿色低碳发展的新技术、企业需要的岗位实践技能传授给学生。最后，教师团队要以数字创新项目为载体，指导学生参加创新创业大赛、绿色低碳技能竞赛等，提升学生对于数字技术掌握的获得感。

4. 以多元开放为理念，共享技术技能培训

未来的职业院校不应是闭环管理的，任意年龄段的学习者都可以走进职业院校内，参与到职业技能培训中。在数字经济赋能绿色低碳发展场景中，诸如碳核算、碳排放管理、碳计量等职业技能更多是通过培训获得的。因此，职业技能培训同样需要更新，要完善数字化的云平台建设，不断更新培训资源，确保线上线下高质量培训的开展。

在"数字+绿色低碳"复合型人才的培养过程中，要根据学习者的知识背景和能力层级，有针对性地进行培养。例如，面对经验丰富的企业员工时，要在专业技术培训体系上下足功夫，引导企业员工学习碳汇核算、碳排放管理等课程，通过专业的资格认证考核，确保企业员工在培训后能尽快提升岗位胜任能力、碳汇计算和管理能力，从而为企业提质增效、节能减碳作出贡献，提升其职业生涯的宽度与厚度。

二、实践案例：绿色低碳通识教育课程的设计

著者结合国家"双碳"战略，基于通识教育课程体系的建构、设计、实施及评价，重点从通识教育课程体系现状、学生职业能力及课程满意度等维度开展研究，阐明通识教育课程体系的建构思想、设计方案和实施方案。将绿色低碳的职业素养和能力贯穿到学生的培养过程中，让学生在校学习期间始终获得提升和发展，具备绿色低碳技能及跨专业、跨领域问题解决的能力。

（一）STEM-C 课程体系建构

1. 课程体系设计

（1）教学活动与项目实践结合

STEM-C 课程体系的构建需要职业院校与科研院所、企业的通力协作。科技普及、科技创新、创意设计等课程可以通过科研院所的教师讲授给学生，为他们开启科学方法、科学思考、科学设计的大门。工程创新、流程再造、工程管理等课程可在企业的真实生产环境中进行讲授，让学生们可以真实体验到工程创新的获得感。

（2）显性课程与隐性课程结合

STEM-C 课程体系的组织形式多样，可以采用第一课堂的教学形式，也可以采用第二课堂的社团活动、创新活动、社区共建活动等形式。

（3）专业发展与职业适岗结合

STEM-C 课程体系的教学内容与教学过程是开放的。教学内容的选取，可以以某个年级的学生为样本，统筹设计课程体系，优化企业实践项目，同时要考虑实践项目中是否存在绿色低碳转型的要素，是否存在高污染高排放低效能的问题。

2. 师资团队建设

STEM-C 课程体系是一个开放的体系，该体系中既有校园内的课程讲授与实践，又有与企业联合开展的项目实践。教师队伍的建设同样需要依托校企合作。学生获得的，既有校内教师的理论指导，也有企业人员的项目引领与指导，二者协同发展。

3. 实施运行评价

STEM-C 课程体系的评价模式是一种全新的模式。学分成绩的权重需重新设计，教学评价的指标也需不断深化和丰富。在教学评价中，适当增加企业人员的评价，增加对项目运行成果的评价，这样不仅可以提高学生的积极性，也成为邀请企业人员参与教学的重要助推。

（二）STEM-C 课程体系应用

STEM-C 课程体系重点关注课程内容、课程评价、课程实施等维度。著者通过问卷调

查、学生座谈、教师访谈等形式，描绘出 STEM-C 课程体系的画像，以便进一步优化该课程体系。此处以现代物流管理专业群为例，介绍 STEM-C 课程体系的应用情况。选取现代物流管理专业群的现代物流管理、快递运营管理、冷链物流、智能物流技术等专业作为研究对象。

1. 聚焦课程开发管理，关注课程内容

通过应用 STEM-C 课程体系，可提升课程的支撑度。

首先，通过企业调研归纳汇总出以下几项专业能力：物流业务流程设计、物流成本与绩效管理、采购与供应链管理、运营数据统计分析、智能设备操作、快件配送、生产运作、冷链包装运输、设备运维、数据分析、客户服务沟通、运输与供应链运营。其次，研究现代物流管理专业群的 STEM-C 课程体系运行情况、专业群课程建设的短板及 STEM-C 课程体系对专业群课程体系的补齐方式，不断完善 STEM-C 课程的结构与功能。再次，从结构分析着手，STEM-C 课程体系的四个维度无须强行融合到一起，可根据专业特点进行整体设计。最后，分析内容，STEM-C 课程体系应用的关键就在于通识课程和专业课程的融合。著者认为，第一课堂的教学内容应与专业课程体系相融合，而非作为独立课程存在。第二课堂则应成为培养学生综合能力的重要平台，可以通过社团组织多种形式的专业创新项目来提升学生的实践能力，且这些项目的成绩可以计入学生的素质学分。此外，通过校企合作的形式，将学生的认知实习、岗位实习纳入企业的项目团队中，让学生从入校开始就参与到企业的实际工作中。同时，学生可以参与市域产教联合体和行业产教融合体的建设过程中，以及各职业院校间共建共享的优质创新实践项目中，进一步提升实践能力和创新能力。

2. 聚焦学生职业能力培养，关注课程效能

著者将 STEM-C 课程体系应用前后学生的社会能力、发展能力进行比较，并对数据进行相关性分析，得到如下结论：学生能力和素养得到了提升，特别是团队合作能力、设计能力、创新能力、绿色低碳素养。

3. 聚焦教学主体成长，关注课程效果

在应用 STEM-C 课程体系的过程中，著者以专业群的教师团队和学生为访谈对象，深入了解教学实施情况。学生在大学二年级时，可以根据自身专业兴趣，选择企业实训项目或科技创新项目，依托校内实训中心或校外实训基地完成项目实施。教师团队主要由校内教师和企业人员组成，校内教师主要承担课程教学和指导工作，企业人员主要承担专业创新项目的指导与实施。在专业创新项目中，引入了绿色低碳的操作流程，旨在通过实践，培养学生的专业技能。从学生维度来看，他们的身份在教学场景和职业场景中进行了切换。在教学场景中，学生是学习者。在职业场景中，学生是工作者。绿色低碳技能的培养贯穿学生的成长过程中。实训场所主要由校内实训中心和校外实训基地组成，校内实训中心包

含专业实训室、专业综合实训基地、校内创新研究中心、校内产业学院等,校外实训基地主要包含合作企业、科研院所提供的工程实践基地等。著者通过追踪课程满意度测评,发现学生对绿色环保类课程的满意度显著提升。在推进国家"双碳"战略实施的过程中,STEM-C课程体系改革发挥了重要作用。教师不断提升其专业能力,加深与企业的合作;学生通过学习,获得绿色低碳技能,提升跨专业、跨领域解决问题的能力,不断提升对产业升级的认知。

第八节　本章小结

　　本章通过理论研究、实地调研，逐步归纳总结出"双碳"视域下职业教育人才培养的策略。在推进"双碳"目标实现的过程中，职业教育要主动发挥人才培养及社会服务的功能，前瞻性地培养绿色低碳人才。随着全球经济的快速发展和产业结构的不断调整，职业教育在培养技能型人才、促进就业创业、推动经济社会发展等方面发挥着越来越重要的作用。教育强国战略的实施，对职业教育提出了更高的要求，不仅需要职业教育培养出更多符合市场需求的人才，还需要职业教育在思想引领、文化传承、社会服务等方面发挥更大的作用。

　　职业教育作为连接教育与产业的桥梁，其生命力在于能否紧密对接社会需求，培养出符合市场需求的人才。随着产业结构的不断调整和新兴产业的快速发展，社会对人才的需求也在不断变化。因此，职业教育必须紧跟时代步伐，不断调整专业设置和课程内容，以满足社会对人才的需求。只有实现社会需求适配，职业教育才能保持旺盛的生命力和竞争力。

　　中国的绿色低碳发展之路，是一条充满创新和挑战的道路。各领域都在积极探索和实践，不仅将为中国的绿色转型提供宝贵的经验，也将持续为全球的可持续发展贡献中国智慧和中国方案。

第八章 案例推广

第一节 推广案例：携手"双碳"战略，政行企校共铸融合发展新篇章——天津交通职业学院实践

一、背景情况

在新时代背景下，党的二十大报告提出了"统筹职业教育、高等教育、继续教育协同创新"的战略部署，旨在推进职普融通、产教融合、科教融汇，进一步优化职业教育的定位与发展。紧随其后，《关于深化现代职业教育体系建设改革的意见》明确了以教促产、以产助教、产教融合、产学合作的发展路径，旨在延伸教育链、服务产业链、支撑供应链、打造人才链、提升价值链，从而增强职业教育结构与区域布局的适应性。

天津交通职业学院作为国家示范性职业教育集团、"双高计划"重点建设院校，不断优化并凝练了"四融合六共享"的产教融合模式。学院依托"示范性职教集团、校企合作理事会、现代学徒制、现代产业学院"四大共享平台，汇聚优质企业资源，将产业转型发展与技术技能人才培养相融合，实现"人才、双师、基地、项目、资源、竞赛"的发展生态。在电子商务现代学徒制建设方面，学院带动产教融合试点专业与产教融合型企业融汇发展，提升了职业教育技术技能人才培养的质量。学院深知使命在肩，依托自身办学优势，紧密聚焦交通运输领域的绿色低碳转型，特别是"绿色交通""智慧物流""智能制造"三大产业布局。为此，学院精心打造了智慧物流、智慧（轨道）交通、智能制造（运维）三大绿色产业学院，为绿色低碳发展贡献智慧与力量。

二、主要做法

天津交通职业学院始终坚持深化校企合作，建设校企命运共同体，探索技术技能人才培养创新改革，将产教融合走深走实。

（一）集聚优质资源，构建多元协作示范的职教集团

天津交通职业教育集团是由天津交通职业学院牵头组建、由天津市教委批准成立的首

家职教集团，成立于 2005 年，并于 2022 年被评为国家级示范性职教集团。该集团以服务天津滨海新区及"京津冀一体化"综合交通体系发展为目标，以人才培养为重点，秉持优势互补、资源共享、合作双赢的原则，依托各类合作项目，致力于探索并构建现代交通职业教育体系。

天津交通职业教育集团积极响应国家号召，在推动京津冀协同发展的过程中，不断深化职教集团的体制机制建设，并积极开展跨省联合项目建设。该集团通过共建"京津冀沪宁晋川"交通职业教育集团联盟，吸引了 40 余家企业、行业组织的加入，为开展校企、校际等合作提供了优质资源。这一举措不仅解决了区域之间合作的断点问题，还确保了优质资源的共享与高效利用。

（二）融合多元主体，构建政行企校研合作理事会

天津交通职业学院以多元主体作为校企合作主要抓手，创新性地构建了学院、分院、专业（群）三级校企合作理事会管理体系。这一体系通过整合优质资源，着力推进三级校企合作组织运行。学院制定了《校企合作理事会章程》及《校企合作理事会管理办法》，形成了科学合理的运行机制。通过理事会年会、产教对话、评优活动、合作项目等方式，增强合作关系的紧密性。学院理事会主要引领合作发展，促成合作项目。分院理事会落实合作项目，指导专业（群）建设。专业（群）理事会完善培养方案，调整课程体系。学院、分院、专业（群）三级校企合作理事会管理体系解决了"企业—专业"散点融合的问题，确保了产教融合的效率。

（三）融汇优质企业，构建"1+N"学徒培养联盟

天津交通职业学院电子商务现代学徒制项目依托"政行企校'1+N'学徒企业联盟制"，首创性地构建了实战型人才"岗课评三维空间"评价模型，设计实施了一套培养质量标准及方案，实现了以"课程评价与岗位评价的梯次匹配"引导学生认知由单点走向复合、岗位素养与能力由达标逐步晋级的培养目标，构建了"进阶式课岗交替学习"的新模式。该项目的校企学徒导师团队依据项目班专业人才培养方案，主持开展贯穿整个培养周期的项目化实战教学，立足于服务老字号数字化转型发展、推进专业全面升级，形成了保障实战教学项目对接产业发展的新机制。企业受益于共享商业项目推广渠道和学徒培养红利，解决了数字经济背景下实战型人才培养的快速迭代对接问题。

（四）对接国家战略，构建绿色低碳现代产业学院

1. 运行机制

天津交通职业学院现代产业学院实行理事会领导下的"院长"负责制，由校企双方代表组成理事会，负责对现代产业学院办学中专业设置、专业群和专业建设、培养方案制订、课程建设、"双师双能型"教师队伍建设、行业企业专兼职教师选派、校内外实习实训基

地建设等重大问题进行审议、决策、检查、指导、咨询、监督和协调，为企业制定职工入职标准、职工培训方案，解决了校企合作过程中企业参与意愿低的问题，赋予企业育人的主导动力，盘活了产业上下游的优质资源。

2. 人才共育

校企双方立足区域经济发展，以市场需求和就业岗位为导向，促进专业设置、区域基础产业、支柱产业、新兴产业相互链接，实现了校企双方共同设计培养方案、共同承担专业课程、共同进行学员选拔、共同培养职业素质、共同考核学习效果、共同完成实践教学。此外，天津交通职业学院现代产业学院建立专业师资库，聘请具有丰富实践经验的教师，引导课程覆盖安全教育、理论教学、实操实作、考核评定和专业进修全过程。同时，天津交通职业学院现代产业学院为学生提供个性化的职业规划和发展指导，助力其持续提升个人能力和职业素养。

3. 基地共建

天津交通职业学院有集人工智能、机器视觉、高密度存储、智能分拣、无人递送等行业尖端技术于一体的近3000平方米的实训中心和近7000平方米国家级校企共建物流管理专业生产性实训基地，购置了料箱机器人、自动引导车、高位拣选货架、四向穿梭车、自动化立体仓库等物流设备。通过"真企业、真项目、真岗位、真工作、真师傅、真学徒"的教学模式，取得了"真工作、真经验、真成长"的教学效果。

4. 双师共聘

天津交通职业学院搭建教学团队校企合作平台，探索"三双三层"的教学团队建设新模式，即从专业建设、订单项目建设、课程建设三个层次对专兼带头人、专兼骨干教师、专兼授课教师进行培养培训。这一举措有效解决了教师缺乏实践经验、企业人员缺少理论基础的问题，形成了有效互补，让"双师型"教师能名副其实。

5. 项目共研

在项目共研方面，天津交通职业学院发挥专业群资源集聚效应，联合企业、研究机构等，搭建了集团队建设、测试研发、数据分析、技术服务于一体，资源共享、机制灵活、产出高效的技术创新平台与社会服务赋能平台。依托专业群特色优势，天津交通职业学院通过咨询服务做好行业行政主管部门的参谋，助力交通强国建设。同时，天津交通职业学院立足区域经济特点，培育服务区域发展的高素质技术技能紧缺人才，服务中小企业的技术研发和产品升级，积极参与研制行业标准、专业标准，规范、促进行业、专业发展。

6. 竞赛共赢

在竞赛共赢方面，天津交通职业学院与企业深入合作，共同检验校企合作人才培养成果，共同参与、承办了各级各类技能大赛。这些赛事为专业技术技能共享、共创和传承搭建了平台，为科技创新发展奠定了基础。

三、取得的成效

（一）建机制，奏响交通强国新乐章

天津交通职业学院服务交通强国战略和天津市"1+3+4"产业布局，以国家示范性职教集团为载体，创新校企合作理事会职能，共同搭建协同创新中心、人才创新创业、合作交流平台，服务带动"京津冀沪宁晋川"协同发展，获得了全国职业院校实习管理50强等荣誉。

（二）育平台，打造政行企校新模式

天津交通职业学院融合头部企业资源，累计与800余家企业进行合作，其中，国家产教融合型企业7家，天津市产教融合型企业10家，打造生产实训、设备资源、学徒孵化、产业导师、科教相融、技能竞赛"六共享"模式，营造出"共建共享共赢"的育人生态。

（三）碳未来，推进融合发展新典范

天津交通职业学院对接国家"双碳"目标，选取交通运输领域绿色低碳转型重点发展产业，聚焦"百世物流""神州高铁""智能制造"，以世界职业技能大赛、智慧物流大赛、低碳设计大赛、智慧交通科普基地为抓手，融通生产资源和教育资源，成为做好绿色发展的"碳路先锋"。

四、经验总结

（一）创新育人模式，融汇职教集团的优质资源

天津交通职业学院充分发挥职教集团的纽带作用，通过七省市联盟有效融汇职教集团优质资源，打造校企互利共赢模式，构建深度融合的校企共同体，形成了"政企校产教融合发展，区域经济联动发展"的良好态势，实现了职教集团内职业院校与行业、企业的深层次对接、全方位融合，推动职教集团内校企资源共建共享。同时，为紧扣行业发展变化、发挥企业技术优势，天津交通职业学院与企业通过深度融合、校企共育的方式参与各级各类技能大赛，将赛项任务转化为教学项目、赛项标准转化为教学标准、赛项评价转化为教学评价，实施"以竞赛项目为载体、以工作任务为引领"的课程教学，推进课赛互促的教学改革，践行了"以赛促学、以赛促改"的育人模式。

（二）汇聚优质资源，培育产教融合型企业发展

为有力发挥校企合作中企业的主导作用，分级分类管理优质企业资源，助力产教融合型企业建设，天津交通职业院校与企业共同制定人才培养方案，协同对教学课程、教学内容、教学方法进行改革。天津交通职业学院借助课题、横向技术服务等方式对产教融合型企业政策、评价体系进行系统研究，"天津市产教融合型企业评价指标体系研究"作为研究

成果被天津市职业教育研究会立项为重大课题,现已结项,该研究尝试为教育行政部门、院校、企业等提供衡量、监测、评价产教融合的科学工具。

(三)锚定"双碳"目标,打造绿色产业发展新典范

天津交通职业学院利用其在交通运输领域实训基地、人力资源、科技成果等方面的优势建设"智慧交通科普基地",该基地不仅获评天津市科普基地,还充分发挥了其在智慧交通科普方面的示范引领作用。为进一步营造"科研科普协同育人"的创新氛围,学院积极承担交通运输行业绿色低碳转型发展的研究工作,其研究项目"'双碳'视域下职业教育人才培养的适应性研究"成功获得2022年度全国教育科学规划教育部重点课题。此外,天津交通职业学院还深度参与了中国工程建设标准化协会牵头的《校园碳中和评定标准》的制定工作,展现了职业院校在绿色校园建设方面的示范引领作用。

第二节 推广案例:"双高计划"赋能物流行业发展,天津交通职业学院打造提质增效典范

智利的车厘子、挪威的三文鱼、俄罗斯的帝王蟹……日益丰富的生鲜美食被端上了百姓的餐桌,舌尖上的"鲜味"要靠冷链物流保障。天津交通职业学院紧紧抓住"双高计划"支撑经济高质量发展的核心任务,深化现代物流管理专业群项目建设,联合天津市标准化研究院、北京物流协会、河北省标准化研究院、天津市交通与物流协会、中国仓储与配送协会等共同研制了《果蔬冷链物流操作规程》等 8 项与冷链物流相关的地方标准,从操作规程、温湿度、追溯管理、储运温控、运输车辆设备、冷库技术等方面提出了规范和要求,提高了冷链物流服务的质量和效率,推动了地方冷链行业标准化进程。

"零碳物流园区"是"双碳"时代物流行业发展的一大挑战,天津交通职业学院凭借"双高计划"专业群建设平台,积极对接中国仓储与配送协会,成立了天津市唯一授权的绿色仓储与配送评价办公室,该办公室是全国唯一在院校设置的评价办公室。天津交通职业学院不仅助力多家企业完成"绿色仓库"认证,还参与起草了国家标准《绿色仓储与配送要求及评估》,该标准已成为国家现行绿色仓储配送与绿色物流园区建设和评价的核心依据。

天津交通职业学院深知安全生产的重要性,联合天津市交通与物流协会,共同推进交通运输企业安全生产标准化建设,共筑天津物流行业的"安全长城"。通过专业教师的现场勘查和指导,天津交通职业学院已先后帮助 40 余家企业达标,有效提升了整个行业的安全水平,为企业安全生产提供了坚实保障。

在数字商贸物流产业园中,天津交通职业学院现代物流管理专业群以电子商务为引擎,以物流管理为支撑,以智能技术为助力,以邮政快递为保障,构建了多元化的功能区域。通过梳理物流岗位和短视频岗位,天津交通职业学院将每个岗位都视为人才培养的"实践宝藏",让学生在各岗位轮流实践,与企业共同探讨知识应用点。这种教学模式使学生真正成长为"作业技术熟练、具备解决现场问题能力"的数字商贸物流"现场工程师",实现了教学链与产业链、人才链与需求链的紧密对接。

在"双高计划"建设期间,天津交通职业学院物流管理专业群不断加强标准制定工作,不仅在推动冷链产业、绿色仓储和安全评审等领域取得了显著成果,还推动了物流行业的提质、降本、增效。这些努力为区域经济的持续健康发展提供了有力支撑。

第三节　推广案例：天津交通职业学院"智慧交通·能动未来"科普品牌入选 2024 年天津市全域科普"四全"品牌

2024 年，天津市全民科学素质纲要实施工作办公室正式发布了《关于公布 2024 年天津市全域科普"四全"品牌宣传活动入选名单的通知》（津纲要办发〔2024〕8 号），天津交通职业学院申报的"智慧交通·能动未来"科普品牌成功入选"全民参与共享"类品牌。

作为天津市唯一一所综合类交通高职院校，天津交通职业学院积极响应党的二十大关于科技、创新、人才的发展战略，充分统筹科普资源，积极营造"科研科普协同育人"的创新氛围。天津交通职业学院依托在交通运输领域的实训基地，面向公众全面开放了智慧物流展厅、智慧交通展厅等四大主题展厅，成为公众了解智慧交通的重要窗口。

天津交通职业学院立足交通院校办学特色，精心设计了"学习地图"，并推出了全民智慧交通科普栏目——交通文化与交通工匠。同时，天津交通职业学院积极发挥学生主体作用，组建了由 30 余名学生党员、学生干部为核心的智慧交通社团。他们走进社区、乡村，开展了智能交通、交通安全出行系列推广活动，将乡村振兴与智能交通发展紧密结合，共同推进社会进步。

在数字赋能科普方面，天津交通职业学院充分利用自媒体平台网络育人优势，打破了全民科普的时域性和空间性限制，开通了"交通强国交院说"抖音号，发布了 116 部科普育人作品。这些作品深受公众喜爱，粉丝量已突破 1.1 万余人，点赞量超过 13.2 万次。

展望未来，天津交通职业学院将以"常规活动、特色活动、重大活动"为抓手，突出智慧交通和绿色交通两大主线，持续助力全民科学素质提升。

第四节　推广案例：天津交通职业学院获批天津市智慧交通科普基地

一、单位简介

天津交通职业学院始建于1953年，是天津地区唯一一所综合类交通高职院校，占地面积800余亩，建筑面积20余万平方米，拥有在校生万余人。作为交通职业教育的佼佼者，天津交通职业学院不仅拥有丰富的交通类设施设备、实训基地、科研成果和科研人员等科技资源，还致力于科普工作的推广与深化。天津交通职业学院建有与汽车、物流、电商、路桥、民航、轨道、工程机械等相关的8万平方米的校内实训基地，并配有价值1.4亿元的科普教学与实训设备。

在此基础上，天津交通职业学院高度重视科普工作，制定了明确的科普工作目标，并配备了专业的科普队伍。近年来，天津交通职业学院举办了多场丰富多彩的科普活动，专注于智能交通科普基地的建设工作。通过不断努力，天津交通职业学院已主持完成天津地铁路网介绍、轨道线路与车体示意讲解、司机室示意讲解、无缝线路等软件著作30余项，获得专利120余项，完成相关课题20余项，公开发表论文百余篇，积极申报天津市交通运输委员会科普基地建设示范项目，社会影响力持续扩大。

二、管理方式及日常工作情况

（一）专项科普年度计划及工作计划

为推进科普工作的开展，天津交通职业学院从2018年开始制定科普工作年度计划，并于2021年制定了《天津交通职业学院"十四五"（2021—2025）科普实施计划》。本着"以科普制度建设为抓手，以交通科普基地培育与人才培养为重点"的工作思路，天津交通职业学院计划在"十四五"期间建设交通运输类科普基地，成功申报省部级科普基地1个，培养具备科普宣传、培训能力的复合型教师超过30人。

（二）科普相关管理办法和工作制度

为保证科普工作的正常开展，天津交通职业学院制定并完善了《天津交通职业学院科普工作管理办法》《天津交通职业学院科普安全管理制度》《天津交通职业学院科普教师奖励办法》等制度。这些制度对科普基地的组织建设、制度建设、科普队伍建设、科普设施建设和科普活动的开展都进行了规定，提出了以科技创新推动科学宣传的科普制度，以及"共享平台""馆校共建"等科普活动的联动机制。

为保证科普工作的有序开展，天津交通职业学院制修订了《科普展厅使用管理办法》和《科普实训室管理办法》，对场馆的权属、实训、展出的内容、开放时间、设备的安全使用与维护、场馆的发展规划等内容做出了规定。此外，天津交通职业学院还修订了《智能交通社团章程》，以达到学生社团为交通运输科普活动服务的目的。

（三）完备的科普活动组织方式

天津交通职业学院智慧交通科普基地开展的科普活动的方式有两种：第一种是依托学院内部的实训基地场馆设施、国家示范性虚拟仿真实训中心、交通强国文化长廊、交通强国云党史馆等开展相关科普活动；第二种是通过科普基地的专兼职宣传员队伍进入社区、中小学等开展相关科普活动。

三、基础科普设施情况

（一）基础设施简介

天津交通职业学院智慧交通科普基地展厅精心规划了四个核心场馆：智能交通文化馆、智能交通科技馆、智能交通智能馆及沉浸式体验馆。这些场馆不仅注意逐步完善基地硬件建设，还强调内涵发展，致力于打造一个集"一个基地、两支队伍、四个面向"于一体的共享沉浸式科普平台。

（二）基础设施概述

智慧交通运输科普基地立足于天津交通职业学院，依托现有人才培养的优势特色，汇聚现代物流、智能制造、智慧交通、绿色低碳交通等领域实训基地的优质资源。该基地致力于将交通强国、交通文化、交通安全、科学精神、工匠精神等理念融入育人全过程，并将其运用于科普基地的建设中。

智能交通文化馆以现实和虚拟相融合的方式，包括交通运输发展史馆、木工大师工作坊、虚拟交通运输党史馆等场馆。

智能交通科技馆主要分为现代物流、轨道交通、智能制造、新能源汽车、智能建筑等科普场馆。

现代智慧物流科普馆包括仓储作业优化、配送作业优化、物联网、物流信息控制、叉车训练等不同功能实验实训室，是全国职业院校和天津市职业院校物流技能大赛专用场地及全国物流专业师资培训基地，处于国内领先水平。

天津交通职业学院与华航唯实联合开发的 Miniload 货到人拣选 BTC 实训平台，是基于工业 Miniload 为原型研发的适合学院教学的微缩化"货到人"拣选系统。该系统以电商智慧物流的"货到人"拣选系统为背景，利用 RFID 射频识别、网络通信、信息系统应用等信息化技术及先进的管理方法，实现入库、出库、盘库、智能分拣、打包等功能。

智能轨道交通基地对接轨道交通产业，引入天津地铁全真现场实际，建设完成110米标准的城市轨道交通铁轨系统、城市轨道交通标准的信号道岔系统和城市轨道交通标准接触网系统。

天津交通职业学院积极引入先进设备，并深度融入创新精神，设立了创新教育实训室、离线仿真实训室、汽车装配自动化生产线实训室、工业控制实训室、智能控制实训室、逻辑控制实训室等多个专业实训室。这些实训室可以同时容纳400名相关专业学员，完成上百个教学实训项目，同时面向社会提供技术培训服务。

新能源汽车科普中心是天津市一流的专业技能实训场所，主要包括新能源底盘实训室、新能源电气电控实训室、新能源整车实训室、电池及电力电子实训室、电机实训室、虚实融合实训室、新能源汽车协同创新中心、BYD汽车核心技术拓展培训中心。每个实训室配备相应的实验设施，仪器设备先进，可以满足新能源汽车技术专业所有理实一体课程的学习需求，为技能培训与鉴定、技术服务与生产、科技创新与技能竞赛等提供实训平台。

智能建筑科普场馆主要由工程智能建造控制实训室、水泥混凝土实训室、工程结构实训室和工程测量实训室等16个实训室组成，总面积约为860平方米，仪器设备总值约为880万元，可进行320个工位的实训教学。这个场馆旨在提高学生的工程检测与测量操作能力、工程技术工艺控制与管理能力。

四、科普活动介绍

天津交通职业学院智慧交通科普基地结合交通强国建设，开展系列活动，不断提升基地的建设内涵和品牌活动的质量，从"交通精神、科学精神、工匠精神、智能交通、绿色交通、安全出行体验、交通运输技能培训"等方面开展系列活动。

（一）交通强国发展中的交通精神

1. 交通强国理念的宣传

交通强国虚拟党史馆的建立初衷是展示中华人民共和国成立以来的交通发展史，让参观者沉浸式感受交通强国的发展历程，并逐步厚植爱国情怀、理解交通强国理念。交通强国虚拟党史馆以时间为主线，展示改革开放40余年来交通事业伟大成就、天津市交通运输事业发展的前景与思考等内容。

（1）以海河游船为载体宣传交通精神

智能交通科普基地采取"请进来"和"走出去"相结合的形式宣传、弘扬交通精神。以海河游船为载体，介绍交通运输行业的发展前沿与智能交通、绿色交通的发展方向，向社会宣讲交通精神与工匠精神。

（2）通过智能交通社团开展宣讲活动

智能交通学生社团的学生，在教师的指导下利用课余时间走进中小学，向中小学生宣讲智能物流的发展前景，以及智能物流与无人机的发展，将无人机的使用推进到课堂教学中，和中小学生共同分享智能交通的高速发展，让中小学生体验到高速发展的技术，牢固树立建设交通强国的理念和职业理想。

（3）传承交通精神

天津交通职业学院开展"锻造新时代交通强国的烈火真金"等专题讲座，邀请海河工匠、世界职业院校技能大赛金牌选手与教师协同授课，激励学生感应交通发展时代脉搏，树立"国有召唤、我必奔赴"的爱国情怀，坚定知重负重、直面挑战的强国意志，从而促使学生立志技能报国，为交通强国、智能交通的高质量发展树立坚定的职业理想。

2. 科学精神的体验传承与培育

（1）邀请交通专家传承科学精神

天津交通职业学院邀请诸如"全科首席"科学家孟祥飞博士等交通专家为学生演讲，传递科学精神。孟祥飞博士从"新起点、新矛盾、新使命、新征程、新作为"五个方面阐释"新时代"的内涵，通过创新驱动发展、信息社会的基石、中国超级计算机之路等五个篇章讲解信息技术变革下的中国智慧交通。

（2）以世赛为载体培育科学精神

首届世界职业技术教育发展大会于 2022 年 8 月 19 日在天津举行，天津交通职业学院智慧交通科普基地以此次大会为契机，加快推动交通运输职业教育的高质量发展，以服务产业和技术发展为导向，深化产教融合，主动与国际职业教育接轨，进一步打造全国职业教育的高地。

3. 工匠精神的共育与培养

（1）邀请海河工匠举办专题讲座

天津交通职业学院邀请海河工匠举办专题讲座。在这些讲座中，学生深刻体会到他们不畏艰难的坚定信念和执着追梦的精神，并坚定认为：有匠心，就一定能实现心中梦想；有匠心，就一定能锻造"中国品质"；有匠心，"中国制造"就一定能飞得更高！

（2）邀请海河工匠共育交通人才

天津交通职业学院邀请全国劳动模范、天津市首届海河工匠——天津港第一港埠有限公司拖头队副队长成卫东为学生远程授课，并举办交通工匠精神讲座。

4. 智能交通、绿色交通沉浸体验

以职业教育活动周为契机，天津交通职业学院邀请普通高中和中职学校学生参观科普基地，鼓励学生参与科技创新实践，激发学生对相关职业的向往，弘扬创新创业精神。

在科普教师的指导下，学生积极参与、动手实践，加深了对职业教育的认知，增长了见识，激发了求知欲，对未来职业发展有了更深入的了解。

5. 开展交通运输行业前沿知识宣讲

在科普教师的引导下，学生以"打卡"这一喜闻乐见的方式"云游"天津港，亲眼见证了智慧、绿色、一流的"津港创造"。在这一过程中，学生们内心充满了建设"交通强国"的使命感和责任感。此外，科普基地还邀请天津市建筑设计院绿色建筑研究所的专家，举办绿色低碳交通、低碳校园相关讲座。

6. 开展交通运输技能提升培训活动

科普基地还积极开展交通运输技能提升培训活动。这一活动旨在展示交通货运汽车驾驶员的职业技能水平及其理想信念、精神风貌、拼搏意识，促使更多交通运输行业的"能工巧匠"脱颖而出，推动全行业形成崇尚高技能人才、学习高技能人才、争当高技能人才的浓厚氛围。

附录 A　中共中央 国务院关于完整准确全面贯彻新发展理念做好碳达峰碳中和工作的意见

（2021 年 9 月 22 日）

实现碳达峰、碳中和，是以习近平同志为核心的党中央统筹国内国际两个大局作出的重大战略决策，是着力解决资源环境约束突出问题、实现中华民族永续发展的必然选择，是构建人类命运共同体的庄严承诺。为完整、准确、全面贯彻新发展理念，做好碳达峰、碳中和工作，现提出如下意见。

一、总体要求

（一）指导思想。以习近平新时代中国特色社会主义思想为指导，全面贯彻党的十九大和党的十九届二中、三中、四中、五中全会精神，深入贯彻习近平生态文明思想，立足新发展阶段，贯彻新发展理念，构建新发展格局，坚持系统观念，处理好发展和减排、整体和局部、短期和中长期的关系，把碳达峰、碳中和纳入经济社会发展全局，以经济社会发展全面绿色转型为引领，以能源绿色低碳发展为关键，加快形成节约资源和保护环境的产业结构、生产方式、生活方式、空间格局，坚定不移走生态优先、绿色低碳的高质量发展道路，确保如期实现碳达峰、碳中和。

（二）工作原则

实现碳达峰、碳中和目标，要坚持"全国统筹、节约优先、双轮驱动、内外畅通、防范风险"原则。

——全国统筹。全国一盘棋，强化顶层设计，发挥制度优势，实行"党政同责"，压实各方责任。根据各地实际分类施策，鼓励主动作为、率先达峰。

——节约优先。把节约能源资源放在首位，实行全面节约战略，持续降低单位产出能源资源消耗和碳排放，提高投入产出效率，倡导简约适度、绿色低碳生活方式，从源头和入口形成有效的碳排放控制阀门。

——双轮驱动。政府和市场两手发力，构建新型举国体制，强化科技和制度创新，加快绿色低碳科技革命。深化能源和相关领域改革，发挥市场机制作用，形成有效激励约束机制。

——内外畅通。立足国情实际,统筹国内国际能源资源,推广先进绿色低碳技术和经验。统筹做好应对气候变化对外斗争与合作,不断增强国际影响力和话语权,坚决维护我国发展权益。

——防范风险。处理好减污降碳和能源安全、产业链供应链安全、粮食安全、群众正常生活的关系,有效应对绿色低碳转型可能伴随的经济、金融、社会风险,防止过度反应,确保安全降碳。

二、主要目标

到 2025 年,绿色低碳循环发展的经济体系初步形成,重点行业能源利用效率大幅提升。单位国内生产总值能耗比 2020 年下降 13.5%;单位国内生产总值二氧化碳排放比 2020 年下降 18%;非化石能源消费比重达到 20%左右;森林覆盖率达到 24.1%,森林蓄积量达到 180 亿立方米,为实现碳达峰、碳中和奠定坚实基础。

到 2030 年,经济社会发展全面绿色转型取得显著成效,重点耗能行业能源利用效率达到国际先进水平。单位国内生产总值能耗大幅下降;单位国内生产总值二氧化碳排放比 2005 年下降 65%以上;非化石能源消费比重达到 25%左右,风电、太阳能发电总装机容量达到 12 亿千瓦以上;森林覆盖率达到 25%左右,森林蓄积量达到 190 亿立方米,二氧化碳排放量达到峰值并实现稳中有降。

到 2060 年,绿色低碳循环发展的经济体系和清洁低碳安全高效的能源体系全面建立,能源利用效率达到国际先进水平,非化石能源消费比重达到 80%以上,碳中和目标顺利实现,生态文明建设取得丰硕成果,开创人与自然和谐共生新境界。

三、推进经济社会发展全面绿色转型

(三)强化绿色低碳发展规划引领。将碳达峰、碳中和目标要求全面融入经济社会发展中长期规划,强化国家发展规划、国土空间规划、专项规划、区域规划和地方各级规划的支撑保障。加强各级各类规划间衔接协调,确保各地区各领域落实碳达峰、碳中和的主要目标、发展方向、重大政策、重大工程等协调一致。

(四)优化绿色低碳发展区域布局。持续优化重大基础设施、重大生产力和公共资源布局,构建有利于碳达峰、碳中和的国土空间开发保护新格局。在京津冀协同发展、长江经济带发展、粤港澳大湾区建设、长三角一体化发展、黄河流域生态保护和高质量发展等区域重大战略实施中,强化绿色低碳发展导向和任务要求。

(五)加快形成绿色生产生活方式。大力推动节能减排,全面推进清洁生产,加快发展循环经济,加强资源综合利用,不断提升绿色低碳发展水平。扩大绿色低碳产品供给和消费,倡导绿色低碳生活方式。把绿色低碳发展纳入国民教育体系。开展绿色低碳社会行动示范创建。凝聚全社会共识,加快形成全民参与的良好格局。

四、深度调整产业结构

（六）推动产业结构优化升级。加快推进农业绿色发展，促进农业固碳增效。制定能源、钢铁、有色金属、石化化工、建材、交通、建筑等行业和领域碳达峰实施方案。以节能降碳为导向，修订产业结构调整指导目录。开展钢铁、煤炭去产能"回头看"，巩固去产能成果。加快推进工业领域低碳工艺革新和数字化转型。开展碳达峰试点园区建设。加快商贸流通、信息服务等绿色转型，提升服务业低碳发展水平。

（七）坚决遏制高耗能高排放项目盲目发展。新建、扩建钢铁、水泥、平板玻璃、电解铝等高耗能高排放项目严格落实产能等量或减量置换，出台煤电、石化、煤化工等产能控制政策。未纳入国家有关领域产业规划的，一律不得新建改扩建炼油和新建乙烯、对二甲苯、煤制烯烃项目。合理控制煤制油气产能规模。提升高耗能高排放项目能耗准入标准。加强产能过剩分析预警和窗口指导。

（八）大力发展绿色低碳产业。加快发展新一代信息技术、生物技术、新能源、新材料、高端装备、新能源汽车、绿色环保、航空航天、海洋装备等战略性新兴产业。建设绿色制造体系。推动互联网、大数据、人工智能、第五代移动通信（5G）等新兴技术与绿色低碳产业深度融合。

五、加快构建清洁低碳安全高效能源体系

（九）强化能源消费强度和总量双控。坚持节能优先的能源发展战略，严格控制能耗和二氧化碳排放强度，合理控制能源消费总量，统筹建立二氧化碳排放总量控制制度。做好产业布局、结构调整、节能审查与能耗双控的衔接，对能耗强度下降目标完成形势严峻的地区实行项目缓批限批、能耗等量或减量替代。强化节能监察和执法，加强能耗及二氧化碳排放控制目标分析预警，严格责任落实和评价考核。加强甲烷等非二氧化碳温室气体管控。

（十）大幅提升能源利用效率。把节能贯穿于经济社会发展全过程和各领域，持续深化工业、建筑、交通运输、公共机构等重点领域节能，提升数据中心、新型通信等信息化基础设施能效水平。健全能源管理体系，强化重点用能单位节能管理和目标责任。瞄准国际先进水平，加快实施节能降碳改造升级，打造能效"领跑者"。

（十一）严格控制化石能源消费。加快煤炭减量步伐，"十四五"时期严控煤炭消费增长，"十五五"时期逐步减少。石油消费"十五五"时期进入峰值平台期。统筹煤电发展和保供调峰，严控煤电装机规模，加快现役煤电机组节能升级和灵活性改造。逐步减少直至禁止煤炭散烧。加快推进页岩气、煤层气、致密油气等非常规油气资源规模化开发。强化风险管控，确保能源安全稳定供应和平稳过渡。

（十二）积极发展非化石能源。实施可再生能源替代行动，大力发展风能、太阳能、生物质能、海洋能、地热能等，不断提高非化石能源消费比重。坚持集中式与分布式并举，

优先推动风能、太阳能就地就近开发利用。因地制宜开发水能。积极安全有序发展核电。合理利用生物质能。加快推进抽水蓄能和新型储能规模化应用。统筹推进氢能"制储输用"全链条发展。构建以新能源为主体的新型电力系统，提高电网对高比例可再生能源的消纳和调控能力。

（十三）深化能源体制机制改革。全面推进电力市场化改革，加快培育发展配售电环节独立市场主体，完善中长期市场、现货市场和辅助服务市场衔接机制，扩大市场化交易规模。推进电网体制改革，明确以消纳可再生能源为主的增量配电网、微电网和分布式电源的市场主体地位。加快形成以储能和调峰能力为基础支撑的新增电力装机发展机制。完善电力等能源品种价格市场化形成机制。从有利于节能的角度深化电价改革，理顺输配电价结构，全面放开竞争性环节电价。推进煤炭、油气等市场化改革，加快完善能源统一市场。

六、加快推进低碳交通运输体系建设

（十四）优化交通运输结构。加快建设综合立体交通网，大力发展多式联运，提高铁路、水路在综合运输中的承运比重，持续降低运输能耗和二氧化碳排放强度。优化客运组织，引导客运企业规模化、集约化经营。加快发展绿色物流，整合运输资源，提高利用效率。

（十五）推广节能低碳型交通工具。加快发展新能源和清洁能源车船，推广智能交通，推进铁路电气化改造，推动加氢站建设，促进船舶靠港使用岸电常态化。加快构建便利高效、适度超前的充换电网络体系。提高燃油车船能效标准，健全交通运输装备能效标识制度，加快淘汰高耗能高排放老旧车船。

（十六）积极引导低碳出行。加快城市轨道交通、公交专用道、快速公交系统等大容量公共交通基础设施建设，加强自行车专用道和行人步道等城市慢行系统建设。综合运用法律、经济、技术、行政等多种手段，加大城市交通拥堵治理力度。

七、提升城乡建设绿色低碳发展质量

（十七）推进城乡建设和管理模式低碳转型。在城乡规划建设管理各环节全面落实绿色低碳要求。推动城市组团式发展，建设城市生态和通风廊道，提升城市绿化水平。合理规划城镇建筑面积发展目标，严格管控高能耗公共建筑建设。实施工程建设全过程绿色建造，健全建筑拆除管理制度，杜绝大拆大建。加快推进绿色社区建设。结合实施乡村建设行动，推进县城和农村绿色低碳发展。

（十八）大力发展节能低碳建筑。持续提高新建建筑节能标准，加快推进超低能耗、近零能耗、低碳建筑规模化发展。大力推进城镇既有建筑和市政基础设施节能改造，提升建筑节能低碳水平。逐步开展建筑能耗限额管理，推行建筑能效测评标识，开展建筑领域低碳发展绩效评估。全面推广绿色低碳建材，推动建筑材料循环利用。发展绿色农房。

（十九）加快优化建筑用能结构。深化可再生能源建筑应用，加快推动建筑用能电气化和低碳化。开展建筑屋顶光伏行动,大幅提高建筑采暖、生活热水、炊事等电气化普及率。在北方城镇加快推进热电联产集中供暖,加快工业余热供暖规模化发展,积极稳妥推进核电余热供暖,因地制宜推进热泵、燃气、生物质能、地热能等清洁低碳供暖。

八、加强绿色低碳重大科技攻关和推广应用

（二十）强化基础研究和前沿技术布局。制定科技支撑碳达峰、碳中和行动方案,编制碳中和技术发展路线图。采用"揭榜挂帅"机制,开展低碳零碳负碳和储能新材料、新技术、新装备攻关。加强气候变化成因及影响、生态系统碳汇等基础理论和方法研究。推进高效率太阳能电池、可再生能源制氢、可控核聚变、零碳工业流程再造等低碳前沿技术攻关。培育一批节能降碳和新能源技术产品研发国家重点实验室、国家技术创新中心、重大科技创新平台。建设碳达峰、碳中和人才体系,鼓励高等学校增设碳达峰、碳中和相关学科专业。

（二十一）加快先进适用技术研发和推广。深入研究支撑风电、太阳能发电大规模友好并网的智能电网技术。加强电化学、压缩空气等新型储能技术攻关、示范和产业化应用。加强氢能生产、储存、应用关键技术研发、示范和规模化应用。推广园区能源梯级利用等节能低碳技术。推动气凝胶等新型材料研发应用。推进规模化碳捕集利用与封存技术研发、示范和产业化应用。建立完善绿色低碳技术评估、交易体系和科技创新服务平台。

九、持续巩固提升碳汇能力

（二十二）巩固生态系统碳汇能力。强化国土空间规划和用途管控,严守生态保护红线,严控生态空间占用,稳定现有森林、草原、湿地、海洋、土壤、冻土、岩溶等固碳作用。严格控制新增建设用地规模,推动城乡存量建设用地盘活利用。严格执行土地使用标准,加强节约集约用地评价,推广节地技术和节地模式。

（二十三）提升生态系统碳汇增量。实施生态保护修复重大工程,开展山水林田湖草沙一体化保护和修复。深入推进大规模国土绿化行动,巩固退耕还林还草成果,实施森林质量精准提升工程,持续增加森林面积和蓄积量。加强草原生态保护修复。强化湿地保护。整体推进海洋生态系统保护和修复,提升红树林、海草床、盐沼等固碳能力。开展耕地质量提升行动,实施国家黑土地保护工程,提升生态农业碳汇。积极推动岩溶碳汇开发利用。

十、提高对外开放绿色低碳发展水平

（二十四）加快建立绿色贸易体系。持续优化贸易结构,大力发展高质量、高技术、高附加值绿色产品贸易。完善出口政策,严格管理高耗能高排放产品出口。积极扩大绿色低碳产品、节能环保服务、环境服务等进口。

（二十五）推进绿色"一带一路"建设。加快"一带一路"投资合作绿色转型。支持共

建"一带一路"国家开展清洁能源开发利用。大力推动南南合作，帮助发展中国家提高应对气候变化能力。深化与各国在绿色技术、绿色装备、绿色服务、绿色基础设施建设等方面的交流与合作，积极推动我国新能源等绿色低碳技术和产品走出去，让绿色成为共建"一带一路"的底色。

（二十六）加强国际交流与合作。积极参与应对气候变化国际谈判，坚持我国发展中国家定位，坚持共同但有区别的责任原则、公平原则和各自能力原则，维护我国发展权益。履行《联合国气候变化框架公约》及其《巴黎协定》，发布我国长期温室气体低排放发展战略，积极参与国际规则和标准制定，推动建立公平合理、合作共赢的全球气候治理体系。加强应对气候变化国际交流合作，统筹国内外工作，主动参与全球气候和环境治理。

十一、健全法律法规标准和统计监测体系

（二十七）健全法律法规。全面清理现行法律法规中与碳达峰、碳中和工作不相适应的内容，加强法律法规间的衔接协调。研究制定碳中和专项法律，抓紧修订节约能源法、电力法、煤炭法、可再生能源法、循环经济促进法等，增强相关法律法规的针对性和有效性。

（二十八）完善标准计量体系。建立健全碳达峰、碳中和标准计量体系。加快节能标准更新升级，抓紧修订一批能耗限额、产品设备能效强制性国家标准和工程建设标准，提升重点产品能耗限额要求，扩大能耗限额标准覆盖范围，完善能源核算、检测认证、评估、审计等配套标准。加快完善地区、行业、企业、产品等碳排放核查核算报告标准，建立统一规范的碳核算体系。制定重点行业和产品温室气体排放标准，完善低碳产品标准标识制度。积极参与相关国际标准制定，加强标准国际衔接。

（二十九）提升统计监测能力。健全电力、钢铁、建筑等行业领域能耗统计监测和计量体系，加强重点用能单位能耗在线监测系统建设。加强二氧化碳排放统计核算能力建设，提升信息化实测水平。依托和拓展自然资源调查监测体系，建立生态系统碳汇监测核算体系，开展森林、草原、湿地、海洋、土壤、冻土、岩溶等碳汇本底调查和碳储量评估，实施生态保护修复碳汇成效监测评估。

十二、完善政策机制

（三十）完善投资政策。充分发挥政府投资引导作用，构建与碳达峰、碳中和相适应的投融资体系，严控煤电、钢铁、电解铝、水泥、石化等高碳项目投资，加大对节能环保、新能源、低碳交通运输装备和组织方式、碳捕集利用与封存等项目的支持力度。完善支持社会资本参与政策，激发市场主体绿色低碳投资活力。国有企业要加大绿色低碳投资，积极开展低碳零碳负碳技术研发应用。

（三十一）积极发展绿色金融。有序推进绿色低碳金融产品和服务开发，设立碳减排货币政策工具，将绿色信贷纳入宏观审慎评估框架，引导银行等金融机构为绿色低碳项目提

供长期限、低成本资金。鼓励开发性政策性金融机构按照市场化法治化原则为实现碳达峰、碳中和提供长期稳定融资支持。支持符合条件的企业上市融资和再融资用于绿色低碳项目建设运营，扩大绿色债券规模。研究设立国家低碳转型基金。鼓励社会资本设立绿色低碳产业投资基金。建立健全绿色金融标准体系。

（三十二）完善财税价格政策。各级财政要加大对绿色低碳产业发展、技术研发等的支持力度。完善政府绿色采购标准，加大绿色低碳产品采购力度。落实环境保护、节能节水、新能源和清洁能源车船税收优惠。研究碳减排相关税收政策。建立健全促进可再生能源规模化发展的价格机制。完善差别化电价、分时电价和居民阶梯电价政策。严禁对高耗能、高排放、资源型行业实施电价优惠。加快推进供热计量改革和按供热量收费。加快形成具有合理约束力的碳价机制。

（三十三）推进市场化机制建设。依托公共资源交易平台，加快建设完善全国碳排放权交易市场，逐步扩大市场覆盖范围，丰富交易品种和交易方式，完善配额分配管理。将碳汇交易纳入全国碳排放权交易市场，建立健全能够体现碳汇价值的生态保护补偿机制。健全企业、金融机构等碳排放报告和信息披露制度。完善用能权有偿使用和交易制度，加快建设全国用能权交易市场。加强电力交易、用能权交易和碳排放权交易的统筹衔接。发展市场化节能方式，推行合同能源管理，推广节能综合服务。

十三、切实加强组织实施

（三十四）加强组织领导。加强党中央对碳达峰、碳中和工作的集中统一领导，碳达峰碳中和工作领导小组指导和统筹做好碳达峰、碳中和工作。支持有条件的地方和重点行业、重点企业率先实现碳达峰，组织开展碳达峰、碳中和先行示范，探索有效模式和有益经验。将碳达峰、碳中和作为干部教育培训体系重要内容，增强各级领导干部推动绿色低碳发展的本领。

（三十五）强化统筹协调。国家发展改革委要加强统筹，组织落实2030年前碳达峰行动方案，加强碳中和工作谋划，定期调度各地区各有关部门落实碳达峰、碳中和目标任务进展情况，加强跟踪评估和督促检查，协调解决实施中遇到的重大问题。各有关部门要加强协调配合，形成工作合力，确保政策取向一致、步骤力度衔接。

（三十六）压实地方责任。落实领导干部生态文明建设责任制，地方各级党委和政府要坚决扛起碳达峰、碳中和责任，明确目标任务，制定落实举措，自觉为实现碳达峰、碳中和作出贡献。

（三十七）严格监督考核。各地区要将碳达峰、碳中和相关指标纳入经济社会发展综合评价体系，增加考核权重，加强指标约束。强化碳达峰、碳中和目标任务落实情况考核，对工作突出的地区、单位和个人按规定给予表彰奖励，对未完成目标任务的地区、部门依规依法实行通报批评和约谈问责，有关落实情况纳入中央生态环境保护督察。各地区各有关部门贯彻落实情况每年向党中央、国务院报告。

附录 B 国务院关于加快建立健全绿色低碳循环发展经济体系的指导意见

国发〔2021〕4号

各省、自治区、直辖市人民政府，国务院各部委、各直属机构：

建立健全绿色低碳循环发展经济体系，促进经济社会发展全面绿色转型，是解决我国资源环境生态问题的基础之策。为贯彻落实党的十九大部署，加快建立健全绿色低碳循环发展的经济体系，现提出如下意见。

一、总体要求

（一）指导思想。以习近平新时代中国特色社会主义思想为指导，深入贯彻党的十九大和党的十九届二中、三中、四中、五中全会精神，全面贯彻习近平生态文明思想，认真落实党中央、国务院决策部署，坚定不移贯彻新发展理念，全方位全过程推行绿色规划、绿色设计、绿色投资、绿色建设、绿色生产、绿色流通、绿色生活、绿色消费，使发展建立在高效利用资源、严格保护生态环境、有效控制温室气体排放的基础上，统筹推进高质量发展和高水平保护，建立健全绿色低碳循环发展的经济体系，确保实现碳达峰、碳中和目标，推动我国绿色发展迈上新台阶。

（二）工作原则。

坚持重点突破。以节能环保、清洁生产、清洁能源等为重点率先突破，做好与农业、制造业、服务业和信息技术的融合发展，全面带动一二三产业和基础设施绿色升级。

坚持创新引领。深入推动技术创新、模式创新、管理创新，加快构建市场导向的绿色技术创新体系，推行新型商业模式，构筑有力有效的政策支持体系。

坚持稳中求进。做好绿色转型与经济发展、技术进步、产业接续、稳岗就业、民生改善的有机结合，积极稳妥、韧性持久地加以推进。

坚持市场导向。在绿色转型中充分发挥市场的导向性作用、企业的主体作用、各类市场交易机制的作用，为绿色发展注入强大动力。

（三）主要目标。

到2025年，产业结构、能源结构、运输结构明显优化，绿色产业比重显著提升，基础设施绿色化水平不断提高，清洁生产水平持续提高，生产生活方式绿色转型成效显著，能源资源配置更加合理、利用效率大幅提高，主要污染物排放总量持续减少，碳排放强度明显降低，生态环境持续改善，市场导向的绿色技术创新体系更加完善，法律法规政策体系更加有效，绿色低碳循环发展的生产体系、流通体系、消费体系初步形成。到2035年，绿色发展内生动力显著增强，绿色产业规模迈上新台阶，重点行业、重点产品能源资源利用效率达到国际先进水平，广泛形成绿色生产生活方式，碳排放达峰后稳中有降，生态环境根本好转，美丽中国建设目标基本实现。

二、健全绿色低碳循环发展的生产体系

（四）推进工业绿色升级。加快实施钢铁、石化、化工、有色、建材、纺织、造纸、皮革等行业绿色化改造。推行产品绿色设计，建设绿色制造体系。大力发展再制造产业，加强再制造产品认证与推广应用。建设资源综合利用基地，促进工业固体废物综合利用。全面推行清洁生产，依法在"双超双有高耗能"行业实施强制性清洁生产审核。完善"散乱污"企业认定办法，分类实施关停取缔、整合搬迁、整改提升等措施。加快实施排污许可制度。加强工业生产过程中危险废物管理。

（五）加快农业绿色发展。鼓励发展生态种植、生态养殖，加强绿色食品、有机农产品认证和管理。发展生态循环农业，提高畜禽粪污资源化利用水平，推进农作物秸秆综合利用，加强农膜污染治理。强化耕地质量保护与提升，推进退化耕地综合治理。发展林业循环经济，实施森林生态标志产品建设工程。大力推进农业节水，推广高效节水技术。推行水产健康养殖。实施农药、兽用抗菌药使用减量和产地环境净化行动。依法加强养殖水域滩涂统一规划。完善相关水域禁渔管理制度。推进农业与旅游、教育、文化、健康等产业深度融合，加快一二三产业融合发展。

（六）提高服务业绿色发展水平。促进商贸企业绿色升级，培育一批绿色流通主体。有序发展出行、住宿等领域共享经济，规范发展闲置资源交易。加快信息服务业绿色转型，做好大中型数据中心、网络机房绿色建设和改造，建立绿色运营维护体系。推进会展业绿色发展，指导制定行业相关绿色标准，推动办展设施循环使用。推动汽修、装修装饰等行业使用低挥发性有机物含量的原辅材料。倡导酒店、餐饮等行业不主动提供一次性用品。

（七）壮大绿色环保产业。建设一批国家绿色产业示范基地，推动形成开放、协同、高效的创新生态系统。加快培育市场主体，鼓励设立混合所有制公司，打造一批大型绿色产业集团；引导中小企业聚焦主业增强核心竞争力，培育"专精特新"中小企业。推行合同能源管理、合同节水管理、环境污染第三方治理等模式和以环境治理效果为导向的环境托管服务。进一步放开石油、化工、电力、天然气等领域节能环保竞争性业务，鼓励公共机构推行能源托管服务。适时修订绿色产业指导目录，引导产业发展方向。

（八）提升产业园区和产业集群循环化水平。科学编制新建产业园区开发建设规划，依法依规开展规划环境影响评价，严格准入标准，完善循环产业链条，推动形成产业循环耦合。推进既有产业园区和产业集群循环化改造，推动公共设施共建共享、能源梯级利用、资源循环利用和污染物集中安全处置等。鼓励建设电、热、冷、气等多种能源协同互济的综合能源项目。鼓励化工等产业园区配套建设危险废物集中贮存、预处理和处置设施。

（九）构建绿色供应链。鼓励企业开展绿色设计、选择绿色材料、实施绿色采购、打造绿色制造工艺、推行绿色包装、开展绿色运输、做好废弃产品回收处理，实现产品全周期的绿色环保。选择100家左右积极性高、社会影响大、带动作用强的企业开展绿色供应链试点，探索建立绿色供应链制度体系。鼓励行业协会通过制定规范、咨询服务、行业自律等方式提高行业供应链绿色化水平。

三、健全绿色低碳循环发展的流通体系

（十）打造绿色物流。积极调整运输结构，推进铁水、公铁、公水等多式联运，加快铁路专用线建设。加强物流运输组织管理，加快相关公共信息平台建设和信息共享，发展甩挂运输、共同配送。推广绿色低碳运输工具，淘汰更新或改造老旧车船，港口和机场服务、城市物流配送、邮政快递等领域要优先使用新能源或清洁能源汽车；加大推广绿色船舶示范应用力度，推进内河船型标准化。加快港口岸电设施建设，支持机场开展飞机辅助动力装置替代设备建设和应用。支持物流企业构建数字化运营平台，鼓励发展智慧仓储、智慧运输，推动建立标准化托盘循环共用制度。

（十一）加强再生资源回收利用。推进垃圾分类回收与再生资源回收"两网融合"，鼓励地方建立再生资源区域交易中心。加快落实生产者责任延伸制度，引导生产企业建立逆向物流回收体系。鼓励企业采用现代信息技术实现废物回收线上与线下有机结合，培育新型商业模式，打造龙头企业，提升行业整体竞争力。完善废旧家电回收处理体系，推广典型回收模式和经验做法。加快构建废旧物资循环利用体系，加强废纸、废塑料、废旧轮胎、废金属、废玻璃等再生资源回收利用，提升资源产出率和回收利用率。

（十二）建立绿色贸易体系。积极优化贸易结构，大力发展高质量、高附加值的绿色产品贸易，从严控制高污染、高耗能产品出口。加强绿色标准国际合作，积极引领和参与相关国际标准制定，推动合格评定合作和互认机制，做好绿色贸易规则与进出口政策的衔接。深化绿色"一带一路"合作，拓宽节能环保、清洁能源等领域技术装备和服务合作。

四、健全绿色低碳循环发展的消费体系

（十三）促进绿色产品消费。加大政府绿色采购力度，扩大绿色产品采购范围，逐步将绿色采购制度扩展至国有企业。加强对企业和居民采购绿色产品的引导，鼓励地方采取补

贴、积分奖励等方式促进绿色消费。推动电商平台设立绿色产品销售专区。加强绿色产品和服务认证管理，完善认证机构信用监管机制。推广绿色电力证书交易，引领全社会提升绿色电力消费。严厉打击虚标绿色产品行为，有关行政处罚等信息纳入国家企业信用信息公示系统。

（十四）倡导绿色低碳生活方式。厉行节约，坚决制止餐饮浪费行为。因地制宜推进生活垃圾分类和减量化、资源化，开展宣传、培训和成效评估。扎实推进塑料污染全链条治理。推进过度包装治理，推动生产经营者遵守限制商品过度包装的强制性标准。提升交通系统智能化水平，积极引导绿色出行。深入开展爱国卫生运动，整治环境脏乱差，打造宜居生活环境。开展绿色生活创建活动。

五、加快基础设施绿色升级

（十五）推动能源体系绿色低碳转型。坚持节能优先，完善能源消费总量和强度双控制度。提升可再生能源利用比例，大力推动风电、光伏发电发展，因地制宜发展水能、地热能、海洋能、氢能、生物质能、光热发电。加快大容量储能技术研发推广，提升电网汇集和外送能力。增加农村清洁能源供应，推动农村发展生物质能。促进燃煤清洁高效开发转化利用，继续提升大容量、高参数、低污染煤电机组占煤电装机比例。在北方地区县城积极发展清洁热电联产集中供暖，稳步推进生物质耦合供热。严控新增煤电装机容量。提高能源输配效率。实施城乡配电网建设和智能升级计划，推进农村电网升级改造。加快天然气基础设施建设和互联互通。开展二氧化碳捕集、利用和封存试验示范。

（十六）推进城镇环境基础设施建设升级。推进城镇污水管网全覆盖。推动城镇生活污水收集处理设施"厂网一体化"，加快建设污泥无害化资源化处置设施，因地制宜布局污水资源化利用设施，基本消除城市黑臭水体。加快城镇生活垃圾处理设施建设，推进生活垃圾焚烧发电，减少生活垃圾填埋处理。加强危险废物集中处置能力建设，提升信息化、智能化监管水平，严格执行经营许可管理制度。提升医疗废物应急处理能力。做好餐厨垃圾资源化利用和无害化处理。在沿海缺水城市推动大型海水淡化设施建设。

（十七）提升交通基础设施绿色发展水平。将生态环保理念贯穿交通基础设施规划、建设、运营和维护全过程，集约利用土地等资源，合理避让具有重要生态功能的国土空间，积极打造绿色公路、绿色铁路、绿色航道、绿色港口、绿色空港。加强新能源汽车充换电、加氢等配套基础设施建设。积极推广应用温拌沥青、智能通风、辅助动力替代和节能灯具、隔声屏障等节能环保先进技术和产品。加大工程建设中废弃资源综合利用力度，推动废旧路面、沥青、疏浚土等材料及建筑垃圾的资源化利用。

（十八）改善城乡人居环境。相关空间规划要贯彻绿色发展理念，统筹城市发展和安全，优化空间布局，合理确定开发强度，鼓励城市留白增绿。建立"美丽城市"评价体系，开展"美丽城市"建设试点。增强城市防洪排涝能力。开展绿色社区创建行动，大力发展绿色建筑，建立绿色建筑统一标识制度，结合城镇老旧小区改造推动社区基础设施绿色化和既有建筑节能改造。建立乡村建设评价体系，促进补齐乡村建设短板。加快推进农村人居环境整治，因地制宜推进农村改厕、生活垃圾处理和污水治理、村容村貌提升、乡村绿化美化等。继续做好农村清洁供暖改造、老旧危房改造，打造干净整洁有序美丽的村庄环境。

六、构建市场导向的绿色技术创新体系

（十九）鼓励绿色低碳技术研发。实施绿色技术创新攻关行动，围绕节能环保、清洁生产、清洁能源等领域布局一批前瞻性、战略性、颠覆性科技攻关项目。培育建设一批绿色技术国家技术创新中心、国家科技资源共享服务平台等创新基地平台。强化企业创新主体地位，支持企业整合高校、科研院所、产业园区等力量建立市场化运行的绿色技术创新联合体，鼓励企业牵头或参与财政资金支持的绿色技术研发项目、市场导向明确的绿色技术创新项目。

（二十）加速科技成果转化。积极利用首台（套）重大技术装备政策支持绿色技术应用。充分发挥国家科技成果转化引导基金作用，强化创业投资等各类基金引导，支持绿色技术创新成果转化应用。支持企业、高校、科研机构等建立绿色技术创新项目孵化器、创新创业基地。及时发布绿色技术推广目录，加快先进成熟技术推广应用。深入推进绿色技术交易中心建设。

七、完善法律法规政策体系

（二十一）强化法律法规支撑。推动完善促进绿色设计、强化清洁生产、提高资源利用效率、发展循环经济、严格污染治理、推动绿色产业发展、扩大绿色消费、实行环境信息公开、应对气候变化等方面法律法规制度。强化执法监督，加大违法行为查处和问责力度，加强行政执法机关与监察机关、司法机关的工作衔接配合。

（二十二）健全绿色收费价格机制。完善污水处理收费政策，按照覆盖污水处理设施运营和污泥处理处置成本并合理盈利的原则，合理制定污水处理收费标准，健全标准动态调整机制。按照产生者付费原则，建立健全生活垃圾处理收费制度，各地区可根据本地实际情况，实行分类计价、计量收费等差别化管理。完善节能环保电价政策，推进农业水价综合改革，继续落实好居民阶梯电价、气价、水价制度。

（二十三）加大财税扶持力度。继续利用财政资金和预算内投资支持环境基础设施补短板强弱项、绿色环保产业发展、能源高效利用、资源循环利用等。继续落实节能节水环保、资源综合利用以及合同能源管理、环境污染第三方治理等方面的所得税、增值税等优惠政策。做好资源税征收和水资源费改税试点工作。

（二十四）大力发展绿色金融。发展绿色信贷和绿色直接融资，加大对金融机构绿色金融业绩评价考核力度。统一绿色债券标准，建立绿色债券评级标准。发展绿色保险，发挥

保险费率调节机制作用。支持符合条件的绿色产业企业上市融资。支持金融机构和相关企业在国际市场开展绿色融资。推动国际绿色金融标准趋同，有序推进绿色金融市场双向开放。推动气候投融资工作。

（二十五）完善绿色标准、绿色认证体系和统计监测制度。开展绿色标准体系顶层设计和系统规划，形成全面系统的绿色标准体系。加快标准化支撑机构建设。加快绿色产品认证制度建设，培育一批专业绿色认证机构。加强节能环保、清洁生产、清洁能源等领域统计监测，健全相关制度，强化统计信息共享。

（二十六）培育绿色交易市场机制。进一步健全排污权、用能权、用水权、碳排放权等交易机制，降低交易成本，提高运转效率。加快建立初始分配、有偿使用、市场交易、纠纷解决、配套服务等制度，做好绿色权属交易与相关目标指标的对接协调。

八、认真抓好组织实施

（二十七）抓好贯彻落实。各地区各有关部门要思想到位、措施到位、行动到位，充分认识建立健全绿色低碳循环发展经济体系的重要性和紧迫性，将其作为高质量发展的重要内容，进一步压实工作责任，加强督促落实，保质保量完成各项任务。各地区要根据本地实际情况研究提出具体措施，在抓落实上投入更大精力，确保政策措施落到实处。

（二十八）加强统筹协调。国务院各有关部门要加强协同配合，形成工作合力。国家发展改革委要会同有关部门强化统筹协调和督促指导，做好年度重点工作安排部署，及时总结各地区各有关部门的好经验好模式，探索编制年度绿色低碳循环发展报告，重大情况及时向党中央、国务院报告。

（二十九）深化国际合作。统筹国内国际两个大局，加强与世界各个国家和地区在绿色低碳循环发展领域的政策沟通、技术交流、项目合作、人才培训等，积极参与和引领全球气候治理，切实提高我国推动国际绿色低碳循环发展的能力和水平，为构建人类命运共同体作出积极贡献。

（三十）营造良好氛围。各类新闻媒体要讲好我国绿色低碳循环发展故事，大力宣传取得的显著成就，积极宣扬先进典型，适时曝光破坏生态、污染环境、严重浪费资源和违规乱上高污染、高耗能项目等方面的负面典型，为绿色低碳循环发展营造良好氛围。

国务院
2021 年 2 月 2 日

附录 C 关于引导加大金融支持力度 促进风电和光伏发电等行业健康有序发展的通知

(发改运行〔2021〕266号)

各省、自治区、直辖市、新疆生产建设兵团发展改革委、财政厅（局），人民银行上海总部、各分行、营业管理部、各省会（首府）城市中心支行、副省级城市中心支行，各银保监局，能源局：

近年来，各地和有关企业坚持以习近平新时代中国特色社会主义思想为指导，全面贯彻党的十九大和党的十九届二中、三中、四中、五中全会精神，认真落实"四个革命、一个合作"能源安全新战略，推动我国风电、光伏发电等行业快速发展。与此同时，部分可再生能源企业受多方面因素影响，现金流紧张，生产经营出现困难。为加大金融支持力度，促进风电和光伏发电等行业健康有序发展，现就有关事项通知如下：

一、充分认识风电和光伏发电等行业健康有序发展的重要意义。大力发展可再生能源是推动绿色低碳发展、加快生态文明建设的重要支撑，是应对气候变化、履行我国国际承诺的重要举措，我国实现2030年前碳排放达峰和努力争取2060年前碳中和的目标任务艰巨，需要进一步加快发展风电、光伏发电、生物质发电等可再生能源。采取措施缓解可再生能源企业困难，促进可再生能源良性发展，是实现应对气候变化目标，更好履行我国对外庄重承诺的必要举措。各地政府主管部门、有关金融机构要充分认识发展可再生能源的重要意义，合力帮助企业渡过难关，支持风电、光伏发电、生物质发电等行业健康有序发展。

二、金融机构按照商业化原则与可再生能源企业协商展期或续贷。对短期偿付压力较大但未来有发展前景的可再生能源企业，金融机构可以按照风险可控原则，在银企双方自主协商的基础上，根据项目实际和预期现金流，予以贷款展期、续贷或调整还款进度、期限等安排。

三、金融机构按照市场化、法治化原则自主发放补贴确权贷款。已纳入补贴清单的可再生能源项目所在企业，对已确权应收未收的财政补贴资金，可申请补贴确权贷款。金融机构以审核公布的补贴清单和企业应收未收补贴证明材料等为增信手段，按照市场化、法治化原则，以企业已确权应收未收的财政补贴资金为上限自主确定贷款金额。申请贷款时，企业需提供确权证明等材料作为凭证和抵押依据。

四、对补贴确权贷款给予合理支持。各类银行金融机构均可在依法合规前提下向具备条件的可再生能源企业在规定的额度内发放补贴确权贷款，鼓励可再生能源企业优先与既有开户银行沟通合作。相关可再生能源企业结合自身情况和资金压力自行确定是否申请补贴确权贷款，相关银行根据与可再生能源企业沟通情况和风险评估等自行确定是否发放补贴确权贷款。贷款金额、贷款年限、贷款利率等均由双方自主协商。

五、补贴资金在贷款行定点开户管理。充分考虑银行贷款的安全性，降低银行运行风险，建立封闭还贷制度，即企业当年实际获得的补贴资金直接由电网企业拨付给企业还贷专用账户，不经过企业周转。可再生能源企业与银行达成合作意向的，企业需在银行开设补贴确权贷款专户，作为补贴资金封闭还贷的专用账户。

六、通过核发绿色电力证书方式适当弥补企业分担的利息成本。补贴确权贷款的利息由贷款的可再生能源企业自行承担，利率及利息偿还方式由企业和银行自行协商。为缓解企业承担的利息成本压力，国家相关部门研究以企业备案的贷款合同等材料为依据，以已确权应收未收财政补贴、贷款金额、贷款利率等信息为参考，向企业核发相应规模的绿色电力证书，允许企业通过指标交易市场进行买卖。在指标交易市场的收益大于利息支出的部分，作为企业的合理收益留存企业。

七、足额征收可再生能源电价附加。为保证可再生能源补贴资金来源，各相关电力用户需严格按照国家规定承担并足额缴纳依法合规设立的可再生能源电价附加，各级地方政府不得随意减免或选择性征收。各燃煤自备电厂应认真配合相关部门开展可再生能源电价附加拖欠情况核查工作，并限期补缴拖欠的金额。

八、优先发放补贴和进一步加大信贷支持力度。企业结合实际情况自愿选择是否主动转为平价项目，对于自愿转为平价项目的，可优先拨付资金，贷款额度和贷款利率可自主协商确定。

九、试点先行。基础条件好、积极性高的地方，以及资金需求特别迫切的企业可先行开展试点，积极落实国家政策，并在国家确定的总体工作方案基础上探索解决可再生能源补贴问题的有效做法。鼓励开展试点的地方和企业结合自身实际进一步开拓创新，研究新思路和新方法，使政府、银行、企业等有关方面更好地形成合力，提高工作积极性。对于试点地方和企业的好经验好做法，国家将积极向全国推广。

十、增强责任感，防范化解风险。各银行和有关金融机构要充分认识可再生能源行业对我国生态文明建设和履行国际承诺的重要意义，树立大局意识，增强责任感，帮助企业有效化解生产经营和金融安全风险，促进可再生能源行业健康有序发展。

国家发展改革委
财政部
中国人民银行
银保监会
国家能源局
2021 年 2 月 24 日

附录 D 国家发展改革委 国家能源局关于推进电力源网荷储一体化和多能互补发展的指导意见

发改能源规〔2021〕280号

各省、自治区、直辖市、新疆生产建设兵团发展改革委、能源局，国家能源局各派出机构：

为实现"二氧化碳排放力争于2030年前达到峰值，努力争取2060年前实现碳中和"的目标，着力构建清洁低碳、安全高效的能源体系，提升能源清洁利用水平和电力系统运行效率，贯彻新发展理念，更好地发挥源网荷储一体化和多能互补在保障能源安全中的作用，积极探索其实施路径，现提出以下意见：

一、重要意义

源网荷储一体化和多能互补发展是电力行业坚持系统观念的内在要求，是实现电力系统高质量发展的客观需要，是提升可再生能源开发消纳水平和非化石能源消费比重的必然选择，对于促进我国能源转型和经济社会发展具有重要意义。

（一）有利于提升电力发展质量和效益。强化源网荷储各环节间协调互动，充分挖掘系统灵活性调节能力和需求侧资源，有利于各类资源的协调开发和科学配置，提升系统运行效率和电源开发综合效益，构建多元供能智慧保障体系。

（二）有利于全面推进生态文明建设。优先利用清洁能源资源、充分发挥常规电站调节性能、适度配置储能设施、调动需求侧灵活响应积极性，有利于加快能源转型，促进能源领域与生态环境协调可持续发展。

（三）有利于促进区域协调发展。发挥跨区源网荷储协调互济作用，扩大电力资源配置规模，有利于推进西部大开发形成新格局，改善东部地区环境质量，提升可再生能源电量消费比重。

二、总体要求

（一）指导思想。

以习近平新时代中国特色社会主义思想为指导，全面贯彻党的十九大和党的十九届二中、三中、四中、五中全会精神，落实"四个革命、一个合作"能源安全新战略，将源网荷储一体化和多能互补作为电力工业高质量发展的重要举措，积极构建清洁低碳安全高效的新型电力系统，促进能源行业转型升级。

（二）基本原则。

绿色优先，协调互济。遵循电力系统发展客观规律，坚守安全底线，充分发挥源网荷储协调互济能力，优先可再生能源开发利用，结合需求侧负荷特性、电源结构和电网调节能力，因地制宜确定电源合理规模与配比，促进能源转型和绿色发展。

提升存量，优化增量。通过提高存量电源调节能力、输电通道利用水平、电力需求响应能力，重点提升存量电力设备利用效率；在资源条件较好、互补特性较优、需求市场较大的送受端，合理优化增量规模、结构与布局。

市场驱动，政策支持。使市场在资源配置中起决定性作用，更好发挥政府作用，破除市场壁垒，依靠技术进步、效率提高、成本降低，加强引导扶持，建立健全相关政策体系，不断提升产业竞争力。

（三）源网荷储一体化实施路径。

通过优化整合本地电源侧、电网侧、负荷侧资源，以先进技术突破和体制机制创新为支撑，探索构建源网荷储高度融合的新型电力系统发展路径，主要包括区域（省）级、市（县）级、园区（居民区）级"源网荷储一体化"等具体模式。

充分发挥负荷侧的调节能力。依托"云大物移智链"等技术，进一步加强源网荷储多向互动，通过虚拟电厂等一体化聚合模式，参与电力中长期、辅助服务、现货等市场交易，为系统提供调节支撑能力。

实现就地就近、灵活加强发展。增加本地电源支撑，调动负荷响应能力，降低对大电网的调节支撑需求，提高电力设施利用效率。通过加强局部电网建设，提升重要负荷中心应急保障和风险防御能力。

激发市场活力，引导市场预期。主要通过完善市场化电价机制，调动市场主体积极性，引导电源侧、电网侧、负荷侧和独立储能等主动作为、合理布局、优化运行，实现科学健康发展。

（四）多能互补实施路径。

利用存量常规电源，合理配置储能，统筹各类电源规划、设计、建设、运营，优先发展新能源，积极实施存量"风光水火储"一体化提升，稳妥推进增量"风光水储"一体化，探索增量"风光储"一体化，严控增量"风光火储"一体化。

强化电源侧灵活调节作用。充分发挥流域梯级水电站、具有较强调节性能的水电站、火电机组、储能设施的调节能力，减轻送受端系统的调峰压力，力争各类可再生能源综合利用率保持在合理水平。优化各类电源规模配比。在确保安全的前提下，最大化利用清洁能源，稳步提升输电通道输送可再生能源电量比重。

确保电源基地送电可持续性。统筹优化近期开发外送规模与远期自用需求，在确保中长期近区电力自足的前提下，明确近期可持续外送规模，超前谋划好远期电力接续。

三、推进源网荷储一体化，提升保障能力和利用效率

（一）区域（省）级源网荷储一体化。依托区域（省）级电力辅助服务、中长期和现货市场等体系建设，公平无歧视引入电源侧、负荷侧、独立电储能等市场主体，全面放开市场化交易，通过价格信号引导各类市场主体灵活调节、多向互动，推动建立市场化交易用户参与承担辅助服务的市场交易机制，培育用户负荷管理能力，提高用户侧调峰积极性。依托5G等现代信息通讯及智能化技术，加强全网统一调度，研究建立源网荷储灵活高效互动的电力运行与市场体系，充分发挥区域电网的调节作用，落实电源、电力用户、储能、虚拟电厂参与市场机制。

（二）市（县）级源网荷储一体化。在重点城市开展源网荷储一体化加强局部电网建设，梳理城市重要负荷，研究局部电网结构加强方案，提出保障电源以及自备应急电源配置方案。结合清洁取暖和清洁能源消纳工作开展市（县）级源网荷储一体化示范，研究热电联产机组、新能源电站、灵活运行电热负荷一体化运营方案。

（三）园区（居民区）级源网荷储一体化。以现代信息通讯、大数据、人工智能、储能等新技术为依托，运用"互联网+"新模式，调动负荷侧调节响应能力。在城市商业区、综合体、居民区，依托光伏发电、并网型微电网和充电基础设施等，开展分布式发电与电动汽车（用户储能）灵活充放电相结合的园区（居民区）级源网荷储一体化建设。在工业负荷大、新能源条件好的地区，支持分布式电源开发建设和就近接入消纳，结合增量配电网等工作，开展源网荷储一体化绿色供电园区建设。研究源网荷储综合优化配置方案，提高系统平衡能力。

四、推进多能互补，提升可再生能源消纳水平

（一）风光储一体化。对于存量新能源项目，结合新能源特性、受端系统消纳空间，研究论证增加储能设施的必要性和可行性。对于增量风光储一体化，优化配套储能规模，充分发挥配套储能调峰、调频作用，最小化风光储综合发电成本，提升综合竞争力。

（二）风光水（储）一体化。对于存量水电项目，结合送端水电出力特性、新能源特性、受端系统消纳空间，研究论证优先利用水电调节性能消纳近区风光电力、因地制宜增加储能设施的必要性和可行性，鼓励通过龙头电站建设优化出力特性，实现就近打捆。对于增量风光水（储）一体化，按照国家及地方相关环保政策、生态红线、水资源利用政策要求，严控中小水电建设规模，以大中型水电为基础，统筹汇集送端新能源电力，优化配套储能规模。

（三）"风光火储"一体化。对于存量煤电项目，优先通过灵活性改造提升调节能力，结合送端近区新能源开发条件和出力特性、受端系统消纳空间，努力扩大就近打捆新能源电力规模。对于增量基地化开发外送项目，基于电网输送能力，合理发挥新能源地域互补

优势，优先汇集近区新能源电力，优化配套储能规模；在不影响电力（热力）供应前提下，充分利用近区现役及已纳入国家电力发展规划的煤电项目，严控新增煤电需求；外送输电通道可再生能源电量比例原则上不低于50%，优先规划建设比例更高的通道；落实国家及地方相关环保政策、生态红线、水资源利用等政策要求，按规定取得规划环评和规划水资源论证审查意见。对于增量就地开发消纳项目，在充分评估当地资源条件和消纳能力的基础上，优先利用新能源电力。

五、完善政策措施

（一）加强组织领导。以电力系统安全稳定为基础、以市场消纳为导向，按照局部利益服从整体利益原则，发挥国家能源主管部门的统筹协调作用，加强源网荷储一体化和多能互补项目规划与国家和地方电力发展规划、可再生能源规划等的衔接，推动项目有序实施。在组织评估论证和充分征求国家能源局派出机构、送受端能源主管部门和电力企业意见基础上，按照"试点先行，逐步推广"原则，通过国家电力发展规划编制、年度微调、中期滚动调整，将具备条件的项目优先纳入国家电力发展规划。

（二）落实主体责任。各省级能源主管部门是组织推进源网荷储一体化和多能互补项目的责任主体，应会同国家能源局派出机构积极组织相关电源、电网、用电企业及咨询机构开展项目及实施方案的分类组织、研究论证、评估筛选、编制报送、建设实施等工作。对于跨省区开发消纳项目，相关能源主管部门应在符合国家总体能源格局和电力流向基础上，经充分协商达成初步意向，会同国家能源局派出机构组织开展实施方案研究并行文上报国家能源主管部门。各地必须严格落实国家电力发展规划，坚决防止借机扩张化石电源规模、加剧电力供需和可再生能源消纳矛盾，确保符合绿色低碳发展方向。

（三）建立协调机制。各投资主体应加强源网荷储统筹协调，积极参与相关规划研究，共同推进项目前期工作，实现规划一体化；协调各电力项目建设进度，确保同步建设、同期投运，推动建设实施一体化。国家能源局派出机构负责牵头建立所在区域的源网荷储一体化和多能互补项目协调运营和利益共享机制，进一步深化电力辅助服务市场、中长期交易等市场化机制建设，发挥协同互补效益，充分挖掘常规电源、储能、用户负荷等各方调节能力，提升可再生能源消纳水平，实现项目运行调节和管理规范的一体化。

（四）守住安全底线。坚持底线思维，统筹发展和安全，在推进相关项目过程中，有效防范化解各类安全风险，通过合理配置不同电源类型，研究电力系统源网荷储各环节的安全共治机制，探索新型电力系统安全治理手段，保障新能源安全消纳，为我国全面实现绿色低碳转型构筑坚强的安全屏障。

（五）完善支持政策。源网荷储一体化和多能互补项目中的新能源发电项目应落实国家可再生能源发电项目管理政策，在国家和地方可再生能源规划实施方案中统筹安排；鼓励具备条件地区统一组织推进相关项目建设，支持参与跨省区电力市场化交易、增量配电改

附录 D　国家发展改革委　国家能源局关于推进电力源网荷储一体化和多能互补发展的指导意见

革及分布式发电市场化交易。

（六）鼓励社会投资。降低准入门槛，营造权利平等、机会平等、规则平等的投资环境。在符合电力项目相关投资政策和管理办法基础上，鼓励社会资本等各类投资主体投资各类电源、储能及增量配电网项目，或通过资本合作等方式建立联合体参与项目投资开发建设。

（七）加强监督管理。国家能源局派出机构应加强对相关项目事中事后监管，全过程监管项目规划编制、核准、建设、并网和调度运行、市场化交易、电费结算及价格财税扶持政策等，并提出针对性监管意见，推动源网荷储一体化和多能互补项目的有效实施和可持续发展。

本指导意见由国家发展改革委、国家能源局负责解释，自印发之日起施行，有效期 5 年。

国家发展改革委
国家能源局
2021 年 2 月 25 日

附录 E 碳排放权交易管理办法（试行）

部令 第 19 号

《碳排放权交易管理办法（试行）》已于 2020 年 12 月 25 日由生态环境部部务会议审议通过，现予公布，自 2021 年 2 月 1 日起施行。

生态环境部部长 黄润秋
2020 年 12 月 31 日

碳排放权交易管理办法
（试行）

第一章 总 则

第一条 为落实党中央、国务院关于建设全国碳排放权交易市场的决策部署，在应对气候变化和促进绿色低碳发展中充分发挥市场机制作用，推动温室气体减排，规范全国碳排放权交易及相关活动，根据国家有关温室气体排放控制的要求，制定本办法。

第二条 本办法适用于全国碳排放权交易及相关活动，包括碳排放配额分配和清缴，碳排放权登记、交易、结算，温室气体排放报告与核查等活动，以及对前述活动的监督管理。

第三条 全国碳排放权交易及相关活动应当坚持市场导向、循序渐进、公平公开和诚实守信的原则。

第四条 生态环境部按照国家有关规定建设全国碳排放权交易市场。

全国碳排放权交易市场覆盖的温室气体种类和行业范围，由生态环境部拟订，按程序报批后实施，并向社会公开。

第五条 生态环境部按照国家有关规定，组织建立全国碳排放权注册登记机构和全国碳排放权交易机构，组织建设全国碳排放权注册登记系统和全国碳排放权交易系统。

全国碳排放权注册登记机构通过全国碳排放权注册登记系统，记录碳排放配额的持有、变更、清缴、注销等信息，并提供结算服务。全国碳排放权注册登记系统记录的信息是判断碳排放配额归属的最终依据。

全国碳排放权交易机构负责组织开展全国碳排放权集中统一交易。

全国碳排放权注册登记机构和全国碳排放权交易机构应当定期向生态环境部报告全国碳排放权登记、交易、结算等活动和机构运行有关情况，以及应当报告的其他重大事项，并保证全国碳排放权注册登记系统和全国碳排放权交易系统安全稳定可靠运行。

第六条　生态环境部负责制定全国碳排放权交易及相关活动的技术规范，加强对地方碳排放配额分配、温室气体排放报告与核查的监督管理，并会同国务院其他有关部门对全国碳排放权交易及相关活动进行监督管理和指导。

省级生态环境主管部门负责在本行政区域内组织开展碳排放配额分配和清缴、温室气体排放报告的核查等相关活动，并进行监督管理。

设区的市级生态环境主管部门负责配合省级生态环境主管部门落实相关具体工作，并根据本办法有关规定实施监督管理。

第七条　全国碳排放权注册登记机构和全国碳排放权交易机构及其工作人员，应当遵守全国碳排放权交易及相关活动的技术规范，并遵守国家其他有关主管部门关于交易监管的规定。

第二章　温室气体重点排放单位

第八条　温室气体排放单位符合下列条件的，应当列入温室气体重点排放单位（以下简称重点排放单位）名录：

（一）属于全国碳排放权交易市场覆盖行业；

（二）年度温室气体排放量达到2.6万吨二氧化碳当量。

第九条　省级生态环境主管部门应当按照生态环境部的有关规定，确定本行政区域重点排放单位名录，向生态环境部报告，并向社会公开。

第十条　重点排放单位应当控制温室气体排放，报告碳排放数据，清缴碳排放配额，公开交易及相关活动信息，并接受生态环境主管部门的监督管理。

第十一条　存在下列情形之一的，确定名录的省级生态环境主管部门应当将相关温室气体排放单位从重点排放单位名录中移除：

（一）连续两年温室气体排放未达到2.6万吨二氧化碳当量的；

（二）因停业、关闭或者其他原因不再从事生产经营活动，因而不再排放温室气体的。

第十二条　温室气体排放单位申请纳入重点排放单位名录的，确定名录的省级生态环境主管部门应当进行核实；经核实符合本办法第八条规定条件的，应当将其纳入重点排放单位名录。

第十三条　纳入全国碳排放权交易市场的重点排放单位，不再参与地方碳排放权交易试点市场。

第三章 分配与登记

第十四条 生态环境部根据国家温室气体排放控制要求，综合考虑经济增长、产业结构调整、能源结构优化、大气污染物排放协同控制等因素，制定碳排放配额总量确定与分配方案。

省级生态环境主管部门应当根据生态环境部制定的碳排放配额总量确定与分配方案，向本行政区域内的重点排放单位分配规定年度的碳排放配额。

第十五条 碳排放配额分配以免费分配为主，可以根据国家有关要求适时引入有偿分配。

第十六条 省级生态环境主管部门确定碳排放配额后，应当书面通知重点排放单位。

重点排放单位对分配的碳排放配额有异议的，可以自接到通知之日起七个工作日内，向分配配额的省级生态环境主管部门申请复核；省级生态环境主管部门应当自接到复核申请之日起十个工作日内，作出复核决定。

第十七条 重点排放单位应当在全国碳排放权注册登记系统开立账户，进行相关业务操作。

第十八条 重点排放单位发生合并、分立等情形需要变更单位名称、碳排放配额等事项的，应当报经所在地省级生态环境主管部门审核后，向全国碳排放权注册登记机构申请变更登记。全国碳排放权注册登记机构应当通过全国碳排放权注册登记系统进行变更登记，并向社会公开。

第十九条 国家鼓励重点排放单位、机构和个人，出于减少温室气体排放等公益目的自愿注销其所持有的碳排放配额。

自愿注销的碳排放配额，在国家碳排放配额总量中予以等量核减，不再进行分配、登记或者交易。相关注销情况应当向社会公开。

第四章 排放交易

第二十条 全国碳排放权交易市场的交易产品为碳排放配额，生态环境部可以根据国家有关规定适时增加其他交易产品。

第二十一条 重点排放单位以及符合国家有关交易规则的机构和个人，是全国碳排放权交易市场的交易主体。

第二十二条 碳排放权交易应当通过全国碳排放权交易系统进行，可以采取协议转让、单向竞价或者其他符合规定的方式。

全国碳排放权交易机构应当按照生态环境部有关规定，采取有效措施，发挥全国碳排放权交易市场引导温室气体减排的作用，防止过度投机的交易行为，维护市场健康发展。

第二十三条 全国碳排放权注册登记机构应当根据全国碳排放权交易机构提供的成交结果，通过全国碳排放权注册登记系统为交易主体及时更新相关信息。

第二十四条　全国碳排放权注册登记机构和全国碳排放权交易机构应当按照国家有关规定，实现数据及时、准确、安全交换。

第五章　排放核查与配额清缴

第二十五条　重点排放单位应当根据生态环境部制定的温室气体排放核算与报告技术规范，编制该单位上一年度的温室气体排放报告，载明排放量，并于每年3月31日前报生产经营场所所在地的省级生态环境主管部门。排放报告所涉数据的原始记录和管理台账应当至少保存五年。

重点排放单位对温室气体排放报告的真实性、完整性、准确性负责。

重点排放单位编制的年度温室气体排放报告应当定期公开，接受社会监督，涉及国家秘密和商业秘密的除外。

第二十六条　省级生态环境主管部门应当组织开展对重点排放单位温室气体排放报告的核查，并将核查结果告知重点排放单位。核查结果应当作为重点排放单位碳排放配额清缴依据。

省级生态环境主管部门可以通过政府购买服务的方式委托技术服务机构提供核查服务。技术服务机构应当对提交的核查结果的真实性、完整性和准确性负责。

第二十七条　重点排放单位对核查结果有异议的，可以自被告知核查结果之日起七个工作日内，向组织核查的省级生态环境主管部门申请复核；省级生态环境主管部门应当自接到复核申请之日起十个工作日内，作出复核决定。

第二十八条　重点排放单位应当在生态环境部规定的时限内，向分配配额的省级生态环境主管部门清缴上年度的碳排放配额。清缴量应当大于等于省级生态环境主管部门核查结果确认的该单位上年度温室气体实际排放量。

第二十九条　重点排放单位每年可以使用国家核证自愿减排量抵销碳排放配额的清缴，抵销比例不得超过应清缴碳排放配额的5%。相关规定由生态环境部另行制定。

用于抵销的国家核证自愿减排量，不得来自纳入全国碳排放权交易市场配额管理的减排项目。

第六章　监督管理

第三十条　上级生态环境主管部门应当加强对下级生态环境主管部门的重点排放单位名录确定、全国碳排放权交易及相关活动情况的监督检查和指导。

第三十一条　设区的市级以上地方生态环境主管部门根据对重点排放单位温室气体排放报告的核查结果，确定监督检查重点和频次。

设区的市级以上地方生态环境主管部门应当采取"双随机、一公开"的方式，监督检查重点排放单位温室气体排放和碳排放配额清缴情况,相关情况按程序报生态环境部。

第三十二条 生态环境部和省级生态环境主管部门,应当按照职责分工,定期公开重点排放单位年度碳排放配额清缴情况等信息。

第三十三条 全国碳排放权注册登记机构和全国碳排放权交易机构应当遵守国家交易监管等相关规定,建立风险管理机制和信息披露制度,制定风险管理预案,及时公布碳排放权登记、交易、结算等信息。

全国碳排放权注册登记机构和全国碳排放权交易机构的工作人员不得利用职务便利谋取不正当利益,不得泄露商业秘密。

第三十四条 交易主体违反本办法关于碳排放权注册登记、结算或者交易相关规定的,全国碳排放权注册登记机构和全国碳排放权交易机构可以按照国家有关规定,对其采取限制交易措施。

第三十五条 鼓励公众、新闻媒体等对重点排放单位和其他交易主体的碳排放权交易及相关活动进行监督。

重点排放单位和其他交易主体应当按照生态环境部有关规定,及时公开有关全国碳排放权交易及相关活动信息,自觉接受公众监督。

第三十六条 公民、法人和其他组织发现重点排放单位和其他交易主体有违反本办法规定行为的,有权向设区的市级以上地方生态环境主管部门举报。

接受举报的生态环境主管部门应当依法予以处理,并按照有关规定反馈处理结果,同时为举报人保密。

第七章 罚 则

第三十七条 生态环境部、省级生态环境主管部门、设区的市级生态环境主管部门的有关工作人员,在全国碳排放权交易及相关活动的监督管理中滥用职权、玩忽职守、徇私舞弊的,由其上级行政机关或者监察机关责令改正,并依法给予处分。

第三十八条 全国碳排放权注册登记机构和全国碳排放权交易机构及其工作人员违反本办法规定,有下列行为之一的,由生态环境部依法给予处分,并向社会公开处理结果:

(一)利用职务便利谋取不正当利益的;

(二)有其他滥用职权、玩忽职守、徇私舞弊行为的。

全国碳排放权注册登记机构和全国碳排放权交易机构及其工作人员违反本办法规定,泄露有关商业秘密或者有构成其他违反国家交易监管规定行为的,依照其他有关规定处理。

第三十九条 重点排放单位虚报、瞒报温室气体排放报告,或者拒绝履行温室气体排放报告义务的,由其生产经营场所所在地设区的市级以上地方生态环境主管部门责令限期改正,处一万元以上三万元以下的罚款。逾期未改正的,由重点排放单位生产经营场所所在地的省级生态环境主管部门测算其温室气体实际排放量,并将该排放量作为碳排放配额清缴的依据;对虚报、瞒报部分,等量核减其下一年度碳排放配额。

第四十条 重点排放单位未按时足额清缴碳排放配额的,由其生产经营场所所在地设区的市级以上地方生态环境主管部门责令限期改正,处二万元以上三万元以下的罚款;逾期未改正的,对欠缴部分,由重点排放单位生产经营场所所在地的省级生态环境主管部门等量核减其下一年度碳排放配额。

第四十一条 违反本办法规定,涉嫌构成犯罪的,有关生态环境主管部门应当依法移送司法机关。

第八章 附 则

第四十二条 本办法中下列用语的含义:

(一)温室气体:是指大气中吸收和重新放出红外辐射的自然和人为的气态成分,包括二氧化碳(CO_2)、甲烷(CH_4)、氧化亚氮(N_2O)、氢氟碳化物(HFCs)、全氟化碳(PFCs)、六氟化硫(SF_6)和三氟化氮(NF_3)。

(二)碳排放:是指煤炭、石油、天然气等化石能源燃烧活动和工业生产过程以及土地利用变化与林业等活动产生的温室气体排放,也包括因使用外购的电力和热力等所导致的温室气体排放。

(三)碳排放权:是指分配给重点排放单位的规定时期内的碳排放额度。

(四)国家核证自愿减排量:是指对我国境内可再生能源、林业碳汇、甲烷利用等项目的温室气体减排效果进行量化核证,并在国家温室气体自愿减排交易注册登记系统中登记的温室气体减排量。

第四十三条 本办法自 2021 年 2 月 1 日起施行。

附录 F　关于印发《关于建立碳足迹管理体系的实施方案》的通知

环气候〔2024〕30 号

各省、自治区、直辖市及新疆生产建设兵团生态环境厅（局）、发展改革委、工业和信息化主管部门、财政厅（局）、人力资源社会保障厅（局）、住房城乡建设厅（委、管委、局）、交通运输厅（局、委）、商务主管部门、国资委、市场监管局（厅、委）、数据管理部门；中国人民银行上海总部，各省、自治区、直辖市及计划单列市分行；海关总署广东分署、各直属海关；国家金融监督管理总局各监管局；中国证券监督管理委员会各证监局：

为深入贯彻落实《中共中央 国务院关于全面推进美丽中国建设的意见》《中共中央 国务院关于完整准确全面贯彻新发展理念做好碳达峰碳中和工作的意见》和《2030 年前碳达峰行动方案》部署要求，加快建立碳足迹管理体系，形成绿色低碳供应链和生产生活方式，推动新质生产力发展，助力实现碳达峰碳中和目标，生态环境部会同国家发展改革委、工业和信息化部、财政部、人力资源社会保障部、住房城乡建设部、交通运输部、商务部、中国人民银行、国务院国资委、海关总署、市场监管总局、金融监管总局、中国证监会、国家数据局制定了《关于建立碳足迹管理体系的实施方案》。现印发给你们，请认真抓好落实。

生态环境部
国家发展改革委
工业和信息化部
财政部
人力资源社会保障部
住房城乡建设部
交通运输部
商务部
中国人民银行

国务院国资委
海关总署
市场监管总局
金融监管总局
中国证监会
国家数据局
2024 年 5 月 22 日

关于建立碳足迹管理体系的实施方案

为深入贯彻《中共中央 国务院关于完整准确全面贯彻新发展理念做好碳达峰碳中和工作的意见》《中共中央 国务院关于全面推进美丽中国建设的意见》，落实国务院《2030 年前碳达峰行动方案》，加快建立碳足迹管理体系，形成绿色低碳供应链和生产生活方式，推动新质生产力发展，助力实现碳达峰碳中和目标，根据国务院关于碳足迹管理工作部署和分工意见，制定本方案。

一、总体要求

以习近平新时代中国特色社会主义思想为指导，全面贯彻党的二十大精神，深入贯彻习近平生态文明思想和全国生态环境保护大会精神，立足新发展阶段，完整、准确、全面贯彻新发展理念，构建新发展格局，强化系统观念，明确方向举措，按照循序渐进的原则，从产品碳足迹着手，完善国内规则、促进国际衔接，建立统一规范的碳足迹管理体系，推动规则体系兼具中国特色和国际影响，积极参与全球碳定价和气候治理，助力经济绿色低碳转型、高质量发展和美丽中国建设。

坚持目标引领，协同落实。紧扣碳达峰碳中和目标任务，明确碳足迹管理体系的建设目标、实现路径和重点任务，强化工作协同落实，引导企业低碳改造，促进产业链和供应链转型升级，增强绿色低碳竞争力。

坚持主动作为，务实合作。基于国情和发展阶段，加快构建碳足迹管理体系，培育绿色低碳生产生活方式，加强重点外贸产品碳足迹核算规则国际交流，促进经验共享与务实合作，积极参与国际规则制定。

坚持政府引导，市场主导。充分发挥市场决定性作用，引导鼓励各市场主体积极参与碳足迹数据报送、规则制定、标识认证、国际交流等工作，更好发挥政府作用，打造多方参与的碳足迹工作格局。

坚持创新驱动，先行先试。推动技术、政策协同创新，引导碳足迹数字化、智能化发展，提升数据质量，保障数据安全，鼓励有条件的地区、行业、企业率先开展重点产品碳足迹试点工作并积极推广。

二、主要目标

到 2027 年，碳足迹管理体系初步建立。制定发布与国际接轨的国家产品碳足迹核算通则标准，制定出台 100 个左右重点产品碳足迹核算规则标准，产品碳足迹因子数据库初步构建，产品碳足迹标识认证和分级管理制度初步建立，重点产品碳足迹规则国际衔接取得积极进展。

到 2030 年，碳足迹管理体系更加完善，应用场景更加丰富。制定出台 200 个左右重点产品碳足迹核算规则标准，覆盖范围广、数据质量高、国际影响力强的产品碳足迹因子数据库基本建成，产品碳足迹标识认证和分级管理制度全面建立，产品碳足迹应用环境持续优化拓展。产品碳足迹核算规则、因子数据库与碳标识认证制度逐步与国际接轨，实质性参与产品碳足迹国际规则制定。

三、主要任务

（一）建立健全碳足迹管理体系

1. 发布产品碳足迹核算通则标准。立足国情做好产品碳足迹国际通用核算方法和标准本地化工作，编制发布国家产品碳足迹核算通则标准，明确产品碳足迹核算边界、核算方法、发布形式、数据质量要求和溯源性要求等，统一产品碳足迹核算规则标准编制要求。（生态环境部、国家发展改革委、市场监管总局负责）

2. 发布重点产品碳足迹核算规则标准。优先聚焦电力、煤炭、天然气、燃油、钢铁、电解铝、水泥、化肥、氢、石灰、玻璃、乙烯、合成氨、电石、甲醇、锂电池、新能源汽车、光伏和电子电器等重点产品，制定发布核算规则标准。按照团体标准先行先试、逐步转化为行业标准或国家标准的原则，研制重点产品碳足迹核算规则标准。行业主管部门会同有关部门发布团体标准推荐清单。对实施基础好的团体标准采信为行业标准或国家标准。（生态环境部、国家发展改革委、工业和信息化部、市场监管总局等部门按职责分工负责）

3. 建立完善产品碳足迹因子数据库。依托国家温室气体排放因子数据库，优先聚焦基础能源、大宗商品及原材料、半成品和交通运输等重点领域发布产品碳足迹因子，建立国家产品碳足迹因子数据库。指导研究机构、行业协会、企业报送产品碳足迹因子，充实完善国家数据库。行业主管部门、有条件的地区、行业协会和企业等可根据需要依法合规收集整理数据资源，研究细分领域产品碳足迹因子数据，与国家数据库形成衔接和补充。（生态环境部、国家发展改革委、工业和信息化部、交通运输部、农业农村部、市场监管总局等部门按职责分工负责）

4. 建立产品碳标识认证制度。研究制定产品碳标识认证管理办法，明确适用范围、标识式样、认证流程、管理要求等。研究制定产品碳足迹认证目录和实施规则。（市场监管总局牵头，生态环境部、国家发展改革委、工业和信息化部等部门参与）

5. 建立产品碳足迹分级管理制度。政府部门探索开展重点行业和细分领域的产品碳足迹分级评定和管理工作。鼓励企业参照相关标准和要求开展自身和供应链碳足迹评价，推动企业挖掘减碳潜力、优化供应链管理、提升产品低碳竞争力。（生态环境部、国家发展改革委负责）

6. 探索建立碳足迹信息披露制度。在保障数据安全和知识产权前提下，分阶段、分步骤鼓励企业以环境气候信息披露、可持续（发展）信息披露或自愿性评价认证等方式发布产品碳足迹核算结果与报告。（生态环境部、国家发展改革委、财政部、中国人民银行、市场监管总局、中国证监会按职责分工负责）

（二）构建多方参与的碳足迹工作格局

7. 强化政策支持与协同。推动将产品碳足迹要求融入贸易、财政、金融和产业等政策，形成推广产品碳足迹的政策合力。鼓励将产品碳足迹纳入绿色低碳供应链和产品等评价指标，充分发挥产品碳足迹促进产业链上下游企业应用低碳技术、实施低碳改造、优化能源资源配置、履行社会责任的积极作用。促进产品碳足迹与碳排放权交易、温室气体自愿减排交易、环境影响评价等机制的有机衔接，协同推进碳减排。（生态环境部、国家发展改革委、工业和信息化部、财政部、商务部、中国人民银行、国务院国资委等部门按职责分工负责）

8. 加大金融支持力度。鼓励融资主体高效、准确、及时核算产品碳足迹，并在此基础上进一步核算融资项目碳排放，为绿色金融和转型金融服务提供必要信息。鼓励金融机构在依法合规、风险可控前提下，基于碳足迹信息丰富金融产品和服务。鼓励投资机构和评级机构将产品碳足迹纳入环境、社会和治理（ESG）及可持续发展尽职调查。（中国人民银行、金融监管总局、中国证监会、生态环境部按职责分工负责）

9. 丰富拓展推广应用场景。适时将产品碳足迹相关要求纳入政府采购需求标准，鼓励政府和国有企业加大碳足迹较低产品的采购和推广应用力度。以电子产品、家用电器、装饰装修材料和汽车等消费品为重点，有序推进产品碳标识在消费品领域的推广应用，引导商场和电商平台等企业主动展示产品碳标识，鼓励消费者购买和使用低碳产品。（国家发展改革委、工业和信息化部、财政部、生态环境部、交通运输部、商务部、中国人民银行、国务院国资委按职责分工负责）

10. 鼓励地方试点和政策创新。鼓励有条件的省市基于自身实际开展产品碳足迹试点，探索政策支持工具创新，加大财政支持力度，支持公共采购、公众消费、绿色出行和碳普惠场景中优先采购和使用碳足迹较低产品。鼓励有条件的地区开展先行先试，为国家产品碳足迹管理工作提供经验借鉴。对国家已出台碳足迹核算规则和标准的相关产品，各地区不再出台或及时废止相关地方规则和标准。（各有关部门参与，各地方落实）

11. 鼓励重点行业企业先行先试。选取重点外贸行业开展产品碳足迹试点，鼓励重点行业企业建立产品碳足迹数字化管理系统，自愿报送产品碳足迹因子，指导行业企业开发产品碳足迹核算标准，科学开展核算，探索对接国际规则。鼓励国资央企加强供应链碳足迹管理，率先开展产品碳足迹核算评价、认证和推广工作。鼓励行业组织、龙头企业推进碳足迹信息披露相关服务平台建设与国际合作。(生态环境部、国家发展改革委、工业和信息化部、商务部、国务院国资委、市场监管总局等部门按职责分工负责,有关行业协会参与)

(三)推动产品碳足迹规则国际互信

12. 积极应对国际涉碳贸易政策。跟踪研判全球主要经济体涉碳贸易政策和国际产品碳足迹相关规则发展趋势,关注航运等重点行业碳减排政策及影响,聚焦外贸产品面临挑战和企业诉求,加强与国际贸易相关方沟通对接,通过双多边渠道加强产品碳足迹等重点问题对话磋商。(生态环境部、商务部、外交部、国家发展改革委、交通运输部、海关总署、市场监管总局按职责分工负责)

13. 推动产品碳足迹规则国际对接。针对重点外贸产品涉及的原材料、半成品和成品,加快发布更新本地化产品碳足迹因子并推动国际认可,促进与主要贸易伙伴就重点产品碳足迹核算评价和认证标准、机构和人员资质评定逐步实现互通互认。(生态环境部、商务部、工业和信息化部、交通运输部、海关总署、市场监管总局按职责分工负责)

14. 推动与共建"一带一路"国家产品碳足迹规则交流互认。加强与共建"一带一路"国家交流合作,共同推动适用于共建"一带一路"国家的产品碳足迹核算评价和认证标准研制。鼓励国内评价认证机构和共建"一带一路"国家相关机构参与规则制定,推动与共建"一带一路"国家产品碳标识互认。(生态环境部、国家发展改革委、市场监管总局牵头,各有关部门参与)

15. 积极参与国际标准规则制定。加强与联合国经济及社会理事会、国际标准化组织、世界贸易组织等国际机构对话交流,积极参与国际产品碳足迹相关标准规则的制修订。指导行业协会、企业主动参与具体产品碳足迹国际规则制定,提升中国贡献度,力争在锂电池、光伏、新能源汽车和电子电器等领域推动制定产品碳足迹国际标准。(生态环境部、市场监管总局、工业和信息化部、交通运输部、商务部、海关总署按职责分工负责)

16. 加强国际交流与合作。鼓励研究机构、行业协会和企业加强产品碳足迹相关国际交流,在产品碳足迹因子数据库建设、标准制定和专业人才培养等方面开展合作,保障我国出口产品碳足迹信息安全,促进数据互联互通。(各有关部门按职责分工负责)

(四)持续加强产品碳足迹能力建设

17. 加强产品碳足迹核算能力建设。加大产品碳足迹核算相关人员培训力度,鼓励有培训资质的机构面向企业开展专业化培训,提升从业人员专业能力水平,强化专业支撑保障。(各部门按职责分工负责)

18. 规范产品碳足迹专业服务。培育具有国际影响力的产品碳足迹核算评价和认证机构,鼓励有能力的行业组织、企业在海外设立产品碳足迹服务机构。完善认证机构管理制度,对违法违规的责任主体依法依规列入相关严重失信主体名单,严厉打击各类弄虚作假和虚标滥标行为。(市场监管总局、生态环境部牵头,各有关部门参与)

19. 加强产品碳足迹人才培养。大力培养产品碳足迹专业人才,完善相关职业体系。鼓励普通高校和职业学校开设产品碳足迹相关课程,编制专业教材,搭建"政校企协"共建的人才培育机制。鼓励行业协会、企业开展产品碳足迹人才培训交流活动。（教育部、人力资源社会保障部、工业和信息化部、生态环境部等部门按职责分工负责）

20. 强化产品碳足迹数据质量。综合运用大数据、区块链、工业互联网标识解析等技术，提升数据监测、采集、存储、核算和校验的可靠性与即时性。推动产品碳足迹因子数据与全国碳排放权交易市场和全国排污许可证管理信息平台相关数据相互校验、互为补充。强化监测、计量和统计技术在产品碳足迹工作中的应用。推动行业协会、研究机构、征信机构和评级机构等多方加强对产品碳足迹相关信息共享和联合监督。（各有关部门按职责分工负责）

21. 建立产品碳足迹数据质量计量支撑保障体系。加强碳足迹智能计量器具的研制和应用。在碳足迹核算和碳足迹因子数据库建设中，优先选用具有计量溯源性的数据，指导开展碳足迹数据溯源性核验。（市场监管总局、生态环境部、国家发展改革委按职责分工负责）

22. 加强产品碳足迹数据安全和知识产权保护。落实数据安全法规制度，强化产品碳足迹数据流通监管，保障数据交换环境安全可靠，鼓励数字技术企业开展基于云端的安全服务，提升数据安全水平。开展绿色低碳专利技术统计监测，完善知识产权对外转让审查制度，依法管理涉及国家安全的碳足迹有关技术对外转让行为。全面梳理重点外贸行业产品碳足迹核算薄弱环节、潜在风险点，建立风险预警和应急响应机制。（生态环境部、国家知识产权局、国家数据局等部门按职责分工负责）

四、保障措施

（一）加强统筹协调

生态环境部会同国家发展改革委等相关部门加强工作统筹协调，深入研究产品碳足迹领域国际国内重大问题，定期调度工作进展，扎实落实各项任务，推动地方政府、行业协会、企业和第三方机构积极参与，共同构建我国碳足迹管理体系。

（二）强化工作落实

生态环境部会同国家发展改革委等相关部门强化分工落实，建立专家组，加强对行业、企业指导，形成政策合力。各部门要高度重视，主动作为，各地区生态环境部门要会同有关方面推进本地区碳足迹管理工作，加强能力建设，确保方案有效实施。

（三）加强宣传解读

有关部门和单位要充分利用各类媒介载体加大碳足迹工作宣传力度，提供政策解读、专业培训、技术服务等。在国际场合广泛宣传国内碳足迹工作和优秀实践案例，讲好中国故事，传播中国经验。

附录 G　教育部关于印发《绿色低碳发展国民教育体系建设实施方案》的通知

教发〔2022〕2号

各省、自治区、直辖市教育厅（教委），新疆生产建设兵团教育局，部属各高等学校、部省合建各高等学校：

　　为深入贯彻落实习近平总书记关于碳达峰碳中和工作的重要讲话和指示批示精神，认真落实党中央、国务院决策部署，落实《中共中央 国务院关于完整准确全面贯彻新发展理念做好碳达峰碳中和工作的意见》和《国务院关于印发2030年前碳达峰行动方案的通知》要求，把绿色低碳发展纳入国民教育体系，现将《绿色低碳发展国民教育体系建设实施方案》印发给你们，请结合实际，认真抓好贯彻落实。

教育部
2022年10月26日

绿色低碳发展国民教育体系建设实施方案

　　为深入贯彻落实习近平总书记关于碳达峰碳中和工作的重要讲话和指示批示精神，认真落实党中央、国务院决策部署，落实《中共中央 国务院关于完整准确全面贯彻新发展理念做好碳达峰碳中和工作的意见》、国务院《2030年前碳达峰行动方案》要求，把绿色低碳发展理念全面融入国民教育体系各个层次和各个领域，培养践行绿色低碳理念、适应绿色低碳社会、引领绿色低碳发展的新一代青少年，发挥好教育系统人才培养、科学研究、社会服务、文化传承的功能，为实现碳达峰碳中和目标作出教育行业的特有贡献，制定本实施方案。

一、总体要求

（一）指导思想。

以习近平新时代中国特色社会主义思想为指导，全面贯彻党的二十大精神，深入贯彻习近平生态文明思想，立足新发展阶段，完整、准确、全面贯彻新发展理念，构建新发展格局，聚焦绿色低碳发展融入国民教育体系各个层次的切入点和关键环节，采取有针对性的举措，构建特色鲜明、上下衔接、内容丰富的绿色低碳发展国民教育体系，引导青少年牢固树立绿色低碳发展理念，为实现碳达峰碳中和目标奠定坚实思想和行动基础。

（二）工作原则。

——坚持全国统筹。强化总体设计和工作指导，发挥制度优势，压实各方责任。根据各地实际分类施策，鼓励主动作为，示范引领。以理念建构和习惯养成为重点，将绿色低碳导向融入国民教育体系各领域各环节，加快构建绿色低碳国民教育体系。

——坚持节约优先。把节约能源资源放在首位，积极建设绿色学校，持续降低大中小学能源资源消耗和碳排放，重视校园节能降耗技术改造和校园绿化工作，倡导简约适度、绿色低碳生活方式，从源头上减少碳排放。

——坚持全程育人。在注重绿色低碳纳入大中小学教育教学活动的同时，在教师培养培训环节增加生态文明建设的最新成果、碳达峰碳中和的目标任务要求等内容。既要注重学校节能技术改造、能源管理，也要注重校园软环境的创设，达到润物细无声的效果。

——坚持开放融合。绿色低碳理念和技术进步成果优先在学校传播，行业领军企业要免费向大中小学开设社会实践课堂。高等院校要加大对绿色低碳科学研究和技术的投入，为碳达峰碳中和贡献教育力量。

二、主要目标

到 2025 年，绿色低碳生活理念与绿色低碳发展规范在大中小学普及传播，绿色低碳理念进入大中小学教育体系；有关高校初步构建起碳达峰碳中和相关学科专业体系，科技创新能力和创新人才培养水平明显提升。

到 2030 年，实现学生绿色低碳生活方式及行为习惯的系统养成与发展，形成较为完善的多层次绿色低碳理念育人体系并贯通青少年成长全过程，形成一批具有国际影响力和权威性的碳达峰碳中和一流学科专业和研究机构。

三、将绿色低碳发展融入教育教学

（一）把绿色低碳要求融入国民教育各学段课程教材。将习近平生态文明思想、习近平总书记关于碳达峰碳中和重要论述精神充分融入国民教育中，开展形式多样的资源环境国情教育和碳达峰碳中和知识普及工作。针对不同年龄阶段青少年心理特点和接受能力，系统规划、科学设计教学内容，改进教育方式，鼓励开发地方和校本课程教材。学前教育阶段着重通过绘本、动画启蒙幼儿的生态保护意识和绿色低碳生活的习惯养成。基础教育阶段在政治、生物、地理、物理、化学等学科课程教材教学中普及碳达峰碳中和的基本理念和知识。高等教育阶段加强理学、工学、农学、经济学、管理学、法学等学科融合贯通，建立覆盖气候系统、能源转型、产业升级、城乡建设、国际政治经济、外交等领域的碳达峰碳中和核心知识体系，加快编制跨领域综合性知识图谱，编写一批碳达峰碳中和领域精品教材，形成优质资源库。职业教育阶段逐步设立碳排放统计核算、碳排放与碳汇计量监测等新兴专业或课程。

（二）加强教师绿色低碳发展教育培训。各级教育行政部门和师范院校、教师继续教育学院要结合实际在师范生课程体系、校长培训和教师培训课程体系中加入碳达峰碳中和最新知识、绿色低碳发展最新要求、教育领域职责与使命等内容，推动教师队伍率先树立绿色低碳理念，提升传播绿色低碳知识能力。

（三）把党中央关于碳达峰碳中和的决策部署纳入高等学校思政工作体系。发挥课堂主渠道作用，将绿色低碳发展有关内容有机融入高校思想政治理论课。通过高校形势与政策教育宣讲、专家报告会、专题座谈会等，引导大学生围绕绿色低碳发展进行学习研讨，提升大学生对实现碳达峰碳中和战略目标重要性的认识，推动绿色低碳发展理念进思政、进课堂、进头脑。统筹线上线下教育资源，充分发挥高校思政类公众号的示范引领作用，广泛开展碳达峰碳中和宣传教育。

（四）加强绿色低碳相关专业学科建设。根据国家碳达峰碳中和工作需要，鼓励有条件、有基础的高等学校、职业院校加强相关领域的学科、专业建设，创新人才培养模式，支持具备条件和实力的高等学校加快储能、氢能、碳捕集利用与封存、碳排放权交易、碳汇、绿色金融等学科专业建设。鼓励高校开设碳达峰碳中和导论课程。建设一批绿色低碳领域未来技术学院、现代产业学院和示范性能源学院，开展国际合作与交流，加大绿色低碳发展领域的高层次专业化人才培养力度。深化产教融合，鼓励校企联合开展产学合作协同育人项目，组建碳达峰碳中和产教融合发展联盟。引导职业院校增设相关专业，到2025年，全国绿色低碳领域相关专业布点数不少于600个，发布专业教学标准，支持职业院校根据需要在低碳建筑、光伏、水电、风电、环保、碳排放统计核算、计量监测等相关专业领域加大投入，充实师资力量，推动生态文明与职业规范相结合，职业资格与职业认证绿色标准相结合，完善课程体系和实践实训条件，规划建设100种左右有关课程教材，适度扩大技术技能人才培养规模。

（五）将践行绿色低碳作为教育活动重要内容。创新绿色低碳教育形式，充分利用智慧教育平台开发优质教育资源、普及有关知识、开展线上活动。以全国节能宣传周、全国城市节水宣传周、全国低碳日、世界环境日、世界地球日等主题宣传节点为契机，组织主题班会、专题讲座、知识竞赛、征文比赛等多种形式教育活动，持续开展节水、节电、节粮、垃圾分类、校园绿化等生活实践活动，引导中小学生从小树立人与自然和谐共生观念，自觉践行节约能源资源、保护生态环境各项要求。强化社会实践，组织大学生通过实地参观、社会调研、志愿服务、撰写调研报告等形式，走进厂矿企业、乡村社区了解碳达峰碳中和工作进展。

四、以绿色低碳发展引领提升教育服务贡献力

（六）支持高等学校开展碳达峰碳中和科研攻关。加强碳达峰碳中和相关领域全国重点

实验室、国家技术创新中心、国家工程研究中心等国家级创新平台的培育，组建一批攻关团队，加快绿色低碳相关领域基础理论研究和关键共性技术新突破。优化高校相关领域创新平台布局，推进前沿科学中心、关键核心技术集成攻关大平台建设，构建从基础研究、技术创新到产业化的全链条攻关体系。支持高校联合科技企业建立技术研发中心、产业研究院、中试基地、协同创新中心等，构建碳达峰碳中和相关技术发展产学研全链条创新网络，围绕绿色低碳领域共性需求和难点问题，开展绿色低碳技术联合攻关，并促进科技成果转移转化，服务经济社会高质量发展。

（七）支持高等学校开展碳达峰碳中和领域政策研究和社会服务。引导高校发挥人才优势，组织专业力量，围绕碳达峰碳中和开展前沿理论和政策研究，为碳达峰碳中和工作提供政策咨询服务。协助有关行政管理部门做好重要政策调研、决策评估、政策解读相关工作，积极参与碳达峰碳中和有关各类规划和标准研制、项目评审论证等，支持和保障重点工作、重点项目推进实施。

五、将绿色低碳发展融入校园建设

（八）完善校园能源管理工作体系。鼓励各地各校开展校园能耗调研，建立校园能耗监测体系，对校园能耗数据进行实时跟踪和精准分析，针对校园能源消耗和师生学习工作需求，建立涵盖节约用电、用水、用气，以及倡导绿色出行等全方位的校园能源管理工作体系。加快推进移动互联网、云计算、物联网、大数据等现代信息技术在校园教学、科研、基建、后勤、社会服务等方面的应用，实现高校后勤领域能源管理的智能化与动态化，助推学校绿色发展提质增效、转型升级。

（九）在新校区建设和既有校区改造中优先采用节能减排新技术产品和服务。在校园建设与管理领域广泛运用先进的节能新能源技术产品和服务。有序逐步降低传统化石能源应用比例，提高绿色清洁能源的应用比例，从源头上减少碳排放。加快推进超低能耗、近零能耗、低碳建筑规模化发展，提升学校新建建筑节能水平。大力推进学校既有建筑、老旧供热管网等节能改造，全面推广节能门窗、绿色建材等节能产品，降低建筑本体用能需求。鼓励采用自然通风、自然采光等被动式技术；因地制宜采用高效制冷机房技术，智慧供热技术，智慧能源管控平台等新技术手段降低能源消耗。优化学校建筑用能结构。加快推动学校建筑用能电气化和低碳化，深入推进可再生能源在学校建设领域的规模化应用。在有条件的地区开展学校建筑屋顶光伏行动，推动光伏与建筑一体化发展。大力提高学校生活热水、炊事等电气化普及率。重视校园绿化工作，鼓励采用屋顶绿化、垂直绿化、增加自然景观水体等绿化手段，增加校园自然碳汇面积。

六、保障措施

（十）加强组织领导。各级教育行政部门要高度重视绿色低碳发展国民教育体系建设，以服务碳达峰碳中和重大战略决策为目标，统筹各类资源、加大探索力度，结合本地实际和绿色学校创建工作，制定工作方案。充分发挥教育系统人才智力优势，加快绿色低碳发展国民教育体系建设工作。

（十一）推动协同保障。加大绿色低碳发展国民教育体系建设工作领导，加大各部门协作力度，形成协同推进绿色低碳发展国民教育体系建设工作机制。对绿色低碳发展国民教育体系建设工作重大科技任务、重大课题、重点学科、重点实验室予以资金和政策保障，稳步推进绿色低碳进校园工作。

（十二）强化宣传引导。各地要多措并举、积极倡导绿色低碳发展理念，及时宣传绿色低碳发展国民教育体系建设工作进展，总结推广各级各类学校的经验做法，加强先进典型的正面宣传，发挥榜样示范作用，达到良好宣传实效，引导教育系统师生形成简约适度生活方式，营造绿色低碳良好社会氛围。

附录 H 天津市人民政府关于印发天津市加快建立健全绿色低碳循环发展经济体系实施方案的通知

津政发〔2022〕7号

各区人民政府，市政府各委、办、局：

现将《天津市加快建立健全绿色低碳循环发展经济体系的实施方案》印发给你们，望遵照执行。

天津市人民政府
2022年3月25日

天津市加快建立健全绿色低碳循环发展经济体系的实施方案

为加快建立健全绿色低碳循环发展经济体系，促进经济社会发展全面绿色转型，根据《国务院关于加快建立健全绿色低碳循环发展经济体系的指导意见》（国发〔2021〕4号），结合本市实际，制定本实施方案。

一、总体要求

（一）指导思想。以习近平新时代中国特色社会主义思想为指导，深入贯彻党的十九大和十九届历次全会精神，全面贯彻习近平生态文明思想，认真落实党中央、国务院决策部署和市委、市政府部署要求，坚定不移贯彻新发展理念，坚持重点突破、创新引领、稳中求进、市场导向，全方位全过程推行绿色规划、绿色设计、绿色投资、绿色建设、绿色生产、绿色流通、绿色生活、绿色消费，统筹推进高质量发展和高水平保护，加快建立健全绿色低碳循环发展的经济体系，确保实现碳达峰、碳中和目标，推动本市绿色发展迈上新台阶。

（二）主要目标。到2025年，产业结构、能源结构、运输结构明显优化，绿色产业比重显著提升，能源资源利用效率大幅提高，主要污染物排放总量持续减少，碳排放强度明显降低，市场导向的绿色技术创新体系更加完善，政策制度体系更加健全，绿色低碳循环发展的生产体系、流通体系、消费体系初步形成，工业战略性新兴产业增加值占规模以上工业增加值比重达到 40%，国家高新技术企业数量达到 11600 家，非化石能源消费比重力争达到 11.5% 以上，单位地区生产总值能源消耗降低 14.5%，空气优良天数比例达到 68%。到 2035 年，绿色发展内生动力显著增强，绿色产业规模迈上新台阶，重点行业、重点产品能源资源利用效率达到国际先进水平，绿色生产生活方式广泛形成，碳排放达峰后稳中有降，生态环境根本好转，基本建成生态宜居的社会主义现代化大都市。

二、构建绿色低碳循环发展的生产体系

（三）加快工业绿色转型升级。推行产品绿色设计，培育一批绿色制造单位，构建绿色制造体系。（市工业和信息化局、各区人民政府按职责分工负责）以天津经济技术开发区、天津子牙经济技术开发区等为依托，开展汽车零部件、工程机械、医疗器械等机电产品的再制造业务和市场培育。发挥中国（天津）自由贸易试验区（以下简称天津自贸试验区）和综合保税区优势，拓展航空、船舶、数控机床、工程机械、通信设备等保税维修业务，探索开展进口旧机电产品的再制造业务。（市商务局、市发展改革委、市工业和信息化局、市市场监管委、市生态环境局、天津海关、天津自贸试验区管委会、有关区人民政府按职责分工负责）推广粉煤灰、钢渣等大宗固体废弃物综合利用技术，促进工业固体废物综合利用。（市工业和信息化局、市发展改革委、各区人民政府按职责分工负责）全面推行清洁生产，依法在"双超双有高能耗"行业实施强制性清洁生产审核。（市发展改革委、市生态环境局、各区人民政府按职责分工负责）构建以排污许可制为核心的固定污染源监管制度体系，提升危险废物规范化管理水平。（市生态环境局、各区人民政府按职责分工负责）

（四）加快农业绿色低碳循环发展。加强绿色食品、有机农产品认证服务，持续推进小站稻振兴计划，擦亮"津农精品"金字招牌，推动优质农产品进入全国高端市场。（市农业农村委、市商务局、市市场监管委、市规划资源局、有农业的区人民政府按职责分工负责）发展生态循环农业，到 2025 年畜禽粪污资源化利用率提高至 90%，主要农作物秸秆综合利用率达到 98% 以上。加快高标准农田建设，强化耕地质量保护与提升。开展农业节水示范，推广微灌滴灌、水肥一体化等高效节水技术。实施农药、兽用抗菌药使用减量行动，推行水产健康养殖。（市农业农村委、有农业的区人民政府按职责分工负责）发展林业循环经济，开展生态标志产品、生态产品工程创建和申报工作。（市规划资源局负责）实施《天津市养殖水域滩涂规划（2019—2030 年）》。（市农业农村委、市规划资源局、有关区人民政府按职责分工负责）落实海洋伏季休渔和相关水域禁渔管理制度。（市农业农村委、有关区人民政府按职责分工负责）推动农村一二三产业深度融合发展，培育 150 家市级以上农业产业化龙头企业、20 个农业产业化联合体，创新发展都市型休闲农业和乡村旅游。（市农业农村委、市工业和信息化局、市发展改革委、市文化和旅游局、有农业的区人民政府按职责分工负责）

（五）加快服务业绿色低碳循环发展。开展绿色商场创建，培育一批绿色流通主体。（市

附录 H 天津市人民政府关于印发天津市加快建立健全绿色低碳循环发展经济体系实施方案的通知

商务局、各区人民政府按职责分工负责）有序发展出行、住宿等领域共享经济，规范发展闲置资源交易。（市交通运输委、市商务局等部门和各区人民政府按职责分工负责）引导数据中心使用绿色技术产品，创建一批国家级绿色数据中心。（市工业和信息化局、各区人民政府按职责分工负责）推进会展业绿色发展，宣传贯彻相关绿色标准，推广可循环使用的办展设施，减少使用一次性材料。（市商务局、市市场监管委、有关区人民政府按职责分工负责）修订完善低挥发性有机物含量原辅材料现场核查手册，推动汽修等行业使用低挥发性有机物含量原辅材料。（市生态环境局、市交通运输委、各区人民政府按职责分工负责）倡导酒店、餐饮等行业不主动提供一次性用品。（市商务局、市文化和旅游局、各区人民政府按职责分工负责）

（六）培育壮大绿色环保产业。开展绿色产业示范基地创建，鼓励天津经济技术开发区等开发区、产业园区明确主导产业，引导绿色产业集聚发展。（市发展改革委、有关区人民政府按职责分工负责）加快培育市场主体，培育城市综合运营服务商，推动布局固体废弃物与垃圾处理、建筑垃圾资源化利用、河道及土壤修复等领域，构建绿色大环保业务格局。（市国资委、市住房城乡建设委、市城市管理委、市交通运输委、市生态环境局、市水务局等部门按职责分工负责）强化精准服务，培育一批专注于细分市场、聚焦主业、创新能力强、成长性好的市级"专精特新"中小企业。（市工业和信息化局、各区人民政府按职责分工负责）贯彻执行绿色产业指导目录，推行合同能源管理、能源托管服务、合同节水管理、环境污染第三方治理、以环境治理效果为导向的环境托管服务等模式，引导产业发展方向。（市发展改革委、市生态环境局、市工业和信息化局、市规划资源局、市住房城乡建设委、市城市管理委、市机关事务管理局、市水务局、各区人民政府按职责分工负责）

（七）提升产业园区（集群）循环化水平。制定实施天津市工业布局规划，优化工业空间布局，引导产业协同联动、集聚发展。（市工业和信息化局、各区人民政府按职责分工负责）加强对产业园区规划环境影响评价的审查和监管，督促各产业园区管理部门依法依规开展评价，提升产业园区规划环境影响评价效力。（市生态环境局、各区人民政府按职责分工负责）推进既有产业园区和产业集群循环化改造，推动公共设施共建共享、能源梯级利用、资源循环利用和污染物集中安全处置等。（市发展改革委、市生态环境局、各区人民政府按职责分工负责）推行产业园区综合能源管理模式，建设电、热、冷、气等多种能源协同互济的综合能源项目。（市发展改革委、各区人民政府按职责分工负责）加强危险废物规范化管理，推动危险废物处置能力建设。（市生态环境局、各区人民政府按职责分工负责）

（八）构建绿色供应链。推进产品全周期绿色环保，鼓励企业开展绿色设计、选择绿色材料、实施绿色采购、打造绿色制造工艺。引导具备条件的企业探索建立绿色供应链制度体系，申报国家绿色供应链管理示范企业。（市工业和信息化局、各区人民政府按职责分工负责）鼓励行业协会通过制定规范、咨询服务、行业自律等方式提高行业供应链绿色化水平。（市发展改革委、市工业和信息化局、各区人民政府按职责分工负责）

- 235 -

三、构建绿色低碳循环发展的流通体系

（九）打造绿色物流体系。优化运输结构，促进大宗货物和中长途货物运输"公转铁""公转水"，推广高效运输组织模式。高标准建设航空物流园，积极打造多式融合、灵活高效的货运服务体系。（市交通运输委、市发展改革委、市邮政管理局、各区人民政府按职责分工负责）加强物流运输组织管理，加快相关公共信息平台建设和信息共享，发展甩挂运输、共同配送。（市交通运输委、各区人民政府按职责分工负责）推行邮件快件绿色包装，淘汰更新或改造老旧车船，推进绿色船舶示范应用，推动水路运输、港口和机场服务、城市物流配送、邮政快递等领域优先使用新能源或清洁能源汽车等绿色低碳运输工具。（市交通运输委、市工业和信息化局、市邮政管理局、各区人民政府按职责分工负责）实施天津港绿色智慧专业化码头科技示范工程，推进港口装卸、运输、仓储等关键环节升级改造。（天津港集团负责）新改扩建码头工程（油气化工码头除外）同步设计、建设岸电设施，港作船舶岸电使用率达到100%。（市交通运输委、天津海事局、滨海新区人民政府、天津港集团按职责分工负责）

（十）加强再生资源回收利用。完善再生资源回收体系，促进再生资源回收利用企业规范发展。（市商务局、市工业和信息化局、各区人民政府按职责分工负责）加强再生资源回收与生活垃圾收集、运输相衔接，推进垃圾分类回收与再生资源回收"两网融合"。（市商务局、市城市管理委、各区人民政府按职责分工负责）推行生产者责任延伸制度，引导电池等产品生产企业开展生态设计、建立全生命周期追溯系统、探索建立逆向物流回收体系。规范报废汽车拆解利用，探索废铅蓄电池收集和转移管理制度。（市发展改革委、市工业和信息化局、市商务局、市公安局、市市场监管委、市生态环境局、各区人民政府按职责分工负责）鼓励再生资源回收利用企业加强与生产企业合作，加强回收模式创新，提升行业整体竞争力。（市商务局、各区人民政府按职责分工负责）开展废弃电器电子产品拆解处理审核，开展再生资源综合利用行业规范企业申报工作，完善废旧家电回收处理体系，提升资源产出率和回收利用率。（市生态环境局、市工业和信息化局、市商务局、市供销合作社、市发展改革委、市市场监管委、市财政局、各区人民政府按职责分工负责）

（十一）建立绿色贸易体系。积极优化贸易结构，大力发展高质量、高附加值的绿色产品贸易，支持绿色产品生产经营企业参加境外展会、开展管理体系认证和产品认证、申请境外专利，从严控制高污染、高耗能产品出口。（市商务局、各区人民政府按职责分工负责）持续深化天津自贸试验区改革开放，以开放促改革、促发展、促创新，形成一批绿色贸易制度创新成果。（天津自贸试验区管委会、滨海新区人民政府按职责分工负责）

四、构建绿色低碳循环发展的消费体系

（十二）促进绿色产品消费。落实节能产品、环境标志产品政府采购执行机制，加大政

府绿色采购力度，推动市管国有企业建立绿色采购制度。（市财政局、市国资委、市工业和信息化局、各区人民政府按职责分工负责）加强节能环保技术推广应用，引导企业和居民采购绿色产品。（市发展改革委、市生态环境局、市财政局、各区人民政府按职责分工负责）推动电商平台设立绿色产品销售专区，加强绿色产品集中展示和宣传，挖掘绿色消费需求。（市商务局、各区人民政府按职责分工负责）落实认证机构信用监管机制，加强认证监管，推动绿色产品和绿色服务认证，推广应用绿色产品。（市市场监管委、市发展改革委、市工业和信息化局、市住房城乡建设委、市邮政管理局、各区人民政府按职责分工负责）支持绿色电力证书交易，引导全社会提升绿色电力消费。（市发展改革委、各区人民政府按职责分工负责）依法核查虚标绿色产品线索，严厉打击能效、水效等虚标行为。（市场监管委、各区人民政府按职责分工负责）

（十三）倡导绿色低碳生活方式。宣传贯彻餐饮行业制止餐饮浪费行为规范，坚决制止餐饮行业的浪费行为。（市商务局、各区人民政府按职责分工负责）完善生活垃圾分类制度体系，建立健全市、区、街道（乡镇）、社区（村）四级联动工作机制，推进生活垃圾分类和减量化、资源化。（市城市管理委、各区人民政府按职责分工负责）扎实推进塑料污染全链条治理。（市生态环境局、市发展改革委、各区人民政府按职责分工负责）开展限制商品过度包装计量监督专项检查、邮件快件过度包装和随意包装专项整治。（市市场监管委、市邮政管理局、各区人民政府按职责分工负责）提升交通系统智能化水平，积极引导绿色出行。（市交通运输委、市住房城乡建设委、各区人民政府按职责分工负责）深入开展爱国卫生运动，打造宜居生活环境。（市爱卫办、各区人民政府按职责分工负责）开展绿色生活创建行动，广泛宣传推广简约适度、绿色低碳、文明健康的生活理念和生活方式。（市发展改革委、市机关事务管理局、市妇联、市教委、市住房城乡建设委、市交通运输委、市商务局、各区人民政府按职责分工负责）

五、加快基础设施绿色升级

（十四）推动能源体系绿色低碳转型。完善能源消费总量和强度双控制度，持续推进节能、提高能效。（市发展改革委、各区人民政府按职责分工负责）坚持集中式和分布式并重，大力发展风能、太阳能，扩大非化石能源电力装机规模。（市发展改革委、市规划资源局、各区人民政府按职责分工负责）推动储能技术应用，提升电网消纳、调峰能力。（市发展改革委、市科技局、市工业和信息化局、国网天津市电力公司、各区人民政府按职责分工负责）推动煤炭集约高效利用，进一步淘汰分散燃煤锅炉。（市发展改革委、各区人民政府按职责分工负责）推动城乡电网一体化发展，提高电网信息化、自动化、智能化水平。（市发展改革委、国网天津市电力公司、各区人民政府按职责分工负责）强化天然气主干管网建设，加快天然气基础设施互联互通，提升清洁能源供应保障能力。（市发展改革委、市住房城乡建设委、市城市管理委、各区人民政府按职责分工负责）探索开展二氧化碳捕集、利

用和封存技术研发。(市生态环境局、市科技局、各区人民政府按职责分工负责)

(十五)推进城镇环境基础设施建设升级。落实《天津市排水专项规划(2020—2035年)》,推进城镇污水管网全覆盖,巩固26条建成区黑臭水体整治工程治理成效,推动城镇生活污水收集处理设施"厂网一体化"。(市水务局、市生态环境局、市发展改革委等部门和各区人民政府按职责分工负责)加快厨余垃圾、建筑垃圾、粪便、园林垃圾、大件垃圾等城镇生活垃圾处理能力建设,推进生活垃圾焚烧发电。(市城市管理委、市发展改革委、各区人民政府按职责分工负责)加强危险废物集中处置能力建设,提升信息化、智能化监管水平,严格执行经营许可管理制度。(市生态环境局、市发展改革委、各区人民政府按职责分工负责)加强医疗废物处置全流程监管,推进医疗废物处置全流程监管平台建设,完善中转处置收集模式,提升医疗废物应急处理能力。(市卫生健康委、市生态环境局、市发展改革委、各区人民政府按职责分工负责)聚焦核心技术研发和先进装备制造,推进海水淡化产业高质量发展,将海水淡化水纳入本市水资源供给体系,以应用场景为牵引,全面提升产业聚集和协同创新能力,建设全国海水淡化示范城市。(市发展改革委、市水务局、市规划资源局、市工业和信息化局、市科技局、有关区人民政府按职责分工负责)

(十六)提升交通基础设施绿色发展水平。将生态环保理念贯穿交通基础设施规划、建设、运营和维护全过程,推进土地等资源集约利用,合理避让具有重要生态功能的国土空间,积极打造绿色公路、绿色港口、绿色空港。(市交通运输委、市发展改革委、市生态环境局、天津港集团、各区人民政府按职责分工负责)加强交通运输行业新技术推广清单管理,更新发布天津市交通运输新技术推广清单,积极推广辅助动力替代和节能灯具、隔声屏障等节能环保先进技术和产品。(市交通运输委、各区人民政府按职责分工负责)加强新能源汽车充换电、加氢等配套基础设施建设。(市发展改革委、市城市管理委、市住房城乡建设委等部门和各区人民政府按职责分工负责)加大工程建设中对废旧路面、沥青、疏浚土等材料以及建筑垃圾等废弃资源的综合利用力度。(市交通运输委、市城市管理委、各区人民政府按职责分工负责)

(十七)改善城乡人居环境。科学编制天津市国土空间总体规划,构建"三区两带中屏障"的生态空间格局,打造"一市双城多节点"的城镇功能空间格局,引导城镇空间高质量、绿色集约发展。加快推进"871"重大生态建设工程,到2025年一级管控区森林(绿化)覆盖率达到25%。(市规划资源局、市生态环境局、市水务局、市农业农村委、有关区人民政府按职责分工负责)开展水利工程防汛安全检查,推动积水片改造提升排水能力,增强城市防洪排涝能力。(市水务局、各区人民政府按职责分工负责)开展绿色社区创建行动,研究建立本市绿色建筑标识管理制度,推动社区基础设施绿色化和既有建筑节能改造。(市住房城乡建设委、市发展改革委、市城市管理委、市民政局、市水务局、市公安局、市生态环境局、市市场监管委、各区人民政府按职责分工负责)推进农村人居环境整治,以农村生活垃圾处理、污水治理、"厕所革命"、农业面源污染防治、清洁田园建设、村容村貌提升等为重点,实施"百村示范、千村整治"工程和农村全域清洁化工程,建设一批农村人居环境示范村。持续做好农村老旧危房改造，打造干净整洁有序美丽的村庄环境。（市农业农村委、市城市管理委、市水务局、市住房城乡建设委、市生态环境局、市卫生健康委、市发展改革委、有农业的区人民政府按职责分工负责）

六、构建市场导向的绿色技术创新体系

（十八）鼓励绿色低碳技术研发。针对节能环保、清洁生产、清洁能源等绿色产业技术创新的基础需求，推动储能、氢能、海水淡化关键材料和核心装备、浓盐水综合利用等领域绿色技术创新攻关。（市科技局、各区人民政府按职责分工负责）优化科技创新平台体系布局，建设重大科技创新基础设施和平台。推动北辰区、津南区、静海区打造京津微创新中心。深化海河教育园区体制机制创新，加快产学研用深度融合，推进创新发展聚集区建设，打造"天津智谷"。支持南开区与天津大学、南开大学合力打造启航创新产业区。围绕西青大学城、东丽科研机构聚集区等科教资源密集区，培育研发产业聚集区，持续提升绿色技术研发能力。（市科技局、市工业和信息化局、市发展改革委、市教委、有关区人民政府按职责分工负责）通过实施国家高新技术企业倍增行动计划、建立"雏鹰—瞪羚—领军"梯度培育机制等措施，强化企业创新主体地位，鼓励企业牵头或参与财政资金支持的绿色技术研发项目、市场导向明确的绿色技术创新项目。（市科技局、各区人民政府按职责分工负责）

（十九）加速科技成果转化。发挥首台（套）重大技术装备政策引导作用，支持绿色技术应用。（市工业和信息化局、各区人民政府按职责分工负责）坚持"以用立业"，加强大学科技园、产业技术研究院等产业化载体建设，加速绿色技术成果向现实生产力转化。以市科技成果展示交易运营中心为核心，发展技术转移机构，构建与国内外技术市场互联互通的技术转移网络。鼓励企业建设科技成果转化中试熟化基地，培育一批绿色技术成果转化示范企业。积极引导各类投资基金支持本市绿色技术创新成果转化应用。（市科技局、各区人民政府按职责分工负责）广泛征集、及时发布绿色技术推广目录，加快先进成熟技术推广应用。（市发展改革委、市科技局、市工业和信息化局、市规划资源局、各区人民政府按职责分工负责）

七、完善政策制度体系

（二十）强化政策制度支撑。持续完善强化清洁生产、发展循环经济、提高资源利用效率、严格污染治理、实行环境信息公开、应对气候变化、促进绿色设计、推动绿色产业发展、扩大绿色消费等方面政策措施。（市发展改革委、市规划资源局、市水务局、市生态环境局、市工业和信息化局、市商务局等部门和各区人民政府按职责分工负责）强化执法监督，加强行政执法机关与监察机关、司法机关的工作衔接配合，加大违法行为查处和问责力度。（市生态环境局、市市场监管委、市司法局、市高级人民法院、市人民检察院、市公

安局、各区人民政府按职责分工负责）

（二十一）健全绿色收费价格机制。落实天津市污水处理费征收使用管理办法，健全污水处理收费标准动态调整机制。（市发展改革委、市财政局、市水务局、各区人民政府按职责分工负责）根据本市生活垃圾分类收集、运输、处理环节情况，逐步建立生活垃圾分类计价、计量收费等差别化收费制度。（市发展改革委、市财政局、市城市管理委、各区人民政府按职责分工负责）落实节能环保电价政策和居民阶梯电价、气价、水价制度，持续巩固农业水价综合改革成果。（市发展改革委、市生态环境局、市农业农村委、各区人民政府按职责分工负责）

（二十二）加大财税扶持力度。积极谋划环境基础设施补短板强弱项、绿色环保产业发展、能源高效利用、资源循环利用等项目，争取国家财政资金和预算内投资支持。（市发展改革委、市城市管理委、市水务局、市生态环境局、市财政局等部门和各区人民政府按职责分工负责）落实节能节水环保、资源综合利用以及合同能源管理、环境污染第三方治理等方面的所得税、增值税等优惠政策。加强数据比对分析，开展政策落实和改革试点效应分析，做好资源税征收和水资源费改税试点工作。（市税务局、各区人民政府按职责分工负责）

（二十三）大力发展绿色金融。加强金融机构绿色金融评价工作，引导金融机构加大绿色信贷支持力度，支持金融机构开展绿色信贷资产证券化、环境权益抵质押融资等创新性业务。（人民银行天津分行、天津银保监局按职责分工负责）鼓励保险机构创新产品和服务，对环境恢复治理、资源循环利用、污染防治、绿色农业发展等项目提供绿色保险服务。（市金融局、天津银保监局、市发展改革委按职责分工负责）做好绿色产业上市、挂牌后备企业挖掘培育工作，着力推动符合条件的绿色产业企业上市、在新三板挂牌、在区域性股权市场挂牌融资。（市金融局、天津证监局、各区人民政府按职责分工负责）发挥全口径跨境融资宏观审慎管理政策和自由贸易（FT）账户的优势，为相关企业及绿色低碳项目跨境融资提供更加便利化的金融服务，支持募集人民币资金调回境内使用。（人民银行天津分行负责）

（二十四）完善绿色标准和统计监测制度。对接北京市、河北省住房城乡建设、规划资源等部门，共同编制适用于京津冀三地的绿色建筑设计标准，推动实施《绿色建筑评价标准》（DB/T 29—204—2021），形成京津冀区域统一、全面、系统的绿色标准体系。（市住房城乡建设委、各区人民政府按职责分工负责）对标国家标准，健全相关制度，加强节能环保、清洁生产、清洁能源等领域统计监测，强化统计信息共享。（市统计局、各区人民政府按职责分工负责）

（二十五）培育绿色交易市场机制。深化天津碳排放权交易试点市场建设，推动市场机制在控制温室气体排放中发挥更大作用。（市生态环境局、各区人民政府按职责分工负责）适时推进排污权、用能权、用水权等交易机制建设，降低交易成本，提高交易效率。（市生态环境局、市发展改革委、市水务局、市财政局、各区人民政府按职责分工负责）

八、认真抓好组织实施

（二十六）抓好贯彻落实。各区、各有关部门要思想到位、措施到位、行动到位，将建立健全绿色低碳循环发展经济体系作为高质量发展的重要内容，保质保量完成各项任务。各区要结合实际提出具体措施，确保本实施方案落实落细落地。（市级有关部门、各区人民政府按职责分工负责）

（二十七）加强统筹协调。市发展改革委要会同有关部门强化统筹协调和督促指导，做好重点工作推动，及时总结推广各区、各有关部门的好经验、好模式。各有关部门要结合国家最新部署，不断优化细化政策措施，持续推进绿色低碳循环发展。（市发展改革委等市级有关部门按职责分工负责）

（二十八）营造良好氛围。大力宣传本市绿色低碳循环发展工作成效，积极宣扬先进典型，适时曝光破坏生态、污染环境、严重浪费资源和违规乱上高污染、高耗能项目等方面的负面典型，为绿色低碳循环发展营造良好氛围。（市级有关部门、各区人民政府按职责分工负责）

附录Ⅰ 天津市教委关于印发天津市绿色低碳发展国民教育体系建设实施方案的通知

津教政办〔2023〕5号

各高等学校、各区教育局：

为深入贯彻落实习近平生态文明思想，落实《教育部关于印发〈绿色低碳发展国民教育体系建设实施方案〉的通知》（教发〔2022〕2号）和《天津市人民政府关于印发〈天津市碳达峰实施方案〉的通知》要求，充分发挥教育系统在贯彻落实碳达峰碳中和决策部署中的示范引领作用，市教委制定了《天津市绿色低碳发展国民教育体系建设实施方案》（津政发〔2022〕18号），现印发给你们，请结合实际认真抓好贯彻落实。

2023年1月18日

天津市绿色低碳发展国民教育体系建设实施方案

为深入贯彻落实习近平生态文明思想，充分发挥教育系统在贯彻落实碳达峰碳中和决策部署中的示范引领作用，根据《教育部关于印发〈绿色低碳发展国民教育体系建设实施方案〉的通知》（教发〔2022〕2号）和《天津市人民政府关于印发〈天津市碳达峰实施方案〉的通知》（津政发〔2022〕18号）要求，结合我市教育系统实际，制定本实施方案。

一、总体思路

（一）指导思想

以习近平新时代中国特色社会主义思想为指导，深入贯彻党的二十大和习近平总书记关于碳达峰碳中和工作的重要指示批示精神，按照市委、市政府部署要求，立足新发展阶段，完整、准确、全面贯彻新发展理念，深入开展多层次、多形式、多类型的绿色低碳发展教育，普及碳达峰碳中和知识，增强绿色低碳意识，提升生态文明素养，打造绿色低碳校园，培养绿色低碳发展高层次专业化人才，构建大中小学一体化的绿色低碳发展国民教育体系，为我市实现碳达峰目标提供科技支撑和人才保障。

（二）基本原则

——统筹谋划，突出重点。加强整体谋划、系统推进、重点突破，统筹指导各级各类学校组织实施好绿色低碳发展国民教育工作，引导学校将绿色低碳发展国民教育与长远建设发展紧密结合，与学校常规工作有机融合，把绿色发展理念融入教育全过程。

——育人为本，注重实效。遵循教育规律和学生成长规律，优化绿色低碳发展教育环境，注重分类指导，注重学科渗透，注重实践体验，促进知行合一，强化绿色低碳发展教育的针对性和实效性，把绿色低碳理念转化为师生的自觉行动。

——协同联动，凝聚合力。积极构建协同推进机制，加强横向、纵向协调联动，深化信息共享，畅通沟通渠道，强化措施保障，动员师生员工广泛参与，营造校校实施、人人参与的良好局面。

（三）工作目标

到 2025 年，绿色低碳生活理念与绿色低碳发展规范在大中小学普及传播，绿色低碳理念进入大中小学教育体系；有关高校初步构建起碳达峰碳中和相关学科专业体系，开设绿色低碳特色学科专业，培养绿色低碳专业人才，建设高校碳达峰碳中和领域科技创新平台，取得碳达峰碳中和领域科技创新成果，建设绿色低碳校园，学生绿色低碳意识进一步增强。

到 2030 年，学校绿色低碳发展教育全面加强，绿色低碳发展课程体系更加完善，一批高校碳达峰碳中和创新高地基本建成，绿色低碳校园文化建设形成特色，绿色低碳发展教育师资队伍更加优化，学生绿色低碳行为习惯进一步养成，绿色低碳实践能力进一步提升，形成具有天津特色、梯次衔接的绿色低碳发展教育体系。

二、主要任务

（一）加强顶层设计。将习近平生态文明思想、习近平总书记关于碳达峰碳中和重要论述精神充分融入国民教育中。对绿色低碳发展教育进行系统化整体设计，有效整合现有生态文明教育资源，开展形式多样的资源环境国情教育和碳达峰碳中和知识普及工作，实现不同学段绿色低碳发展教育重点有效衔接、不同领域绿色低碳发展教育内容相互融合。

（二）完善课程体系。学前教育阶段着重通过图画书、动画、游戏等启蒙幼儿的生态环保意识和绿色低碳生活的习惯养成。基础教育阶段在政治、生物、地理、物理、化学等学科课程教学中普及碳达峰碳中和的基本理念和知识。高等教育阶段加强理学、工学、农学、经济学、管理学、法学等学科融合贯通，建立覆盖气候系统、能源转型、产业升级、城乡建设、国际政治经济、外交等领域的碳达峰碳中和核心知识体系，加快编制跨领域综合性知识图谱，鼓励各高校组织制作碳达峰碳中和领域教学资源，编写相关教材。职业教育阶段鼓励引导职业院校依据国家职业教育专业目录，逐步设立碳排放统计核算、碳排放与碳汇计量监测等新兴专业，支持职业院校开设相关课程。

（三）开展相关学科专业建设。鼓励有条件的高校加强碳达峰碳中和相关领域学科建设，鼓励高校开设碳达峰碳中和相关课程。支持高校与世界一流大学和学术机构在低碳建筑、光伏、水电、风电、环保等专业领域积极开展国际合作与交流。支持职业院校开设光伏工程技术、风力发电工程技术、环境工程技术、环境管理与评价、环境监测技术、新能源汽车技术、新能源汽车检测与维修技术等绿色低碳相关专业学科，加强专业建设和人才培养模式创新。支持职业院校在光伏、环保等相关专业领域加大投入，打造光伏发电技术与应用和环境工程技术国家高水平专业群。依托创优赋能建设项目持续支持智慧能源等市级高水平专业群建设。支持绿色低碳领域未来技术学院、现代产业学院和示范性能源学院建设，加大绿色低碳发展领域的高层次专业化人才培养力度。

（四）支持高校开展科研和社会服务。鼓励相关高校培育国家级创新平台，推进高校在绿色低碳相关领域基础理论研究和关键共性技术开发。鼓励高校与科技企业开展合作研究，促进相关科技成果转移转化。加强高校智库建设，在碳达峰碳中和领域为政府决策提供智力支撑。支持双一流高校、市属高校举办海内外人才论坛活动，引导高校引育碳达峰碳中和领域人才。鼓励高校围绕绿色低碳方向开展前沿理论和政策研究，做好重要政策调研、决策评估、政策解读相关工作，积极参与碳达峰碳中和有关各类规划和标准研制、项目评审论证等，支持和保障重点工作、重点项目推进实施。

（五）加强教师培养培训。指导我市师范院校优化师范生课程体系，增加"双碳"相关知识内容，提升师范生绿色低碳发展教育能力。在中小学教师、校长全员培训中开设绿色低碳发展培训课程，设置碳达峰碳中和相关知识、绿色低碳发展相关要求、教育领域职责与使命等内容，引导推动广大教师队伍率先树立绿色低碳理念。落实职业院校教师素质提高计划，引导职业院校素质提高计划承担基地优化培训方案，科学融入碳达峰碳中和最新知识、绿色低碳发展最新要求、教育领域职责与使命等相关内容。

（六）开展主题实践活动。将绿色低碳发展教育纳入中小学教学实践环节，开展"双碳"知识进中小学科普活动，通过智慧教育平台（天津分平台）、主题班会、专题教育课、知识竞赛等多种形式，开发优质教育资源、普及碳达峰碳中和知识、开展线上活动。利用全国节能宣传周、全国低碳日、世界环境日、世界地球日、世界水日和中国水周、森林日和植树节等主题宣传活动，积极开展各类校园宣传教育活动，倡导节能、节水、绿色出行等行为。通过高校形势与政策教育宣讲、专家报告会、专题座谈会等方式，将绿色低碳发展有关内容有机融入高校思想政治理论课，引导大学生围绕绿色低碳发展进行学习研讨，提升大学生对实现碳达峰碳中和战略目标重要性的认识，推动绿色低碳发展理念进思政、进课堂、进头脑。在每年的开学季活动中加强生态文明教育宣传，通过举办公益广告大赛推出一批优秀原创生态文明教育作品。充分发挥"津门教育""天津教育"政务新媒体作用，转载刊发主流媒体文章，推广宣传绿色低碳理念。加强校园生态环保社团建设，充分发挥群团组织、学生社团的作用，改进绿色低碳发展教育方式，增强绿色低碳发展教育的针对性和实效性。积极协调相关部门，加强环保科普基地、生态文明教育实践基地建设，联合生态环境部门开展中小学"我是小小生态环境局长"、高校"环保辩论赛""双碳创新创业大赛"等丰富多彩的绿色低碳教育课外实践活动、生态文明建设志愿服务、科学考察等实践体验活动，引导大中小学生树立人与自然和谐共生观念，自觉践行节约能源资源、保护生态环境各项要求。

（七）加强绿色校园建设。建立健全校园节能、节水、垃圾分类和能源计量管理等绿色管理制度，积极开展校园能源、环境监测，实行能源资源消耗分类，有序推进既有建筑能耗分项计量，深入开展能源审计、能效公示、合同能源管理和合同节水管理，将能耗监测纳入高等院校智慧校园建设标准指标体系。充分运用现代信息技术，对校园用电、用水、用热、用冷和主要能耗设备进行有效监测，并将数据用于日常运行管理、诊断和改造。根据监测情况制定设备、设施改进方案，对主要运行设备进行升级改造，进一步节能降耗。校园建设和改造中，结合我市经济、资源、气候、环境及文化等特点，积极落实海绵城市建设理念，着力优化校园空间布局，合理规划公共绿地和绿植搭配，提升校园绿化、美化、清洁化水平。校园新建建筑应按照绿色建筑标准设计、建造，有序推进既有建筑绿色化改造，校园建筑整体体现节能减排、绿色环保。加快推进校园内雨污水管网排查改造，积极推进实现雨污分流和污水全收集。积极采用节能、节水、环保、再生、资源综合利用等绿色产品，着重从建筑节能、新能源利用、非传统水资源利用、可回收垃圾利用、材料节约与再利用、雨水回用等方面加强管理，有效处理生活及实验室污水，实现校园全生命周期的绿色运行管理。

三、组织保障

（八）加强组织领导。市教育两委组织成立工作专班，负责全市绿色低碳发展国民教育统筹推动工作，定期对各区教育局和各高校工作进展情况进行调度，并按年度评估工作开展情况和实施效果。各区教育局和各高校要高度重视"双碳"达标和绿色学校创建工作，聚焦"双碳"达标目标任务，开展系统科学、务实高效、特色鲜明的绿色低碳发展国民教育工作，加快绿色低碳国民教育体系建设工作。

（九）完善工作机制。市教育两委将加大与市相关单位协作力度，积极构建协同推进工作机制，合理安排各项任务。对绿色低碳发展国民教育体系建设工作重大科技任务、重大课题、重点学科、重点实验室予以政策保障，稳步推进绿色低碳进校园工作。各区教育局和各高校要把绿色低碳发展国民教育实施情况纳入学校管理考核范围，明确保障措施，压实具体责任，细化重点任务，推动各项任务落细落地。

（十）注重宣传引导。市教育两委将绿色低碳发展理念宣传纳入年度教育宣传历，指导教育系统各单位加大宣传力度。各区教育局和各高校要充分利用校园微信公众号、教育门户网站、地方新闻媒体等各类平台，积极倡导绿色低碳发展理念，及时总结先进经验和典型做法并加以表彰、宣传推广，引导教育系统师生形成简约适度生活方式，营造浓厚的绿色低碳校园文化氛围。

反侵权盗版声明

电子工业出版社依法对本作品享有专有出版权。任何未经权利人书面许可，复制、销售或通过信息网络传播本作品的行为；歪曲、篡改、剽窃本作品的行为，均违反《中华人民共和国著作权法》，其行为人应承担相应的民事责任和行政责任，构成犯罪的，将被依法追究刑事责任。

为了维护市场秩序，保护权利人的合法权益，我社将依法查处和打击侵权盗版的单位和个人。欢迎社会各界人士积极举报侵权盗版行为，本社将奖励举报有功人员，并保证举报人的信息不被泄露。

举报电话：(010) 88254396；(010) 88258888
传　　真：(010) 88254397
E-mail：dbqq@phei.com.cn
通信地址：北京市万寿路 173 信箱
电子工业出版社总编办公室
邮　　编：100036